权威·前沿·原创

皮书系列为

“十二五”“十三五”“十四五”时期国家重点出版物出版专项规划项目

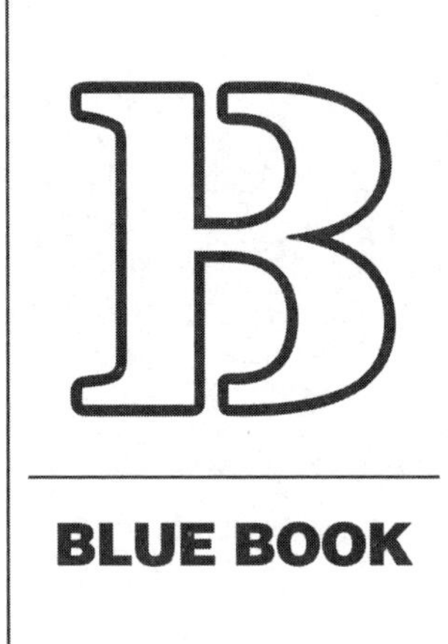

智库成果出版与传播平台

北京市哲学社会科学研究基地智库报告系列丛书

平安京津冀建设发展报告（2022）

ANNUAL REPORT ON THE DEVELOPMENT OF SAFE BEIJING-TIANJIN-HEBEI(2022)

主　编／王建新
副主编／张李斌

社会科学文献出版社
SOCIAL SCIENCES ACADEMIC PRESS (CHINA)

图书在版编目(CIP)数据

平安京津冀建设发展报告.2022 / 王建新主编；张李斌副主编.--北京：社会科学文献出版社，2022.12
（平安中国蓝皮书）
ISBN 978-7-5228-1033-1

Ⅰ.①平… Ⅱ.①王… ②张… Ⅲ.①社会治安-治安管理-研究报告-华北地区-2022 Ⅳ.①D631.4

中国版本图书馆 CIP 数据核字（2022）第 205543 号

平安中国蓝皮书
平安京津冀建设发展报告（2022）

主　　编 / 王建新
副 主 编 / 张李斌

出 版 人 / 王利民
组稿编辑 / 恽　薇
责任编辑 / 颜林柯
责任印制 / 王京美

出　　版 / 社会科学文献出版社 · 经济与管理分社（010）59367226
地址：北京市北三环中路甲 29 号院华龙大厦　邮编：100029
网址：www.ssap.com.cn
发　　行 / 社会科学文献出版社（010）59367028
印　　装 / 三河市东方印刷有限公司

规　　格 / 开 本：787mm×1092mm　1/16
印 张：22.25　字 数：332 千字
版　　次 / 2022 年 12 月第 1 版　2022 年 12 月第 1 次印刷
书　　号 / ISBN 978-7-5228-1033-1
定　　价 / 158.00 元

读者服务电话：4008918866

本书是中国人民公安大学首都社会安全研究基地承担的2021年度北京社科基金重点项目“平安京津冀建设发展报告2022”（21JCB055）的研究成果，得到了北京市社科联、北京市社科规划办智库工作处的大力支持，社会科学文献出版社的出版指导，中国发展战略学研究会公共安全战略专业委员会、公安部发展战略研究所的资源支持。诸多社会安全领域的专家学者给予专业指点，吴文东、徐士虎、董建、李昶等同学为书稿校对付出了辛勤的劳动。在此向所有参与本书编写的作者、参与数据收集和问卷调查的研究生以及为本书顺利出版辛勤审校的编辑一并表示衷心感谢。

编委会

主要编撰者简介

王建新　法学博士，中国人民公安大学治安学院副院长、副教授、硕士生导师，首都社会安全研究基地副理事长。全国公安优秀教师，北京市高等学校青年教学名师，霍英东教育基金会优秀青年教师。主要研究方向为治安法治、治安防控、应急警务。兼任中国法学会行政法学研究会理事，中国发展战略学研究会公共安全战略专业委员会会员。主持参加省部级以上课题10余项，在《行政法学研究》等期刊上发表学术论文20余篇，获采纳批示的智库报告10余篇。

张李斌　管理学博士，法学在站博士后，中国人民公安大学治安学院副教授、硕士生导师，首都社会安全研究基地研究部主任。主要研究方向为社会（治安）治理与政策。兼任中国发展战略学研究会公共安全战略专业委员会会员。主持国家社科基金一般项目、国家重点研发计划子课题、北京市社科基金项目5项，参编《治安管理学》等著作8部，在《行政论坛》等期刊上发表学术论文18篇，获采纳批示的智库报告6篇。

戴　锐　法学博士、博士后，中国人民公安大学治安学院副教授、硕士生导师。曾获德国巴登弗腾堡州政府奖学金，在德国弗赖堡大学交流访问1年。主要研究领域为社会治安防控。发表学术论文10余篇，参编各类著作、教材5部，博士论文曾获评北京大学优秀博士论文（三等奖）。主持博士后科研基金项目、国家社科基金项目、国家自然科学基金项目、公安部重点课题、北京市社科基金项目等多项。讲授治安秩序管理、治安案件查处、治安管理学概论、派出所工作、行业场所管理、治安刑案等课程。

刘晓栋 工学博士、博士后，中国人民公安大学治安学院副教授、硕士生导师。研究方向为公共安全与应急管理、智慧治安。发表 SCI、EI 学术论文 20 余篇，授权国家发明专利 2 项，参编著作 3 部，主持国家重点研发计划课题、国家自然科学基金项目、中国博士后科学基金项目、北京市社科基金项目多项。

刘　蔚 法学博士，中国人民公安大学国家安全学院副教授、硕士生导师，政治安全保卫教研室副主任。研究方向为社会矛盾纠纷化解、国家安全基层治理、法律社会学等。参与教育部人文社会科学重点研究基地重大项目、国家社科基金项目、北京市社科基金项目等多个研究项目。在《公安学研究》《国家行政学院学报》《人文杂志》《中国社会科学报》等报刊上发表论文多篇。

刘瑞平 法学博士，中国人民公安大学治安学院讲师。研究方向为社会统计方法、公安人口管理、人口社会学。参与国家社科基金项目多项，在《人口研究》《中国人口科学》《人口学刊》《宁夏社会科学》等期刊上发表学术论文 10 余篇。

于小川 法学博士，中国人民公安大学治安学院副教授，兼任首都社会安全研究基地研究员、中国犯罪学学会理事，研究方向是治安防控。主持参与国家社科基金项目、北京市社科基金项目、北京市法学会重点项目等多项。著有《被害人教义学与诈骗罪研究》，发表《再议法律的治安价值》《回看社会治安治理的文化价值》《治安实体解读》等论文多篇。

姜　峰 法学博士，中国人民公安大学治安学院讲师，具有 5 年基层公安工作经验，研究方向包括社会治安治理、警察执法等。参与国家级科研项目多项，主持中国法学会部级课题3项。发表《中国国家安全观演进下的警务发展》、*Roles of Chinese Police Amidst the COVID-19 Pandemic* 等论文10余篇，其中SSCI/SCI收录4篇，CSSCI收录2篇。参与《中国大百科全书》第三版公安学卷、《新时代公安派出所建设研究——杭州样本》和《治安管理学》等多部著作的编写，撰写的调研报告被公安部等相关部门采纳。

赵　芸　法学博士，清华大学公共管理学院助理研究员，具有8年公安工作经验，研究方向包括治安治理、新兴技术风险治理等。参与国家级科研项目多项，主持公安部等省部级课题5项，发表论文10余篇，其中北大核心收录2篇。

摘　要

平安中国建设是新时代维护国家安全和社会稳定的战略部署，是推动经济社会高质量发展的重要保障。平安京津冀建设作为平安中国建设的重要组成部分，在2022年紧紧围绕为党的二十大召开创造安全稳定的政治社会环境这一主线，科学防控，精准施策，持续扩大平安建设和疫情防控的双赢战果，为献礼党的二十大交上了一份优异的答卷。本书是对平安京津冀建设进行专业、科学、系统调查评估后形成的研究报告，由总报告、分报告及附录三部分组成。总报告进行总体评价和提出对策，分报告对京津冀三地的社会治理、社会治安防控、应急管理、矛盾纠纷化解、民生安全、平安建设保障和安全感7项内容进行评估分析，附录为指标体系和调查问卷。

评估结果显示，平安京津冀建设发展评估（2022）总得分为85.89分，处于“优秀”等级，说明2022年度平安京津冀建设取得了显著的成效，得到了广大人民群众的认可。“社会治理”“应急管理”“矛盾纠纷化解”“平安建设保障”4项指标均处于“优秀”等级，“社会治安防控”“民生安全”“安全感”3项指标处于“良好”等级。下一步应当进一步拓宽社会治理主体的参与途径，落实基层重点领域精准化治安防控工作，健全完善京津冀地区协同应急管理体制机制，完善处置、评估、预防一体化的矛盾纠纷化解机制，提高政府保障民生的工作能力，推进新时代京津冀平安保障建设常态化、一体化，以先进治理模式提升居民安全感。

关键词： 平安中国建设　京津冀协同发展　社会治理　社会治安　安全感

目录

I 总报告

II 分报告

Ⅲ　附录

总 报 告

General Report

B.1 平安京津冀建设评估报告（2022）

王建新*

摘　要： 平安京津冀建设是维护京津冀城市群安全稳定、促进京津冀协同发展的系统工程。评估结果显示，2022年平安京津冀建设评估总得分为85.89分，处于“优秀”等级，表明京津冀地区平安建设总体上效果显著，治安状况良好，获得广大市民的一致认可。“社会治理”“应急管理”“矛盾纠纷化解”“平安建设保障”4项指标均处于“优秀”等级，“社会治安防控”“民生安全”“安全感”3项指标处于“良好”等级。应进一步拓宽社会治理主体的参与途径，落实基层重点领域精准化治安防控工作，健全京津冀地区协同应急管理体制机制，完善评估、预防、处置一体化矛盾纠纷化解机制，提高政府保障民生的工作能力，推进新时代京津冀平安保障建设常态化、一体化，以先进治理模式提升居民安全感。

---

* 王建新，法学博士，中国人民公安大学治安学院副院长、副教授，首都社会安全研究基地副理事长。

关键词： 平安中国　平安北京　京津冀协同发展　社会治理　安全感

一　平安京津冀建设的基本遵循与创新发展

2022年是全面开启社会主义现代化建设新征程的关键之年，是贯彻实施"十四五"规划的开局之年，以习近平同志为核心的党中央高度重视平安建设工作，统筹发展与安全，对建设更高水平的平安中国提出了新的更高标准。在新时代背景下推动平安京津冀建设，既是推动京津冀协同发展向纵深迈进的必然要求，也是开辟平安中国建设新境界的现实需要。

（一）平安中国建设新要求

在新的历史时期，经济社会的高质量发展离不开更高水平的安全支撑。发展和安全相互关联，安全是发展的前提，发展是安全的保障。当前，世界处于百年未有之大变局，我国面临的风险挑战日趋复杂严峻，面对的改革、发展、稳定任务越发艰巨繁重，经济社会发展对良好内外部安全环境的需求更大、对国家安全水平的要求更高。正如习近平总书记指出的，要坚持统筹发展和安全，坚持发展和安全并重，实现高质量发展和高水平安全的良性互动①。新时代新征程，只有将更高水平平安中国建设的各项目标落到实处，才能够为经济社会发展营造安全有利的环境，实现新发展格局和新安全格局相互配套、互促共进。

在新的历史条件下，平安中国建设的协调性、系统性、精细化要求更高。新时代赋予了建设更高水平平安中国的新内涵，将"安全"置于全局性、系统性、整体性高度进行统筹规划，全面提升平安中国建设的科学化、

① 《习近平主持中央政治局第二十六次集体学习并讲话》，http：//www.gov.cn/xinwen/2020-12/12/content_5569074.htm，2020年12月12日。

社会化、法治化、智能化水平[①]，是当前以及未来一个时期平安中国建设的主要目标。从2021年11月平安中国建设协调小组社会治安组召开专题会议部署社会治安治理工作，到2022年6月中央政法委召开平安建设考评工作会议指导平安建设考评工作，再到2022年7月全国各地陆续开展市域社会治理现代化试点城市验收工作，平安中国建设从一项宏观战略决策逐渐落地为多项具体可操作的实践工作，涉及的领域更宽、锚定的目标更高、要求的标准更严。

党的二十大报告在“推进国家安全体系和能力现代化，坚决维护国家安全和社会稳定”部分提出，建设更高水平的平安中国，以新安全格局保障新发展格局[②]。站在新的历史起点，平安中国建设更加强调提升人民群众的安全感。进入新时代，人民群众对安全的需求越来越多样化，人们不仅需要安全、稳定、和谐的客观生存环境，而且渴望拥有更可持续的安全感。人民满意是平安中国建设的最终目标，人民群众对平安的更高需求是平安中国建设工作未来的方向。切实履行好维护国家安全、社会安定、人民安宁的重大责任，以人民的需求为导向，着力解决人民群众关心的、涉及人民群众利益的案件，让更多平安建设的成果惠及全体人民，让人民群众切实感受到公平正义就在身边[③]，是建设更高水平平安中国的题中应有之义。

平安中国建设的新要求为平安京津冀建设提供了方向指引。平安京津冀建设是平安中国建设的重要组成部分，推动平安京津冀建设，对于实现建设更高水平平安中国的战略目标具有重要意义。深层来看，平安京津冀建设实质是平安中国建设理论在京津冀地区的具体应用，亦是平安中国建设理论实践指导价值的体现。因而，深入开展平安京津冀建设研究，既有利于梳理总

① 《建设更高水平的平安中国》，https：//www. ccps. gov. cn/xxwx/202112/t20211202_ 151945. shtml，2021年12月2日。

② 《高举中国特色社会主义伟大旗帜　为全面建设社会主义现代化国家而团结奋斗——习近平同志代表第十九届中央委员会向大会作的报告摘登》，《人民日报》2022年10月17日，第2版。

③ 《习近平对政法工作作出重要指示》，http：//www. gov. cn/xinwen/2022－01/15/content_ 5668362. htm，2022年1月15日。

结平安中国建设的实践经验，也将进一步丰富平安中国建设的理论体系，使平安中国建设理论的结构更加严密、内涵更加丰富。

（二）京津冀协同发展新格局

京津冀协同发展是党中央在新的历史条件下做出的一项重大决策部署。京津冀地区地缘相接、人缘相亲，存在融合发展的先天条件。在三省市和有关部门的积极推动下，京津冀协同发展战略从提出到实施的8年间取得了一系列新进展、新突破和新成效。一是北京的非首都功能得到疏解，空间结构得到优化提升。制造业企业有序向外疏解，劳动密集型后台服务逐步向京郊和京外转移，有关高校和医院的疏解工作稳步实施，为首都“高精尖”经济发展创造了空间。二是交通、生态、产业等重点领域的协同发展不断取得新突破，“轨道上的京津冀”加快构建，京津风沙源治理等重点工程持续实施，曹妃甸协同发展示范区等重大产业合作平台建设深入推进。三是通州区城市副中心和雄安新区建设取得重大进展，“两翼”的承接功能逐步发挥。四是基本公共服务均等化水平持续提高，区域协同治理效能稳步提升，京津冀区域重特大突发事件应急处置协同联动建设得到加强，医疗卫生协作和教育合作不断深化①。

在取得显著成绩的同时，京津冀协同发展也面临一系列新挑战、新要求。一方面，京津冀地区发展的不平衡使彼此之间的深度协同仍面临鸿沟。京津冀地区的经济基础和发展条件存在较大差异，随着北京和天津经济的不断发展，如果没有完善的协调机制，这种差异极易形成对河北的“虹吸效应”，使河北的人力资源、自然资源、高端产业等单方向往京津两地集聚，加剧三地的非均衡化发展。另一方面，京津冀地区在安全治理协同上存在不足，需要进一步增强安全对发展的保障作用。在过去一段时间，京津冀协同发展侧重于产业、交通、生态、能源、公共服务等方面，在安全领域的协同

---

① 《努力推动京津冀协同发展迈上新台阶取得新成效》，https：//baijiahao. baidu. com/s？id=1727347396234552798&wfr=spider&for=pc，2022年3月15日。

合作相对不足。随着京津冀一体化程度的逐渐加深，三地之间在安全领域的联动效应渐趋明显。只有全面加强平安京津冀建设，才可能真正实现统筹发展和安全两件大事，为京津冀协同发展的整体战略提供一个安全、稳定的社会环境，推动京津冀协同发展迈上新台阶。

（三）平安京津冀建设新发展

平安京津冀建设是一项系统性工程，既需要北京、天津、河北三地根据各自发展水平探索契合区域特点的特色平安建设模式，也需要京津冀地区建立切实有效的平安建设协同机制，从而实现局部和整体的双向发力。近年来，在京津冀协同发展战略的推动下，平安京津冀建设采取了许多新举措、取得了许多新成就、形成了许多新经验。

北京市以保障首都重大活动安全为主线，高效推进平安建设各项举措落地、落实。作为国家首都和国际交往中心，北京每年都会承担大量的国内、国际重要会议和重要活动。近年来，北京市各级部门以保障北京冬奥会、冬残奥会等重大活动安全为契机，全力做好防风险、保安全、护稳定工作，在全国率先建立平安建设领导协调机制，构建起市、区、街道（乡镇）三级上下贯通，各部门齐抓共管、联动融合的平安建设工作体系，建立健全“1办8专项11个行业组”协调运行机制，有效整合各地区、各部门的资源、力量，形成齐抓共管、协调联动的“大平安”格局①。

天津市顺应平安建设法治化发展趋势，探索构建天津特色平安建设新体系。2022年7月，天津市人大常委会颁布《天津市平安建设条例》，将近年来天津市平安建设的成熟经验、创新做法上升为法律规范，在维护政治安全、防范社会风险、保障公共安全等方面明确相关制度措施②。此外，天津市还创新性地提出“战区制、主官上、权下放”的治理思路，设立三级社

① 《平安北京建设五年综述》，https：//m. gmw. cn/baijia/2022-06/28/35843226. html，2022年6月28日。

② 《天津市平安建设条例》，https：//www. tjrd. gov. cn/flfg/system/2022/07/27/030025609. shtml，2022年7月27日。

会矛盾纠纷调处化解中心，建立市、区、街道（乡镇）、社区（村）四级心理服务体系，平安建设工作取得积极成效。

河北省将平安建设纳入全省经济社会发展全局，着力提升平安建设整体水平。自京津冀协同发展战略实施以来，河北省以建设平安河北和拱卫首都安全为主要目标，扎实推进平安河北建设重点任务落实。在总体国家安全观的指导下，河北省坚持和发展新时代“枫桥经验”，持续推进社会治安防控体系建设，加强基层综治中心建设，推进网格化服务管理，建立健全城市社区“六位一体”和农村“五位一体”组织体系，深化案件包联和源头治理，开展安全生产专项整治行动①，充分发挥河北省作为首都安全“护城河”的作用。

京津冀地区在协调推进平安建设工作方面取得了显著成效。2016 年，京津冀地区公安机关先后签署了《京津冀警务协同发展框架协议》等 12 项协议，标志着三地区域警务合作迈入新的发展阶段。京津冀警务协同发展领导小组是平安京津冀建设工作的领导机构，该小组自 2017 年至今已经连续召开了 14 次会议，陆续审议出台了《“通武廊”三地“小京津冀”区域警务合作机制》《关于建立京津冀三地公安机关跨区域图侦警务合作机制的意见》《关于建立完善京津冀接壤地区公安机关全面对接协作机制的指导意见》等数十条工作意见，对深化京津冀区域警务合作起到了关键作用。在这些工作意见的指导下，京津冀地区公安机关开展了多层次、多领域的警务协作。近年来，京津冀地区逐渐建立起素质强警交流合作、进京通道联勤联控、交界地区灭火救援、联合打击传销犯罪、处置规模性进京集访等机制，政务服务、智慧公安、社会治理一体化程度明显提升②，京津冀协同安全防范能力显著提升，区域警务合作产生的社会治理效果逐渐凸显。

---

① 《平安河北建设表彰大会暨河北省政法队伍教育整顿总结会召开》，https：//baijiahao. baidu. com/s？ id = 1723194309165882643&wfr = spider&for = pc，2022 年 1 月 28 日。

② 《进一步深化全方位各领域多层次警务协作》，https：//baijiahao. baidu. com/s？ id = 1718127668353991927&wfr = spider&for = pc，2021 年 12 月 3 日。

二　平安京津冀建设发展评估概况

（一）评估指标体系

平安京津冀评估指标体系内容的设计，坚持以习近平新时代中国特色社会主义思想为指导，结合京津冀区域总体社会治安形势，较为客观地反映京津冀地区总体平安建设水平，旨在提升京津冀区域协同发展程度，健全平安建设社会协同机制，为提高平安京津冀建设水平提供方向指引。

1. 指标体系的选取依据

平安京津冀评估指标的选取依据主要来源于中央层面和京津冀地区出台的平安建设领域的规范性文件。

中央层面的文件包括《中共中央关于党的百年奋斗重大成就和历史经验的决议》《中共中央关于制定国民经济和社会发展第十四个五年规划和二〇三五年远景目标的建议》《“十四五”国家应急体系规划》《全国公安机关社会治安防控体系建设指南》《国务院办公厅关于成立集中打击整治危害药品安全违法犯罪工作领导小组的通知》《关于加强社会治安防控体系建设的意见》《食品安全标准与监测评估“十四五”规划》《文化和旅游部关于修改〈娱乐场所管理办法〉的决定》等。

地方层面的文件包括《2022 年北京市政府工作报告》《北京市“十四五”时期城市管理发展规划》《北京市文化和旅游局关于贯彻落实文化和旅游部调整娱乐场所和互联网上网服务场所审批有关事项通知精神的通知》《“十四五”时期健康北京建设规划》《2022 年天津市政府工作报告》《天津市平安建设条例》《天津市消防规划（2021～2035 年）》《天津市生产经营单位安全生产主体责任规定》《2022 年河北省政府工作报告》《河北省城乡社区服务体系建设“十四五”规划》《河北省突发环境事件应急预案》《河北省“十四五”应急管理体系规划》等。

2. 指标体系的设立原则

首先，指标体系应当全面、精准反映京津冀地区的治安状况和民生水平，贴近实际。其次，要得出科学合理的评估结果，数据的采集必须保证准确可靠。再次，指标的选取必须具备易操作、应用范围广泛、低成本的特点。最后，具体指标间应当具备严谨逻辑，确保指标体系内容完整、联系紧密。除此之外，指标体系既要针对性地考虑京津冀三地不同的平安建设水平，也要体现出京津冀城市群总体的平安建设水平。综上，课题组决定将科学性、规范性、易操作性和系统性作为平安京津冀指标体系的设立原则。

（1）科学性原则。平安京津冀指标体系的构建首先要注重科学性。通过科学的指标体系全面真实地分析平安建设的现实状况，以及各层级指标和同一层级不同指标之间的关系。同时，各个指标不仅是对相关内容的体现，还应当具有代表性，能体现相关领域的整体水平。既要避免指标过多过杂，防止重叠烦琐，也要避免过少过简，防止出现以偏概全。科学的平安京津冀评估指标体系应当从主客观两个方面来反映当地平安建设现状。

一方面，结合与平安建设具有高度关联性的若干专业数据，课题组设计出平安京津冀建设的主要指标，包括刑事、治安案件数量，校园安全案件数量，食品、药品安全事故数量，相关治安防控设施的设置情况，应急管理机制是否具备等。这些数据来源于官方统计和针对不同对象的问卷调查结果，能够较为全面、客观地反映平安建设的实际情况。另一方面，课题组除了选择传统的生命财产安全等有形的权利作为主要指标以外，在公众安全感中还增加了有关食品、药品等领域的安全感指标，并且在公众安全感的基础之上，增加了公众对公共服务的满意度评价，能更加全面地反映广大人民群众对当地平安建设的认可程度。将广大人民群众的幸福感纳入指标体系之中，使平安建设真正服务于人民的切身利益，切实提高平安京津冀评估指标体系的科学性。

（2）规范性原则。只有准确的数据才能保证最后评估结果的准确无误，准确的数据源于正式的规范。一方面，指标名称的周延性。具备高度周延性的指标名称，能够全面、准确地体现其所设计内容的内涵，且彼此之间互相区分，避免歧义和误解。另一方面，指标得分计算方法的一致性。不同的指标面向平安建设的不同领域，但在客观量化计算过程中，采用的计算量度与计算方法是保持高度统一的，并且各个指标的数据来源也须尽量保持相近。

（3）易操作性原则。平安京津冀涉及3个省级行政单位、40余个地市级行政单位，指标复杂多样，涉及的对象相当广泛，每一项数据的统计都要投入人力成本和物资成本，在保证平安京津冀评估科学性和规范性的前提下，还应当考虑其可持续运行的可能性，兼顾效率与成本。因此，易操作性就成为平安京津冀评估指标体系设立的不可或缺的原则之一。首先，尽量从中央和地方发布的各项规范性文件中选取现成指标，既大大降低了成本，又保证了指标的真实性和科学性。其次，尽可能减少需要手动采集数据的指标数量。最后，所选择指标的相关数据必须公开透明。

（4）系统性原则。平安京津冀评估指标体系的科学性与系统性是相辅相成、缺一不可的。每个指标都是一个独立的子系统，在保证各个子系统科学合理的前提下，同时构建起子系统间的逻辑关系，使之形成一个完整的大系统。各个指标之间既相互独立，又相互联系，指标与指标之间的逻辑关系也是科学性的重要体现，自上而下，层层分明。

根据上述原则，课题组将指标体系分为一级指标、二级指标和三级指标3个层次，内容层层展开，共包括113项具体指标。首先，设置社会治理、社会治安防控、应急管理、矛盾纠纷化解、民生安全、平安建设保障、安全感7项一级指标，构成整个平安京津冀评估指标体系的框架。其次，通过34项二级指标对一级指标的内容进行分解。最后，通过113项三级指标将一级指标和二级指标所涉及的内容进一步具体化。每个一级指标与其之下的二级、三级指标共同构成一个子系统，最终形成平安京津冀评估指标体系。

3. 指标的权重

课题组聘请了来自高等院校、科研院所、政法实务部门等单位的20位专家为各项指标设置权重。首先，每位专家各自对各项指标设置权重；其次，将各位专家设置的权重综合起来取平均值作为第一轮指标权重；再次，通过主次指标排队分类法，分门别类地合理划分指标体系，尽量将重要程度接近的指标的权重差别限制在合理范围内；最后，将运用以上方法得出的结论反馈给各位专家，在这个过程中若遇到前后差异过大的结论，则由专家凭借主观经验进行第二轮权重设置并取平均值，如此反复多轮，最终形成平安京津冀评估指标体系各级指标的权重。

（二）评估方法

问卷调查法是本次评估使用的主要方法。课题组在北京市、天津市、河北省三个地区采取分层、多阶段、与规模成比例的 PPS 方法抽取了 12 个市（区）的样本进行调查，分别为北京市东城区、丰台区、大兴区、密云区，天津市东丽区、和平区、武清区、红桥区，河北省石家庄市、唐山市、保定市、廊坊市。这 12 个抽取地区的样本基本涵盖了京津冀地区不同城市的发展水平，使调查结果在京津冀不同地区具有较强的代表性。在此基础上，根据不同县市的人口比例随机抽取社区进行调查。

平安京津冀建设调查问卷共设计 108 道问题，分为个人信息，社区安全，公共空间安全，学校、单位安全和民生安全 5 个部分。2022 年调查计划样本量为 2400 份。北京市抽样 800 份问卷，其中东城区 120 份，丰台区 300 份，大兴区 300 份，密云区 80 份；天津市抽样 800 份问卷，其中东丽区 260 份，和平区 140 份，武清区 240 份，红桥区 160 份；河北省抽样 800 份问卷，其中石家庄市 250 份，保定市 260 份，廊坊市 120 份，唐山市 170 份。

在疫情常态化防控背景下，此次调查采用电话联系与线上问卷填答相结合的方式。首先，由调查员通过电话与样本中涉及的街道办事处进行联系，再由街道办事处与各社区联系，将问卷通过线上形式发放给具体的调查对象。为确保调查结果真实可信，调查采取问卷星官方软件填答问卷的方式进行。课题组对问卷方案进行了多次讨论，在问卷设计上充分考量不同类型问卷的优劣，题型分布合理，题量科学适中。社区工作人员随机抽取实际居住 3 个月以上的当地居民和非当地居民作为调查对象，为评估指标体系提供了可靠的一手数据支撑。为了保证线上问卷调查的有效性，降低疫情造成的影响，课题组在多方面进行充足准备。一方面，主动对接问卷星网络调查平台，围绕问卷设计、发放等方面的技术问题开展交流，不断优化调查方案。另一方面，加强与抽样社区工作人员的沟通交流，针对抽样社区的具体类型，因地制宜地编写差异化的问卷调查提示，对问卷填答内容进行详细说明，最大限度地保证调查对象能够顺利、高质量地填答问卷。

（三）评分标准

平安京津冀评估指标体系为每一具体指标赋分时设置满分值为 100 分，由三级指标得分情况，结合各个指标权重，逐层计算出二级指标、一级指标得分，最终根据各一级指标得分及所占权重计算平安京津冀建设总得分。指标得分来源主要包括问卷调查数据、统计数据和网络检索数据。

1. 问卷调查数据

问卷调查数据是指标评分的主要依据，通过发放并填写设计合理的问卷能够收集到反映当地平安建设实际情况的第一手数据。课题组对变量只有“是”和“否”的二分类指标中体现效果积极的回答赋分 100 分（即满分），反之则赋分 0 分。对于变量为“非常”“一般”“非常不”的三分类指标中体现效果积极的回答赋分 100 分（即满分），体现效果不够突出、比较一般的赋分 50 分，体现效果消极的赋分 0 分。对于变量为“非常”“比较”“一般”“比较不”“非常不”的五分类指标，按照有利于平安建设的程度，由高到低的回答依次赋分为 100 分、75 分、50 分、25 分、0 分。

根据上述得分情况，同时引入现实调查结果，最终汇总得出各项指标得分。具体公式如下：（变量 A 类别 1 评分×变量 A 类别 1 所占权重+变量 A 类别 2 评分×变量 A 类别 2 所占权重+…）/100＝变量 A 评分（其中，变量 A 类别 1 所占权重+变量 A 类别 2 所占权重+…＝100%）。例如，“人民群众参与力量情况”三级指标中有一项变量“在您居住的社区（村），您会经常看到佩戴明显标识的治安志愿者吗”，该变量的三个回答类别为“经常看到”“偶尔看到”“看不到”，其中：“经常看到”的有效比例为 48.71%，评分为 100 分；“偶尔看到”的有效比例为 31.75%，评分为 50 分；“看不到”的有效比例为 19.54%，评分为 0 分。综上，该变量的得分为 64.59 分（48.71%×100+31.75%×50+19.54%×0）。对于由多个调查问卷变量表示的三级指标，先将各个变量的得分算出，然后再根据各个变量所占权重计算得出该三级指标的评分。

2. 统计数据

统计数据主要是指国家或地方统计局等相关部门的官方统计数据，此类指标影响范围广泛且影响程度较深，往往会对平安建设产生直接影响。例如，对于二级指标“应急管理事故灾害指标”下的“安全生产事故起数”“安全生产死亡人数”“火灾损失情况”“自然灾害受灾情况”4 项三级指标，因各地发生的具体案件数量都会记录在案，因此只需要根据统计局发布的数据进行评估即可。

3. 网络检索数据

网络检索数据一般用于评估难以通过问卷调查数据或统计数据直接反映的指标。例如，“社会治安防控”一级指标下有 1 项三级指标为“重大案件、事件处置情况”，若通过网络搜索结果发现该地区重大案件、事件处置情况良好，那么该项指标得分为 100 分；若网络搜索结果显示该地区重大案件、事件处置情况一般，那么该项指标得分为 50 分；若网络搜索结果显示对该地区重大案件、事件处置情况的相关负面评价过多，那么该项指标得分为 0 分。

4. 各级指标得分计算方法

（1）三级指标得分计算方法。若指标得分来源只有一种，则该观测来源得分即为指标得分。如某三级指标的得分来源只有网络检索数据，则该三级指标最终得分即为网络检索数据的得分；得分来源只有统计数据的三级指标，其最终得分即为统计数据的得分；同理，若得分来源仅包括问卷调查数据，则该指标得分为根据问卷计算所得的分数。得分来源有两种及以上的三级指标，其计算方法如下：①网络检索数据得分×50%+统计数据得分×50%（得分来源为网络检索数据和统计数据）；②网络检索数据得分×40%+问卷调查数据得分×60%（得分来源为网络检索数据和问卷调查数据）；③统计数据得分×40%+问卷调查数据得分×60%（得分来源为统计数据和问卷调查数据）；④网络检索数据得分×30%+统计数据得分×30%+问卷调查数据得分×40%（得分来源包含网络检索数据、统计数据和问卷调查数据）。

（2）二级指标得分计算方法。在计算出各三级指标的得分后，结合各三级指标在各自二级指标范围内所占权重，将各三级指标的得分和权重相乘后进行累加，即为该项二级指标得分。

（3）一级指标得分计算方法。在计算出各二级指标的得分后，结合各二级指标在各自一级指标范围内所占权重，将各二级指标的得分和权重相乘后进行累加，即为该项一级指标得分。

（4）平安京津冀建设评估指标体系总得分计算方法。在计算出各一级指标的得分后，结合各一级指标在整个评估体系范围内所占权重，将各一级指标的得分和权重相乘后进行累加，即可算出平安京津冀建设评估指标体系总得分。课题组经过多次研究讨论后决定，采取百分制的形式将平安京津冀建设评估指标体系的总得分结果分为四个等级，得分在［85，100］为“优秀”，［70，85）为“良好”，［60，70）为“中等”，［0，60）为“较差”。

（四）访谈情况

为了进一步提高评估结果的严谨性与科学性，课题组在客观规范计算指标得分的基础上加入对京津冀地区相关人员的访谈环节，访谈结果仅作为参考辅证，主要用于验证通过网络检索数据、统计数据、问卷调查数据得出的结果与访谈得出的结果是否存在误差，若误差过大，则需进一步开展原因分析。围绕平安京津冀建设，课题组共设计了27个访谈问题，开展了26次访谈（见表1），访谈主要通过电话方式实施，访谈对象覆盖多个年龄段和多个职业，包括各地直接参与平安建设的公务人员、街道办工作人员、社区主任及相关工作人员、当地普通居（村）民、高校师生、中学师生等，问题主要围绕社会治安防控体系建设、人民群众的安全感、应急管理体制建设、社区矛盾纠纷排查化解、社区居民熟悉程度、公民参与社会治安治理情况等方面。覆盖面广泛的访谈内容与多样化、多层次的访谈对象为提升平安京津冀评估结果的准确性提供了有力支撑。

表1　2022年平安京津冀建设访谈情况

访谈次数（次）	相关指标	访谈方式	问题数量（个）	访谈对象
4	社会治理	电话访谈	4	北京市某科研院所工作人员 北京市海淀区某社区居民 天津市滨海新区某派出所民警 河北省张家口市某镇工作人员
4	社会治安防控	电话访谈、现场访谈	4	北京市海淀区某内保民警 北京市海淀区某反恐警察 北京市西城区某治安民警 石家庄市桥西区某巡特警
3	应急管理	电话访谈、现场访谈	3	北京市应急管理局工作人员 天津市“12350”工作人员 河北省唐山市某社区工作人员
5	矛盾纠纷化解	电话访谈、现场访谈	5	北京市丰台区某高校教师 北京市海淀区某社区居民 河北省保定市某社区居民 河北省邯郸市丛台区某社区居民 天津市河西区某高校教师 天津市河西区某检察院工作人员
4	民生安全	电话访谈、现场访谈	4	北京市某科研院所工作人员 北京市大兴区某社区居民 天津市某高校教师 河北省某科研院所工作人员
2	平安建设保障	电话访谈	2	北京市某行业院校工作人员 北京市某高校教师
4	安全感	电话访谈	5	北京市某互联网公司职员 北京市某社区居民 天津市公安局某派出所民警 河北省石家庄市某居民

三　评估结果及分析

（一）总体得分情况

2022 年平安京津冀建设发展评估总得分为 85.89 分，处于“优秀”等级（见表 2）。平安建设是经济社会发展的重要保障，本次评估指标设置科学、样本来源分布合理，能客观反映京津冀区域平安建设实际情况，评估结果表明 2022 年平安京津冀建设取得了显著成果，对京津冀经济社会协同发展起到良好的支撑作用，也为党的二十大胜利召开打下了坚实的安全基础。

表 2　2022 年平安京津冀建设发展评估得分及等级

指标	得分(分)	等级
平安京津冀建设发展	85.89	优秀
社会治理	89.56	优秀
社会治安防控	83.40	良好
应急管理	87.82	优秀
矛盾纠纷化解	87.18	优秀
民生安全	81.70	良好
平安建设保障	89.29	优秀
安全感	80.43	良好

在 7 项一级指标中，“社会治理”“应急管理”“矛盾纠纷化解”“平安建设保障”4 项处于“优秀”等级，占比为 57%；“社会治安防控”“民生安全”“安全感”3 项处于“良好”等级，占比为 43%（见表 2、图 1）。通过考察一级指标得分情况（见图 2），“社会治理”得分最高，为 89.56 分，表明在 2022 年平安京津冀建设过程中社会治理工作成效最为突出。平安京津冀建设整体水平较高，但部分指标所涉领域仍有提升空间。“安全感”得分 80.43 分，为得分最低的一级指标，是 2022 年平安京津冀建设工作的主

要短板。一级指标中最高得分与最低得分相差 9.13 分，说明平安京津冀建设不同领域间仍存在一定差距。

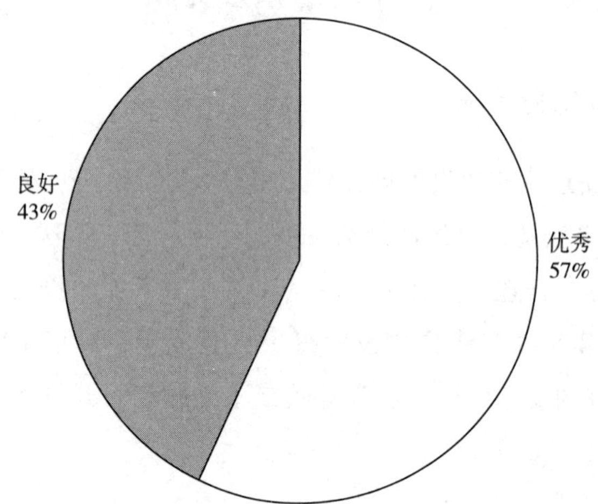

图 1　2022 年平安京津冀建设发展评估一级指标评价等级情况

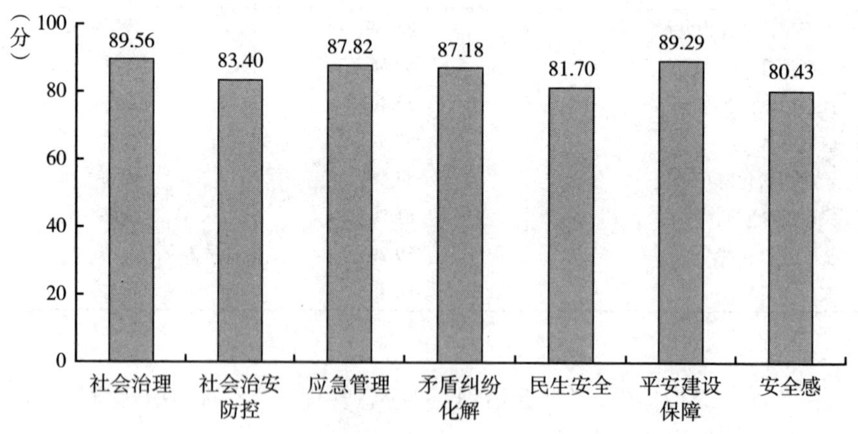

图 2　2022 年平安京津冀建设发展评估一级指标得分情况

在 34 项二级指标中，“党委领导治理”等 17 项指标得分处于“优秀”等级，占比为 50%；“应急管理宣传教育”等 14 项指标得分处于“良好”等级，占比为 41%；“乡镇（街道）和村（社区）治安防控”“旅游安全”“公共场所安全”3 项指标得分处于“中等”等级，占比为 9%。平安京津冀建设发展评估二级指标评价等级情况如图3所示。综合考察平安京津冀建设发展评估二级指标得分情况可知，得分等级较为集中，“优秀”和“良好”等级的占比总和为91%，说明平安京津冀建设整体较为均衡，但在基层治安防控、旅游安全宣传教育、公共场所安全感等方面尚有不足。其中，“乡镇（街道）和村（社区）治安防控”指标得分为68.42分，是二级指标中的最低得分。评估结果显示，京津冀三地村社网格化管理制度得到进一步落实，但基层治安防控工作仍存在综合管理服务平台普及率不高、社区警务实施情况不佳的困境。

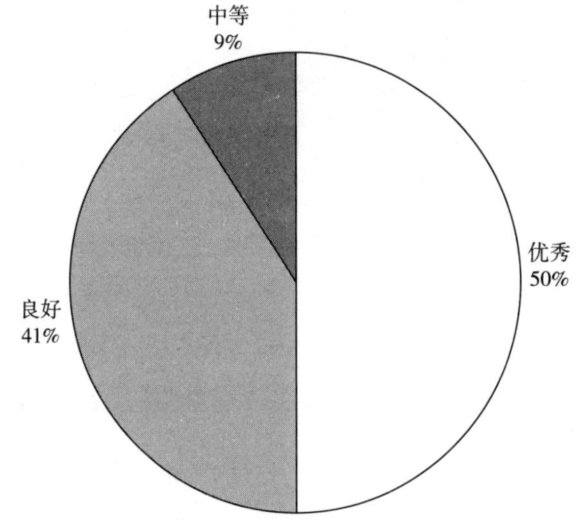

图3　2022年平安京津冀建设发展评估二级指标评价等级情况

从三级指标得分及评价等级情况来看，在113项三级指标中，“信访地方性立法情况”等71项指标得分处于“优秀”等级，占比为62.8%；“人民群众参与成果情况”等31项指标得分处于“良好”等级，占比为27.4%；“旅游安全宣传教育”等6项指标得分处于“中等”等级，占比为5.3%；“重大决策社会稳定风险评估落实情况”“是否定期开展矛盾纠纷排查化解”“疫苗接种安全感知”“社区警务实施情况”“个人信息安全保护情况”5项指标处于“较差”等级，占比为4.4%。平安京津冀建设发展评估三级指标等级情况如图4所示。其中，“是否定期开展矛盾纠纷排查化解”指标得分为33.25分，为三级指标中的最低得分，原因在于居民对社区居委工作人员及社区民警主动排查矛盾纠纷的感知度较低。当然，该指标得分低在一定程度上也受近年来持续的新冠肺炎疫情影响。得分较低的三级指标所涉领域直接影响了2022年平安京津冀建设发展水平，今后应加强相关领域平安建设，避免其成为阻碍京津冀协同向纵深发展的“安全洼地”。

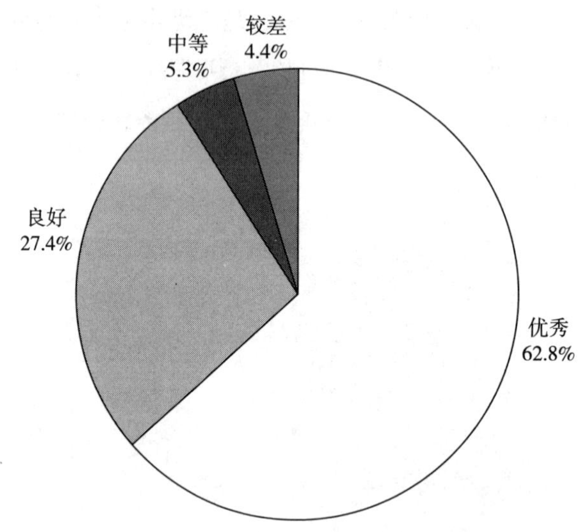

图4　2022年平安京津冀建设发展评估三级指标评价等级情况

（二）各部分得分情况

1. 社会治理

本领域一级指标得分为89.56分，处于“优秀”等级，为得分最高的一级指标，说明2022年平安京津冀建设在社会治理领域成果显著。在4项二级指标中（见图5），“党委领导治理”“政府主导治理”2项指标均为满分，表明京津冀三地党委高度重视平安建设，建立了各具特色的党委领导责任制；三地政府平安建设职责定位清晰，信息公开、年度考核机制完备，凸显了党委领导、政府主导的制度优势。“人民团体、社会组织、企事业单位参与社会治理”指标得分为81.50分，“人民群众参与”指标得分为77.52分，均处于“良好”等级，说明社会力量参与社会治理有待加强。

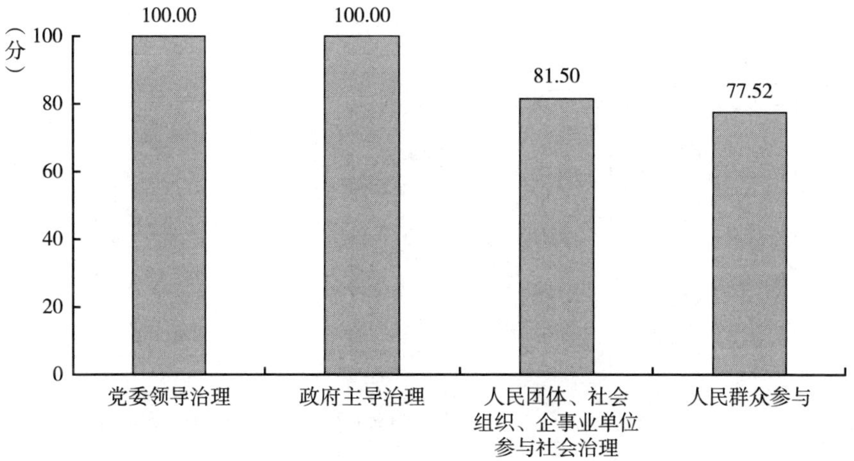

图 5　2022 年“社会治理”二级指标得分情况

考察“人民团体、社会组织、企事业单位参与社会治理”二级指标下设 3 项三级指标得分情况（见图 6），“人民团体参与社会治理情况”指标得分为 85 分，说明三地工会、共青团、妇联等人民团体参与社会治理程度较高；“社会组织参与社会治理情况”指标得分为 80 分，说明社会团体、社区组织、公益组织等从事社区养老、帮扶脱贫等工作取得了良好的社会效果；“企事业单位参与社会治理情况”指标得分为 80 分，说明银行、高校、媒体等企事业单位发挥各自行业领域优势参与社会治理，丰富了社会力量协同参与社会治理的实践经验。

“人民群众参与”指标得分为 77. 52 分，为“社会治理”一级指标下得分最低的二级指标，表明人民群众参与是今后平安京津冀建设在社会治理层面需要重点推进的领域。考察“人民群众参与”二级指标下设 3 项三级指标得分情况（见图 7），“人民群众参与力量情况”指标得分为 74. 65 分，“人民群众参与渠道情况”指标得分为 78. 26 分，“人民群众参与成果情况”指标得分为 80. 60 分，均处于“良好”等级。通过网络检索发现，京津冀地区志愿组织特色品牌数量多、参与群众数量多、群众参与渠道广泛，涵盖治安巡逻、反诈宣传、消防巡查等多个领域。但该部分问卷结果显示，居民

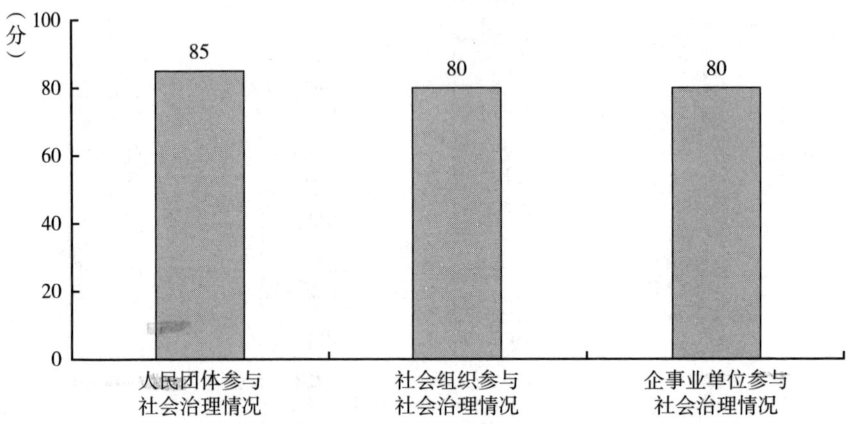

图 6　2022 年"人民团体、社会组织、企事业单位参与社会治理"三级指标得分情况

对治安志愿者的可见率、满意度不高，部分社会志愿活动成效参差不齐，影响了"人民群众参与"的指标得分。

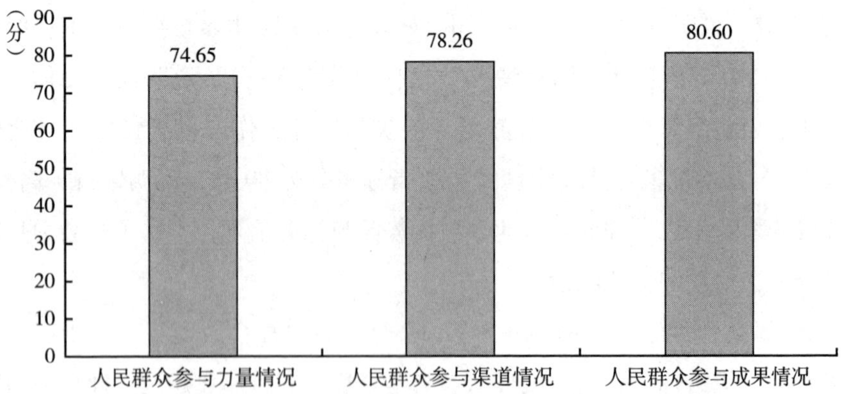

图 7　2022 年"人民群众参与"三级指标得分情况

评估结果表明京津冀地区社会治理取得一定成果，同时也表明存在以下问题。首先，治理存在主体困境。参与社会治理的社会力量不断增多，政府侧重监管而协调情况不佳，事中、事后监管不到位，影响了整体治理效能。其次，社会治理存在选择性参与问题。人民群众参与社会治理的形式、渠道、领域主要由政府决定，人民群众被动式参与，导致积极性、主动性不高。最后，社会治理协同效应不强。京津冀地区政府虽然已经形成一些联防联控工作机制、合作框架协议，但对社会协同治理整体谋划不足，协同治理效能尚未实现最大化。

2. 社会治安防控

本领域一级指标得分为 83.40 分，处于“良好”等级。在 7 项二级指标中，“机关、企事业单位内部安全防控”“外围防控”“社会治安防控效果”处于“优秀”等级，“重点行业治安防控”“社会面治安防控”“信息网络防控”处于“良好”等级，“乡镇（街道）和村（社区）治安防控”处于“中等”等级（见图 8）。评估结果显示，2022 年京津冀地区整体社会治安防控工作较好，京津冀治安防控体系建设进一步完善，体制机制总体运转良好，但社会面、乡镇（街道）和村（社区）治安防控较为薄弱，需要重点关注。

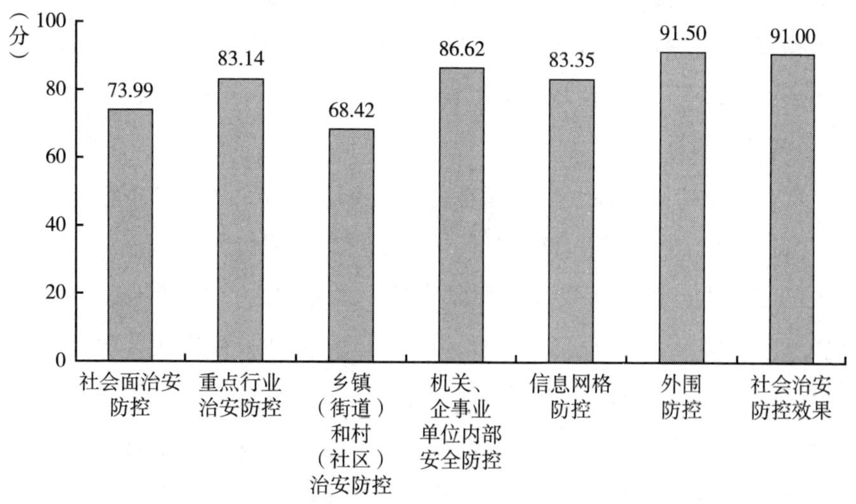

图 8　2022 年“社会治安防控”二级指标得分情况

在处于“优秀”等级的 3 项二级指标中，得分最高的是“外围防控”指标，得分为 91.5 分，这主要得益于三地城市外围防控网和多元协作查控机制的建立，公安检查站基本覆盖城市主要进出通道，起到了城市外围“防火墙”作用，确保了三地城市社会治安稳定有序。“社会治安防控效果”指标得分为91分。京津冀地区开展的夏季治安打击整治“百日行动”取得了阶段性成效，刑事警情数量、治安警情数量、刑事案件数量、治安案件数量整体均呈下降趋势，破案率呈上升趋势，社会治安防控效果显著。“机关、企事业单位内部安全防控”指标得分排名第三，为86.62分。评估结果表明，京津冀地区机关、企事业单位普遍建立了单位内部治安防控责任制度、监督检查工作机制，单位视频监控设施覆盖率进一步提高，基础设施安全运营制度不断完善，内部安全防控水平较高。

在处于“良好”等级的3项二级指标中，“社会面治安防控”指标得分为73.99分，考察其下设3项三级指标得分情况（见图9），“街面巡逻防控情况”得分最低，为67.34分。当被问及“在您所居住社区（村）之外的街道或乡镇，您会经常看到佩戴明显标识的治安志愿者吗”时，仅有45.25%的受访者表示“经常看到”；当被问及“在您居住的街道或乡镇，您会经常看到警察或警车吗”时，仅有50.29%的受访者表示“经常看到”。评估结果显示，群防群治力量投入不够，社区见警率、居民认可程度不高，拉低了该二级指标得分。

“重点行业治安防控”二级指标得分为83.14分，考察其下设4项三级指标（见图10），“枪支、管制刀具、危爆物品管理情况”表现最好，得分为96.54分；“行业场所智慧化管理情况”得分次之，为85分，说明京津冀地区智慧酒店和电子证照服务体系建设情况良好，智慧社区项目稳步推进，行业场所智能化水平不断提高；“旅馆业、印章业、娱乐服务业等行业场所治安管理情况”指标得分为80.26分；“物流寄递业安全管理情况”指标得分为73.65分，处于“良好”等级。在该部分调查问卷中，当被问及“近一年内，您邮寄快递时，快递员是否要求您提供身份证件”时，仅有42.79%的受访者表示“全都会要求”，说明物流寄递业尚未全面落实实名制，存在一定安全隐患。

“信息网络防控”二级指标得分为83.35分。调查显示，京津冀地区已

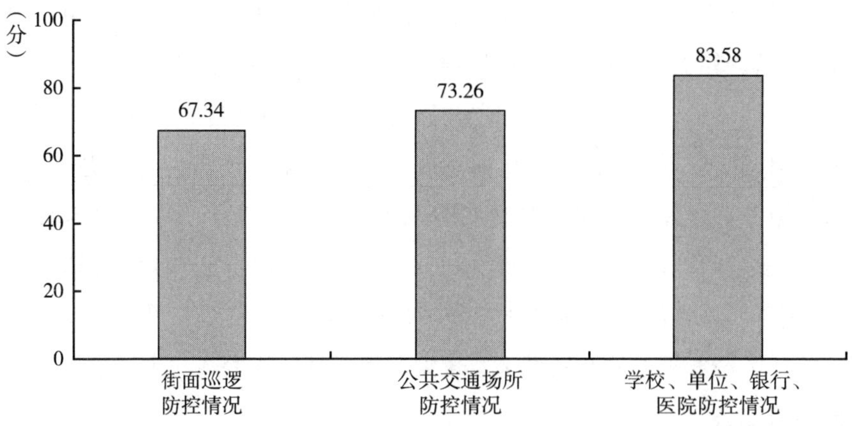

图 9　2022 年“社会面治安防控”三级指标得分情况

经建立了信息网络安全保护制度，但个人信息安全保护工作尚有提升空间。问卷调查显示，当被问及“最近一年，您的个人信息是否发生过被泄露的情况”时，仅有 34.63%的受访者表示“未被泄露”，表明民众个人信息泄露情况较为严重。

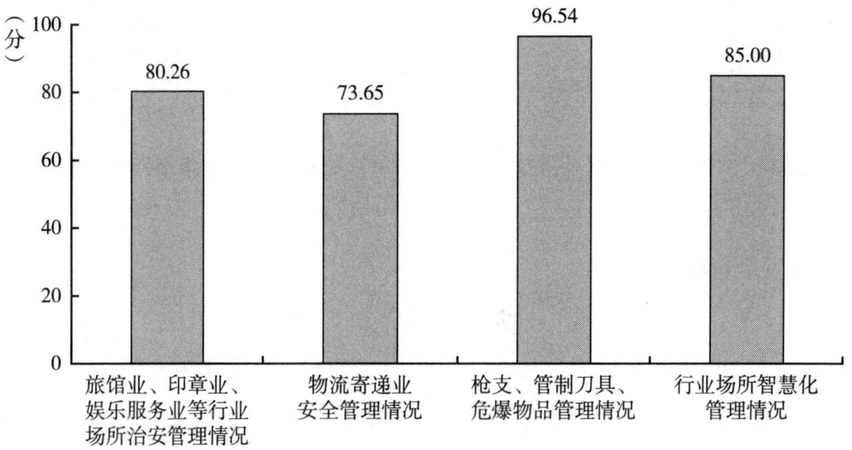

图 10　2022 年“重点行业治安防控”三级指标得分情况

“乡镇（街道）和村（社区）治安防控”指标得分为 68.42 分，处于“中等”等级，表明基层社会治安防控工作成为京津冀治安防控领域的薄弱点。“乡镇（街道）和村（社区）治安防控”下设3项三级指标得分情况如图11所示。其中，“网格化管理情况”指标得分为81.80分，处于“良好”等级。评估显示，社区基层组织参与网格化管理的制度设计、实践实施逐步加强，但网格管理参与度、居民熟悉度及管理效果等还需进一步提升。“综合管理服务平台建设情况”指标得分为61.80分，处于“中等”等级。评估显示，综合管理服务平台建设取得一定进展，但群众使用率仍需提高。“社区警务实施情况”指标得分为57.21分，处于“较差”等级。新冠肺炎疫情给社区警务工作的开展带来了较大障碍，社区民警入户走访需要探索新形式、新方法。

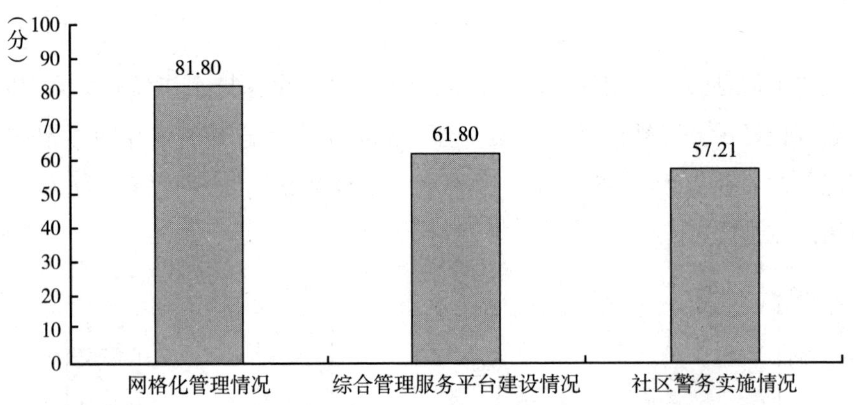

图11　2022年“乡镇（街道）和村（社区）治安防控”三级指标得分情况

3. 应急管理

2022年，“应急管理”一级指标得分为87.82分，处于“优秀”等级。2021年，平安北京建设发展评估中“应急管理”一级指标得分为92.6分。如图12所示，在5项二级指标中，除“应急管理保障体系”指标外，其余4项指标2022年的得分均低于2021年北京市“应急管理”下对应二级指标的得分，反映出京津冀地区整体应急管理水平与北京市应急管理水平存在差距。2022年，“应急管理责任制度体系”得分为92.57分，“应急管理风险防控体系”得分为92.97分，“应急管理保障体系”得分为88.92分，均处于“优秀”等级。调查结果显示，京津冀地区应急管理责任制度体系逐步健全，风险防控体系和保障体系持续完善，应急救援队伍建设不断加强，应急管理整体水平较高。2022 年，“应急管理事故灾害指标”得分为 84.18 分，“应急管理宣传教育”指标得分为 80.44 分，均处于“良好”等级，两者为应急管理领域较为薄弱的方面，后续应予以重视并加以改进。

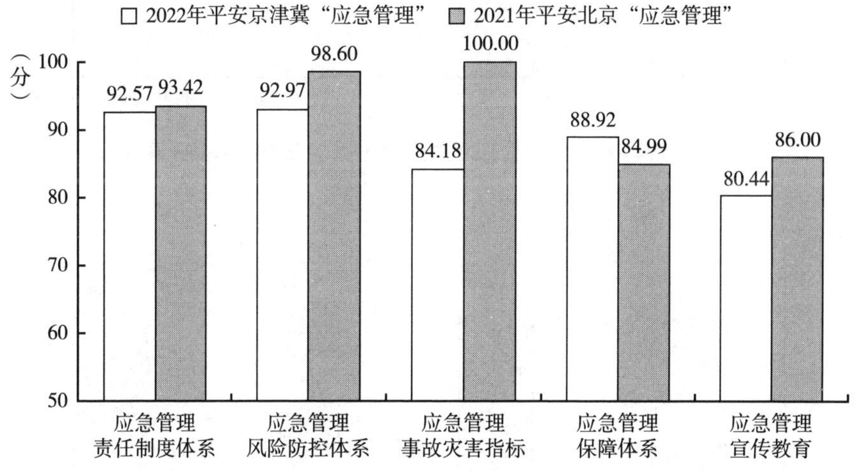

图 12　2021～2022 年“应急管理”二级指标得分情况

在原有平安北京建设发展评估指标体系的基础上，课题组对 2022 年“应急管理事故灾害指标”下设三级指标内容做了一定调整，以更加贴合京津冀地区应急管理实际情况。如图 13 所示，2022 年“安全生产事故起数”指标得分为 86.72 分，“安全生产死亡人数”指标得分为 90 分，均处于“优秀”等级。评估表明，2022 年京津冀总体安全生产形势稳定。2022 年，“火灾损失情况”得分为 80 分，“自然灾害受灾情况”得分为 80 分，处于“良好”等级。评估结果显示，2022 年京津冀地区火灾警情处于高发态势，且遭受的洪涝、台风、生物灾害等自然灾害冲击较 2021 年更为严重，三地火灾与自然灾害形势较为严峻，应当引起重点关注。

“应急管理宣传教育”下设 4 项三级指标得分情况如图 14 所示。“政府开展应急宣传教育情况”指标得分为 77.87 分，“社区开展应急宣传教育情

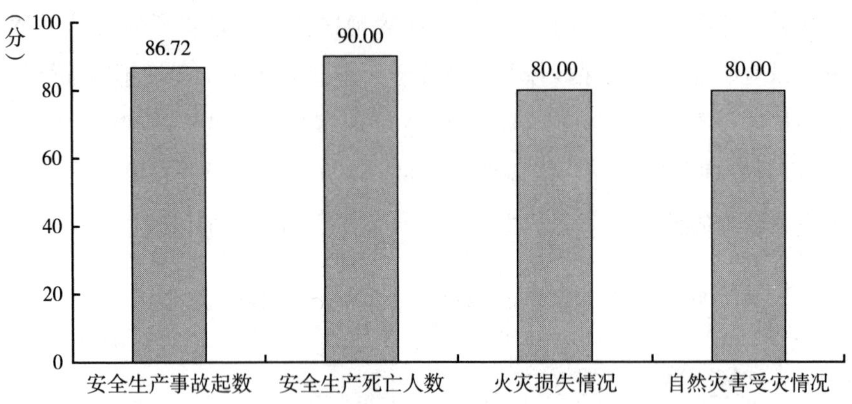

图 13　2022 年“应急管理事故灾害指标”三级指标得分情况

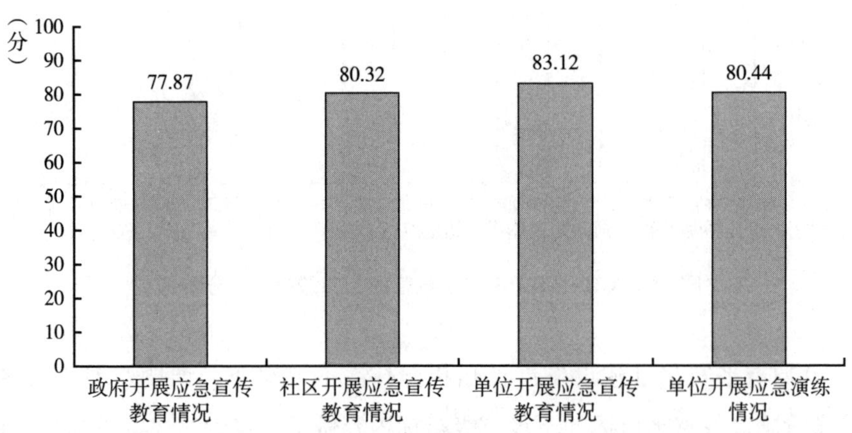

图 14　2022 年“应急管理宣传教育”三级指标得分情况

况”指标得分为 80.32 分，“单位开展应急宣传教育情况”指标得分为 83.12 分，“单位开展应急演练情况”指标得分为 80.44 分，4 项三级指标均处于“良好”等级。京津冀三地党委、政府采取多种方式开展了大量应急宣传教育工作，形成了一批应急宣传教育特色品牌和教育基地，有效提升了社区居民和单位职工的应急知识水平。但调查显示，部分受访者存在应急意识不强、应急能力不足等问题，政府、社区、单位开展应急宣传教育和组织应急演练的方式、方法仍有待改进。

评估也发现，京津冀地区在应急管理工作中存在下列问题：应急管理各领域的规章制度整合度低，职权界限不清晰，机制不健全；京津冀地区应急管理协同工作仍处于起步阶段，滞后于京津冀区域协同发展整体水平；基层应急宣传教育、演练、物资保障等基础能力建设仍需加固夯实。

4. 矛盾纠纷化解

2022 年，该部分一级指标得分为 87. 18 分，处于“优秀”等级。在 4 项二级指标中（见图 15），“信访法治化建设”指标得分最高，为 100 分；“矛盾纠纷多元调解”指标得分次之，为 92. 05 分；“重大决策社会稳定风险评估”指标得分排名第三，为 89. 24 分；“社会矛盾源头预防和排查化解”指标得分最低，为 80 分，表明平安京津冀建设在矛盾纠纷源头治理方面仍有不足。

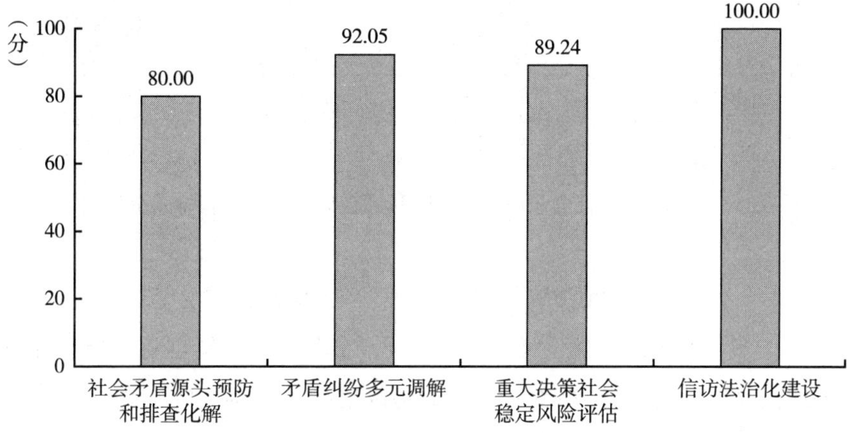

图 15　2022 年“矛盾纠纷化解”二级指标得分情况

在“社会矛盾源头预防和排查化解”下设 4 项三级指标中（见图 16），“矛盾纠纷排查分级负责制度建设情况”“矛盾纠纷排查督办回访制度”2 项指标的得分为满分，“群众利益表达渠道是否畅通”指标得分为 86. 73 分，三者均处于“优秀”等级。评估结果表明，京津冀地区在推动“接诉即办”过程中结合本地实际情况建立了矛盾纠纷排查与回访制度，同时深入推进矛盾纠纷联合调处化解机制建设，积极拓展畅通群众沟通渠道，有效推动关口前移、源头化解。“是否定期开展矛盾纠纷排查化解”得分为33.25分。调查问卷与电话访谈结果均表明，社区民警入户走访等矛盾纠纷排查化解的基层工作与群众的预期尚有不小差距，虽然该结果与新冠肺炎疫情有一定关系，但不可否认的是，定期开展矛盾纠纷排查化解这项工作仍需要进一步加强。

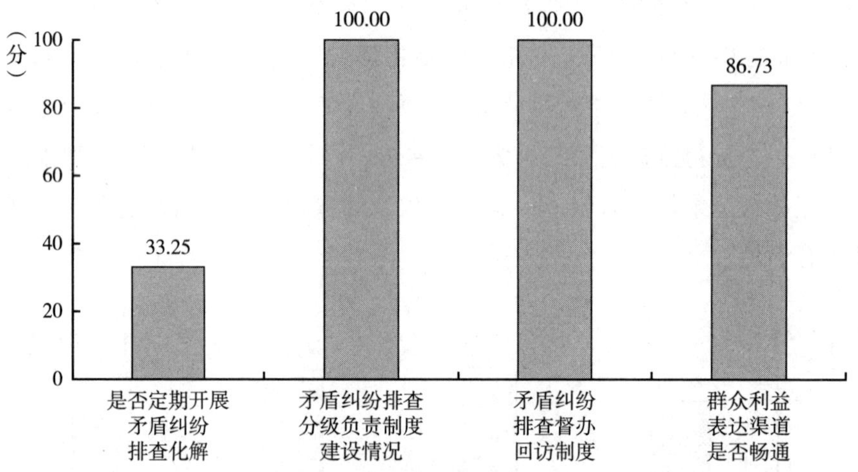

图16　2022年“社会矛盾源头预防和排查化解”三级指标得分情况

考察“矛盾纠纷多元调解”指标下设3项三级指标得分情况（见图17），“矛盾纠纷多元调解组织建设情况”与“矛盾纠纷多元调解创新”指标得分均为100分，处于“优秀”等级。京津冀地区推动“大调解”工作格局，推进行业性、专业性调解组织建设，积极探索多元调解模式、方法的创新，拓展了矛盾纠纷调解渠道及模式。“矛盾纠纷多元调解覆盖范围”得分73.5分，处于“良好”等级，说明矛盾纠纷多元调解覆盖范围仍需进一步拓宽。

在“重大决策社会稳定风险评估”下设4项三级指标中（见图18），“重大决策社会稳定风险评估机制建设情况”“重大决策社会稳定风险评估的覆盖范围”“重大决策社会稳定风险评估是否纳入地方立法情况”3项指标得分均为100分，处于“优秀”等级。京津冀协同发展作为国家重要战略涉及众多重大社会决策，京津冀地区在机制建设、覆盖范围、地方立法层

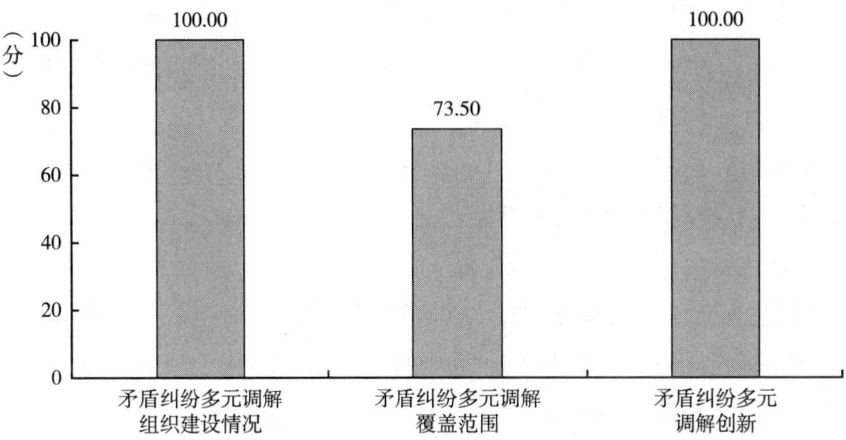

图 17　2022 年“矛盾纠纷多元调解”三级指标得分情况

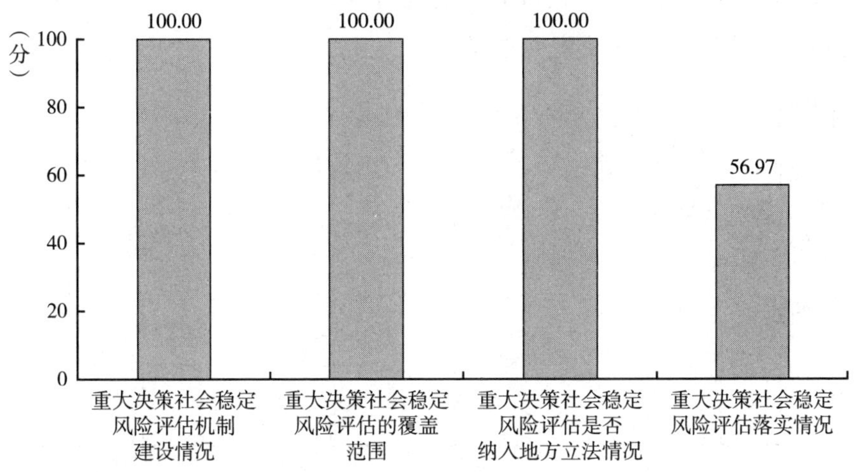

图 18　2022 年“重大决策社会稳定风险评估”三级指标得分情况

面取得了良好成绩，但“重大决策社会稳定风险评估落实情况”指标得分仅为 56.97 分，处于“较差”等级，说明制度顶层设计的落实情况不佳，拉低了本项二级指标得分。

“信访法治化建设”下设 3 项三级指标得分均为 100 分，处于“优秀”等级。受《信访工作条例》颁布实施的影响，京津冀三地都将信访相关事项的立法工作作为重点工作稳步落实，相比以往有了较大突破。

评估结果也表明，京津冀地区在矛盾纠纷化解工作中仍然存在组织责权失衡、工作人员意识不足、民众组织化程度较低等问题，多元联动调处工作出现滞后性，风险评估体系建设存在空白。在未来矛盾纠纷排查化解工作中，以上问题需要及时关注解决。

5. 民生安全

“民生安全”一级指标得分为 81.70 分，处于“良好”等级。在其下设 4 项二级指标中（见图 19），“食品安全”指标得分为 83.68 分，“药品安全”指标得分为 82.04 分，“生态环境安全”指标得分为 80.74 分，“旅游安全”指标得分为 80.34 分，均处于“良好”等级，4 项二级指标得分较为均衡，得分最高指标与得分最低指标的分差较小。评估结果显示，平安京津冀建设在民生安全领域的表现较为良好，但仍有薄弱之处，特别是旅游安全领域的得分仍有提升空间。

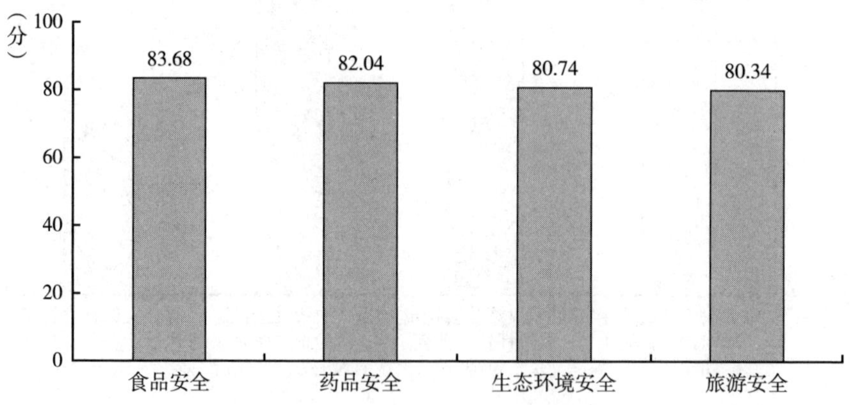

图 19　2022 年“民生安全”二级指标得分情况

“民以食为天”，食品安全直接关系到人民群众的生命安全。在“食品安全”下设的 5 项三级指标中（见图 20），“食品抽检样品合格率”指标得分为 98.64 分，“食品安全意识”指标得分为 96.25 分，两者均处于“优秀”等级，表明京津冀地区食品安全监督管理及居民食品安全意识保持在较高水准；“食品安全事故”指标得分为 76.70 分，“食品安全宣传教育”

指标得分为 70. 31 分，“食品安全满意度”指标得分为 76. 52 分，3 项指标均处于“良好”等级。社会公众对食品安全话题较为敏感，食品安全监督部门针对食品安全抽检次数多、范围广，安全问题媒体曝光率较高，可能是导致该部分指标得分偏低的因素，有关部门在加强食品卫生安全监督的同时应加大食品安全宣传教育力度。

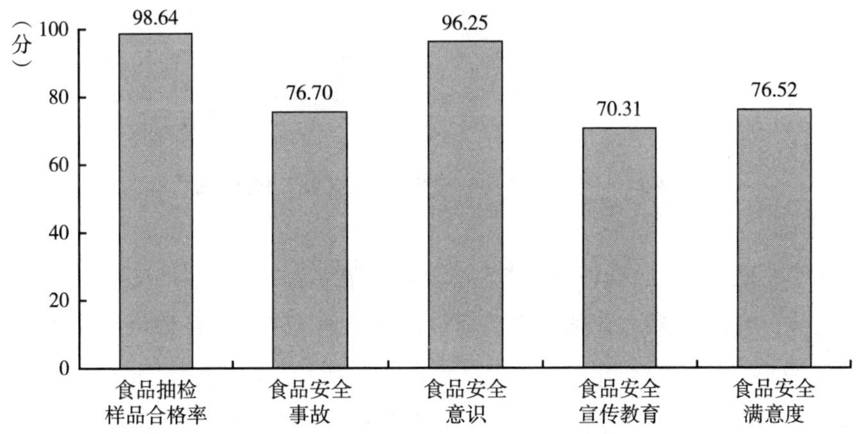

图 20　2022 年“食品安全”三级指标得分情况

“药品安全”得分为 82. 04 分，处于“良好”等级，表明京津冀地区药品安全管理处于较高水平。“药品安全”下设 4 项三级指标（见图 21），其中“药品抽检合格率”得分为 99. 69 分，“药品案件查处”得分为 96. 83 分，两者均处于“优秀”等级，说明京津冀地区的药品抽检和案件查处工作取得显著成效；“药品安全满意度”得分为 78. 91 分，处于“良好”等级；“疫苗接种安全感知”得分仅为 52. 71 分，处于“较差”等级，表明有关部门及媒体的疫苗安全知识科普工作不到位，导致公众对疫苗安全性、重要性认识不足，直接影响了“药品安全”指标的整体得分。

“生态环境安全”指标得分为 80. 74 分，处于“良好”等级，在其下设 5 项三级指标中（见图 22），“生活垃圾无害化处理率”指标得分为 100 分，“突发环境事件”指标得分为 96. 33 分，两者均处于“优秀”等级；“空气质量达标天数比例”指标得分为 74. 98 分，处于“良好”等级；“国家地表水考

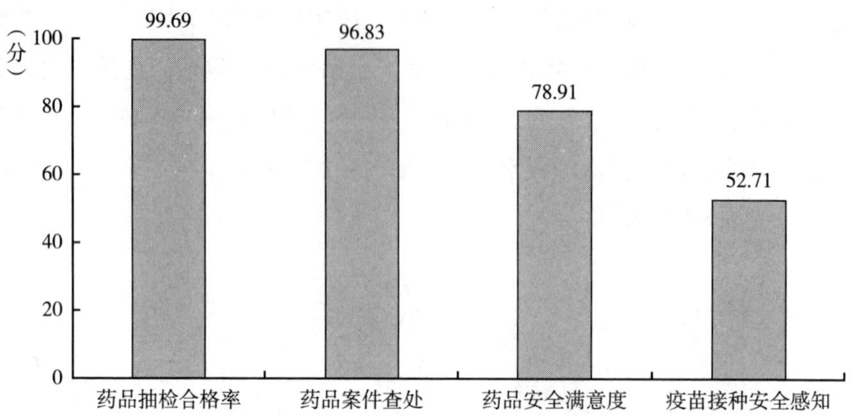

图 21　2022 年“药品安全”三级指标得分情况

核断面”指标得分为 66.27 分，“生态环境指数”指标得分为 66.13 分，两者均处于“中等”等级。评估结果表明，京津冀地区的生态环境保护工作取得了较大成果，其中垃圾处理和突发环境事件处置能力较强，水资源保护及空气质量保护工作取得明显进步，但从区域整体来看，生态环境指数堪忧。

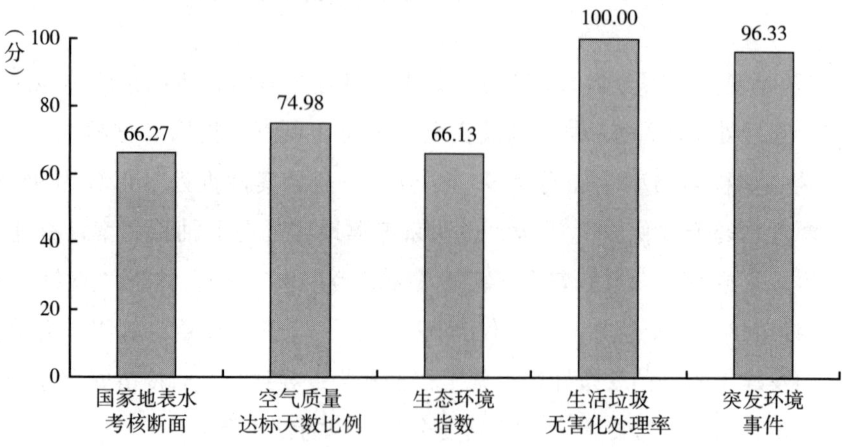

图 22　2022 年“生态环境安全”三级指标得分情况

“旅游安全”二级指标得分为 80.34 分，处于“良好”等级，在其下设 4 项三级指标中（见图 23），“景区安全设施”指标得分为 86.17 分，“旅游

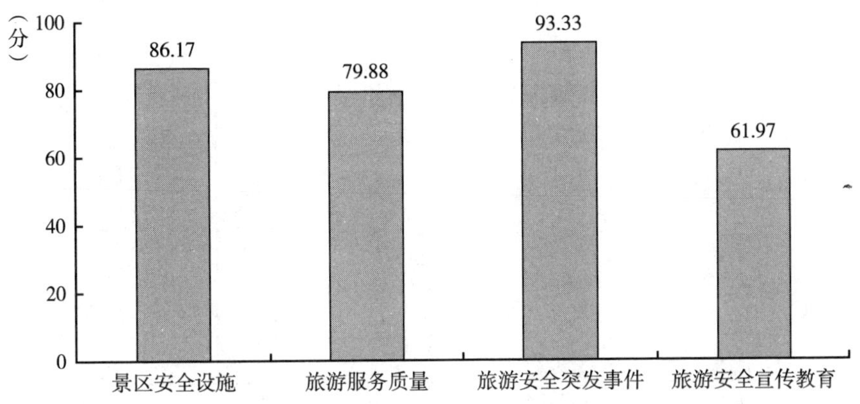

图 23　2022 年“旅游安全”三级指标得分情况

安全突发事件”指标得分为 93.33 分，两者均处于“优秀”等级；“旅游服务质量”指标得分为 79.88 分，处于“良好”等级；“旅游安全宣传教育”指标得分为 61.97 分，处于“中等”等级。评估结果表明，“旅游安全”下三级指标得分差异较大，其中旅游安全宣传教育处于较低水平，亟须拓展旅游安全宣传教育的新形式、新内容并扩大受众范围。

从问题来看，京津冀地区民生安全科普工作相对滞后，受访居民对民生安全的满意度不高，区域居民对民生安全的追求已经从高抽检率、低案发数等向更高层次发展。同时，京津冀三地民生安全建设区域不平衡现象较为明显，京津冀三地“民生安全”指标得分分别为 82.40 分、82.52 分、80.19 分。民生安全问题与新冠肺炎疫情交织，在一定程度上影响了京津冀居民的获得感、幸福感和安全感。

6. 平安建设保障

该领域一级指标得分为 89.29 分，处于“优秀”等级。在其下设二级指标中（见图 24），“法治保障”指标得分为 90.98 分、“人员保障”指标得分为 87.80 分、“财务装备”指标得分为 86.38 分、“科技支撑”指标得分为 91.59 分、“宣传教育”指标得分为 90.41 分，均处于“优秀”等级。评估表明，2022 年平安京津冀建设保障工作成效显著。

法治保障是京津冀地区协同推进平安建设的基本依据，自 2021 年 8 月

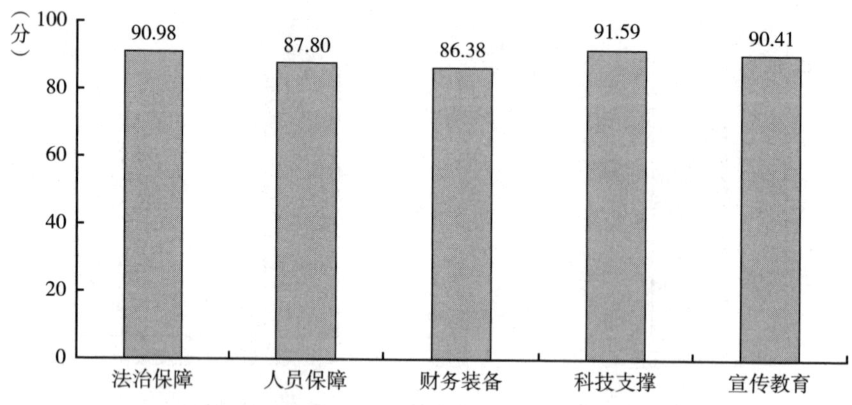

图 24　2022 年“平安建设保障”二级指标得分情况

至 2022 年 8 月，京津冀三地制定涉及平安建设的地方性法规、政府规章共 68 项，发布有关平安建设的地方规范性文件 188 项，涵盖社会治理、矛盾纠纷化解、社会治安防控、人口服务管理、应急管理等相关领域，特别是 2022 年 8 月 1 日实施的《天津市平安建设条例》对于进一步提升天津市社会治理体系和治理能力现代化水平、建设更高水平的平安天津具有重大意义。调查结果显示，84.76%的居民认为京津冀地区平安建设的法治保障水平较高，为平安建设提供了坚实的法治基础。

在“人员保障”二级指标下设 4 项三级指标中（见图 25），“警力配备情况”指标得分为 90 分，“专业队伍建设情况”指标得分为 85 分，“社会力量参与情况”指标得分为 95 分，均处于“优秀”等级，表明京津冀地区公安机关警力下沉工作扎实，将大量警力充实到基层一线。三地专业应急队伍建设水平有很大提高，对突发事件、自然灾害的处置能力不断提升。但评估结果也显示，京津冀三地专业应急队伍建设不均衡，其中北京市最为完善，天津市专职应急人员比例稍低，河北省应急队伍建设涉及专业领域较少、范围较窄。三地出台《志愿服务条例》等制度规范，鼓励社会力量参与平安建设，打造了一批具有本地特色的志愿服务品牌，涵盖市容市貌、疫情防控、交通疏导、治安巡逻、宣传教育等领域，取得了良好的治理成效。

“民众对人员保障情况的感受”指标得分为75.30分，处于“良好”等级。调查显示，河北省警民比例比北京、天津低，说明其人员保障情况与群众期望仍有一定差距，应进一步加大人员保障力度。

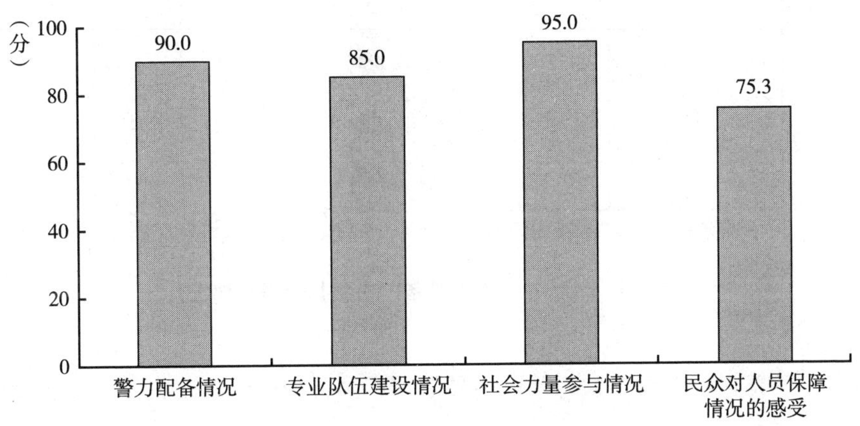

图25　2022年“人员保障”三级指标得分情况

在“财务装备”二级指标下设3项三级指标中（见图26），“平安建设经费投入情况”得分为85分，“平安建设硬件设施建设情况”得分为95分，均处于“优秀”等级。2022年，北京市和天津市公安机关收支预算均有所下降，河北省有所增加，三地平安建设项目投入各有侧重，均取得了一定成效，其中智慧平安社区建设是天津市平安建设的重点推进工程，社区安防水平得到较大提升。“民众对财务装备保障的印象”指标得分仅为71.88分，成为本领域最低分。评估显示，平安建设经费明细公开程度仍需提高，平安建设项目的宣传及信息公开工作存在缺位，今后应合理配置财务装备、提高平安建设项目信息公开水平，以满足更高水平平安建设的要求。

“科技支撑”指标得分为91.59分，处于“优秀”等级，表明近年来平安建设科技运用水平不断提高，大数据、信息化、智能化建设的不断加强，提升了社会治理感知度，但公共视频监控系统建设及宣传仍需进一步加强。

“宣传教育”指标得分为90.41分，处于“优秀”等级。近年来，京津冀三地将平安建设作为重要议题开展教育培训，三地组织协同演练数量不断

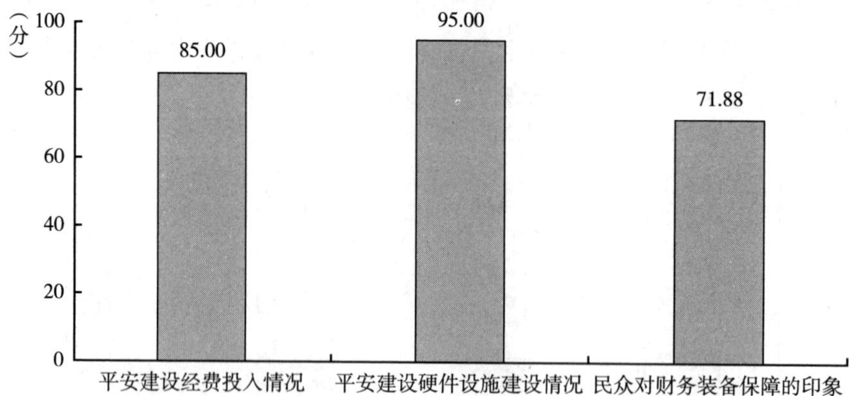

图 26　2022 年“财务装备”三级指标得分情况

增加，覆盖领域不断扩大，并以多种形式、多种渠道开展了大量平安建设宣传教育活动。

总体而言，平安京津冀建设保障工作的不足之处主要体现在平安建设成果宣传力度不足，相关宣传责任主体没有形成合力；平安京津冀建设一体化推进程度不足，三地平安建设硬件设施缺乏统一规划，信息共享融合程度不高；常态化、规范化的平安建设运行机制不足，不利于平安京津冀建设体系化发展。

7. 安全感

“安全感”一级指标得分为 80. 43 分，处于“良好”等级。在其下设 5 项二级指标中（见图 27），“校园安全感”指标得分为 92. 34 分，处于“优秀”等级；“总体安全感”指标得分为 80. 71 分，“单位安全感”指标得分为 78. 90 分，“社区安全感”指标得分为 80. 82 分，均处于“良好”等级；“公共场所安全感”指标得分为“安全感”指标下最低得分，为 68. 94 分，成为京津冀安全感建设的突出短板，直接影响了京津冀地区居民的整体安全感状况，应给予高度重视。

从三地得分情况来看，“安全感”一级指标得分分别为北京市 81. 86 分，天津市 81. 89 分，河北省 76. 73 分，天津市得分最高，北京市得分次

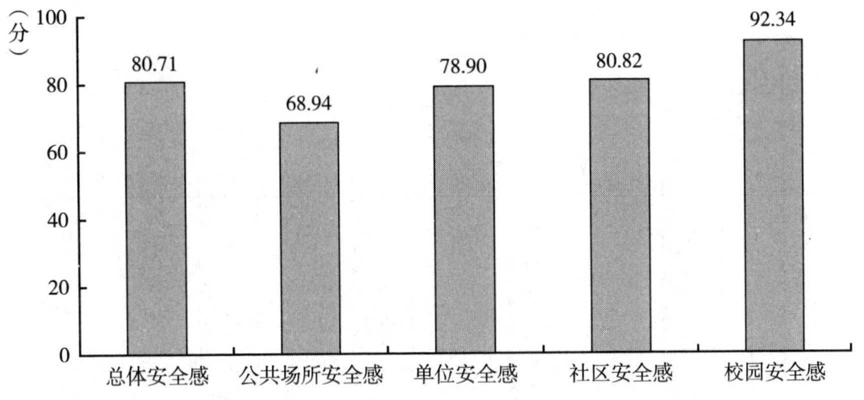

图 27　2022 年“安全感”二级指标得分情况

之，河北省“安全感”一级指标及其下设 5 项二级指标的得分均最低，影响了京津冀地区的安全感总得分。北京市 2022 年“安全感”一级指标得分比 2021 年下降 2.83 分，其中“总体安全感”2022 年得分为 82.41 分（见图 28），比 2021 年降低 3.47 分。相比于 2021 年，2022 年北京居民的“公共场所安全感”与“单位安全感”均有所下降，其中“单位安全感”指标得分连续三年下降，成为平安北京建设的薄弱环节。

在“总体安全感”指标评估过程中，课题组发现人口学特征与总体安全感存在相关关系，如性别、婚姻状况、受教育程度与总体安全感之间呈相关关系；此外，身体健康状况、户籍状况、不同房屋性质、不同地域、社区类型、不同职业类型等指标均与总体安全感之间存在相关关系，总体安全感与受访者自身情况有密切联系。

“社区安全感”指标得分为 80.82 分，处于“良好”等级。评估显示，京津冀地区社区安全感差异较大，其中天津市社区安全感最高，其次是北京市，河北省社区安全感最低。分析发现，社区安全感与总体安全感正相关，其中治安志愿者能见度、社区视频监控运行情况感受度、邻里关系、居民与基层政府组织互动情况、社区警务室开放情况等多项指标与总体安全感呈相关关系。评估结果显示，居民对社区负责主体了解情况较好，社区矛盾纠纷化解程度较高，当社区矛盾纠纷发生后，居民更倾向于选择与对方协商

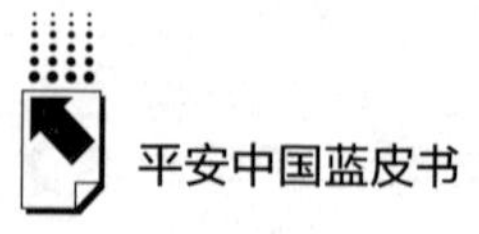

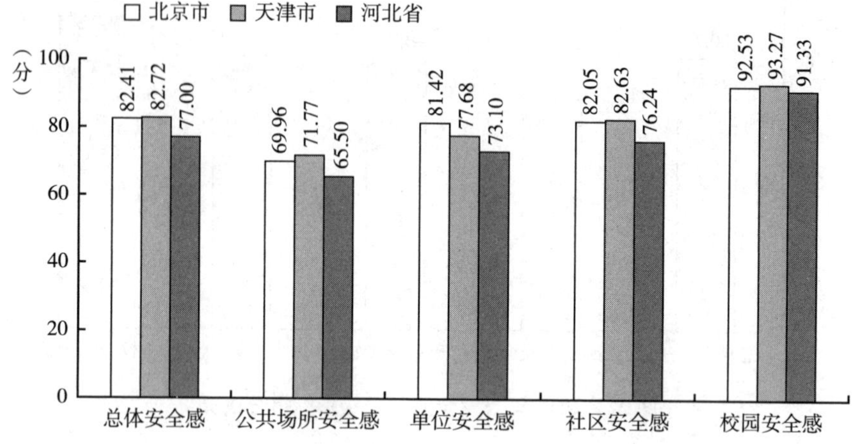

图 28　2022 年京津冀地区“安全感”二级指标得分情况比较

和解。

“公共场所安全感”指标得分最低，为 68.94 分。通过分析发现，以下指标与公共场所安全感正相关：一是居民夜晚独行感受，其中北京市居民 2022 年对于夜间独行的安全感比 2021 年有所下降；二是治安志愿者、警察、警车可见度，北京市 2022 年调查结果与 2021 年相比有较大改善；三是警察现场执法态度、出警及时性和执法公平公正情况直接影响公共场所安全感，其中北京市警察执法评价较高。评估结果显示，京津冀地区居民认为银行、医院的安防力量较为充足，但公共交通场站中公交站与汽车站的安防力量较为薄弱。

“单位安全感”指标得分为 78.90 分，京津冀地区居民的单位安全感整体较高，但北京市居民的单位安全感出现一定下滑。单位安全感主要与安全生产事故起数、安全生产事故被追责情况、专业应急队伍建设情况、岗位安全检查情况、安全教育警示工作开展情况等有关。调查结果表明，13.58%的受访者对单位的专业应急队伍建设情况表示不了解，8.58%的受访者认为单位未对岗位安全进行定期检查，9.04%的被调查者认为所在单位的安全教育警示工作不到位。

“校园安全感”指标得分为92.34分，处于“优秀”等级，在京津冀三地，该项指标均为“安全感”二级指标中的最高分，明显高于三地居民的社区、公共场所及单位安全感。评估结果显示，京津冀整体校园安全系数较高，但幼儿园、中小学、大学面临不同类型的安全问题。幼儿园面临的主要安全问题是食品质量、猥亵以及基础设施安全问题；中小学校园主要面临食品安全、斗殴欺凌以及基础设施安全问题；大学校园面临的安全问题类型较为复杂敏感，包括文化娱乐场所引发的不安全行为、人际关系危机、敌对势力渗透、邪教问题以及校园欺诈等，大学校园的安全问题应成为京津冀校园安全治理的重心。同时，调查结果显示，2022年京津冀地区校园安全教育情况较好，92.28%的受访者认为学校开展过安全教育，表明校园安防与宣传教育工作取得了良好成效。

四　对策建议

总体而言，2022年平安京津冀建设工作扎实推进，成效显著，为京津冀区域协同发展创造了安全稳定的社会环境。但评估结果也显示，京津冀三地在平安建设各领域发展不平衡的现象较为突出，特别是在进一步拓宽公众参与社会治理渠道、健全治安防控机制、完善联合应急管理机制、共同化解矛盾纠纷、强化日常民生安全宣传教育、提升公共场所安全感等方面存在明显不足。针对上述不足，课题组提出以下有针对性的改进建议。

（一）进一步拓宽社会治理主体的参与途径

一是要进一步激发社会治理主体参与平安建设的活力。我国目前的社会治理主体具备良好的参与治理条件，需要政府进一步转变观念，激发其活力，释放其参与热情，更多地以民主协商的方式推进主体自治。二是要持续拓宽多元社会治理主体的参与途径。开展激励性的社会治安志愿服务活动，鼓励开展自发性的志愿服务活动，营造社会主体乐于参与社会治理的文化环境，凝聚群众力量形成政府、群众共同治理的制度合力。三是要继续推进

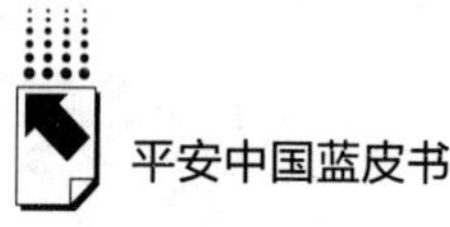

“共建共治共享”的社会治理理念落地走实。群众参与社会治理是为了实现更好的发展，政府推进社会治理时要将“共享”作为引导“共建共治”的基础，形成积极参与、共同享有的合作治理模式。

（二）落实基层重点领域精准化治安防控工作

一是要加快推进警务改革措施落地，为更高效的基层治安防控提供充足的警力保障。要加大对社区内资源的整合力度，综合运用法律、政策等手段，推进基层社区综合治理，提升建设成效，最终实现基层治安好、人民群众满意的目标。二是要继续落实网格化防控和分级化防控，推动社会面管控方式的创新。对不同情况的社区采取不同的管理方式，打防并举，全面覆盖，建设能够保持全天候运作的多力量结合的联防联控机制。三是要持续加强群众关心的新业态领域的治安管控工作。公安机关要主动承担起打击违法犯罪的责任，加大对新型犯罪的打击惩处力度，同时加强与其他部门的沟通协作，形成跨行业、跨地域的联合执法态势。

（三）健全京津冀地区协同应急管理体制机制

一是要完善应急管理体制机制。三地要结合区域产业布局，完善当前应急管理体制，落实各项权力责任清单和责任机制，提高行政执法水平。二是要强化京津冀应急协同机制。加强三地风险隐患排查信息共享、区域灾害监测预警、应急预案协同编制、应急救灾物资共享、应急专家人才交流、联合应急救援、联合执法检查等机制建设。三是要充分利用全媒体开展全方位、立体化应急管理宣传教育。既要开展普及性的应急管理常识宣传教育，也要有针对性地进行重点领域应急宣传。四是要提高基层的应急管理能力。重点提升社区层面识别、应对、处理突发事件的能力，以家庭为单位储备应急物资，推动居民自发识别排查风险并掌握应对风险的能力。

（四）完善评估、预防、处置一体化的矛盾纠纷化解机制

一是要通过智能研判技术准确预估京津冀区域内的矛盾纠纷社情。三

地政府要积极推进社情信息数据大平台建设，通过追溯往年案件的发生频率、地区、类型等，制作三地以及区域矛盾纠纷数据模型。二是要通过先进技术提高处置社会矛盾纠纷的能力。政府通过人工智能对收集到的数据信息进行分析，对可能发生的案件制定相应的处置机制，实现对矛盾纠纷的全流程处理。三地共同处理矛盾纠纷，打破地域壁垒、部门壁垒，搭建高效的信息联动平台。三是要全面推进信访法治化建设。加强对《信访工作条例》的学习和落实，三地要根据《信访工作条例》加快相关地方性法规的修改，将三地共同处理京津冀区域内矛盾纠纷及其衍生案件以法律的形式固定下来并出台相应的指导意见，进一步提高京津冀化解矛盾纠纷的整体能力。

（五）提高政府保障民生的工作能力

一是要将民生作为政府工作的出发点和落脚点。政府工作的最终目标是满足人民群众的需求。政府在推进治理工作时要时刻考虑群众的呼声与期盼，在政策中落实人民群众的意见，通过社会治理实现人民群众对安全稳定社会环境的期望。二是要在未来的京津冀协同发展过程中关注重点民生领域问题并推出相应的解决方案。这些问题包括但不限于食品和药品安全、环境保护、交通基础设施建设等。三是要加大对新冠肺炎疫情的防控力度。政府应当继续优化目前的疫情防控政策，在防范疫情的同时保障人民群众正常的生产生活秩序，最终实现疫情防控的伟大胜利。

（六）推进京津冀平安建设保障常态化、一体化

一是要以法治成果带动长效机制的构建，实现平安建设质的飞跃。政府治理要逐渐从行政特色的“运动式治理”转向法治保障的“源头治理”，将法治作为京津冀平安保障的底色，通过司法、执法跨区合作等机制，进一步加强平安建设保障。二是要整体提升京津冀地区的平安建设保障水平。要把三地的平安建设保障视为一个整体，将某地的先进制度或是已经取得成果的建设方式推向其他地方，建立起三地在司法和执法方面的共同依据和共同标

准。三是要持续推进普法工作。要将社区作为普法的基本单位，社区除日常宣传外，要在具有特定意义的节日开展不同方面的法治宣传，让人民群众对平安建设相关制度有更为清晰的认知。

（七）以先进治理模式提升居民安全感

一是要提高居民安全感在社会治理中的地位。居民安全感是社会具体治安状况的主观反映，其得分高低关系到社会治安工作的成效。基层政府在社会治理的过程中要尽可能提高居民对学校、公共场所等重点区域的安全感。二是要在社会治理中引入先进的治理方式。由于三地在京津冀协同发展中承担着不同定位的角色，针对三地的不同状况，政府要采取不同的治理手段。政府对城市的空间规划要充分考虑人们的各类需求和权利，注重对“空间正义”的价值保障，在平安建设的过程中平等地分配维稳力量，使三地平安建设处在同一水平线上。三是要将安全感建设落实到每一位公民身上。执法者要充分尊重不同公民的权利诉求，最大限度地关照每一个居民，补足之前工作中的短板，从而实现提升整体安全感的目的。

分报告

Topical Reports

B.2

京津冀社会治理调查报告（2022）

张李斌*

摘　要： 平安是极重要的民生，筑牢平安中国建设的社会治理防线意义重大。课题组运用网络检索、问卷调查和个人访谈等方式，设计党委领导治理，政府主导治理，人民团体、社会组织、企事业单位参与社会治理和人民群众参与4个二级指标共12个三级指标来评估京津冀社会治理效果。结果显示，2022年4个二级指标得分分别是100分、100分、81.50分、77.52分，总体得分为89.56分，处于“优秀”等级。评估结果同时显示，京津冀社会治理存在主体困境及选择性参与、协同效应不强等问题，需要从以下三方面加以解决：一是政府要做好服务协调工作，进一步激发主体活力；二是要融合组织式和自发式志愿服务模式，进一步拓宽人民群众参与治理的途径；三是要在共建共治共享上下功夫，进一步提升京津冀社会治理协同效应。

* 张李斌，管理学博士，中国人民公安大学治安学院副教授、硕士生导师，首都社会安全研究基地研究部主任，中国法学会与中国社会科学院联合培养法学博士后研究人员。

关键词： 社会治理　平安中国建设　京津冀协同发展

一　指标设置及评估标准

（一）指标设置

《中共中央关于党的百年奋斗重大成就和历史经验的决议》提出，党着眼于国家长治久安、人民安居乐业，建设更高水平的平安中国。完善社会治理体系，建设共建共治共享的社会治理制度，建设人人有责、人人尽责、人人享有的社会治理共同体。作为平安京津冀建设十分重要的一环，社会治理成效评估意义重大。"社会治理"一级指标下共设置 4 个二级指标和 12 个三级指标。4 个二级指标分别是"党委领导治理""政府主导治理""人民团体、社会组织、企事业单位参与社会治理""人民群众参与"（见表 1）。每个二级指标的指向都有特定范畴，无论是党委、政府还是企事业单位和人民群众，在社会治理中的角色定位和功能作用都不尽相同，但目标指向都明确且聚焦。

（二）设置依据及评估标准

"社会治理"一级指标所包含的二级指标和三级指标，根本依据是习近平关于社会治理现代化的重要论述，基本依据是我国的社会治理发展历程，尤其是党的十八大以来的社会治理实践，重要依据则是党和国家、北京市、天津市、河北省召开的有关社会治理的会议以及发布的相关规定、文件等。具体来说，主要有《中共中央关于党的百年奋斗重大成就和历史经验的决议》《中共中央国务院关于加强基层治理体系和治理能力现代化建设的意见》《法治社会建设实施纲要（2020～2025 年）》《京津冀协同发展规划纲要》《北京市"十四五"时期社会治理规划》《天津市平安建设条例》《天津市"十四五"城乡社区服务体系建设规划》《河北省社会治理现代化"十四五"规划》等文件中关于社会建设、社会治理的表述和要求。

表1 “社会治理”指标设置

一级指标（权重）	二级指标（权重）	三级指标（权重）
社会治理（15%）	党委领导治理（30%）	是否建立党委领导责任制（60%）
		省（市）委常委会会议是否讨论平安建设议题（40%）
	政府主导治理（20%）	省级政府在平安建设中的定位是否明确（25%）
		是否定期召开全省（市）平安建设相关会议（25%）
		政府相关部门是否公开平安建设相关信息（25%）
		是否将平安建设纳入年度考核（25%）
	人民团体、社会组织、企事业单位参与社会治理（20%）	人民团体参与社会治理情况（30%）
		社会组织参与社会治理情况（40%）
		企事业单位参与社会治理情况（30%）
	人民群众参与（30%）	人民群众参与力量情况（40%）
		人民群众参与渠道情况（30%）
		人民群众参与成果情况（30%）

测评方法主要有三种：一是通过网络检索获取文字信息或者相关数据对指标进行测评；二是通过北京市、天津市、河北省统计局发布的统计年鉴对指标进行测评；三是通过问卷调查获取的数据对指标进行测评。同时，课题组使用了个案访谈方法来辅助论证。

评估标准主要是观测调查获取的信息和数据与预设指标结果的一致性程度，对三级指标测评结果进行统计分析后，根据三级指标所占权重计算二级指标的得分，再根据二级指标的权重计算京津冀社会治理一级指标的得分。如果三级指标的得分来源由网络检索数据和问卷调查数据两部分组成，所占权重分别是40%和60%；如果三级指标的得分来源由网络检索数据、问卷调查数据和统计数据三部分组成，则所占权重分别为30%、40%和30%。

二 总体评估结果分析

根据一级指标社会治理所包含的二级指标和三级指标数量、权重可以计算出各级指标的得分。首先计算12个三级指标的得分，本部分三级指标得分来源包含两个部分，即网络检索部分得分和问卷调查部分得分，两者所占的比重分别为40%和60%。计算出三级指标的得分之后，可以计算出对应的4个二级指标的得分，根据4个二级指标的得分和权重可以计算出一级指标的得分，各级指标及得分见表2。表2中显示，4个二级指标的得分分别是："党委领导治理"100分，"政府主导治理"100分，"人民团体、社会组织、企事业单位参与社会治理"81.50分，"人民群众参与"77.52分。4个二级指标得分乘以所占权重，最后得出一级指标"社会治理"的得分是89.56分，处于"优秀"等级。

表2 "社会治理"各级指标得分

一级指标(得分)	二级指标(得分)	三级指标(得分)
社会治理(89.56分)	党委领导治理(100分)	是否建立党委领导责任制(100分)
		省(市)委常委会会议是否讨论平安建设议题(100分)
	政府主导治理(100分)	省级政府在平安建设中的定位是否明确(100分)
		是否定期召开全省(市)平安建设相关会议(100分)
		政府相关部门是否公开平安建设相关信息(100分)
		是否将平安建设纳入年度考核(100分)
	人民团体、社会组织、企事业单位参与社会治理(81.50分)	人民团体参与社会治理情况(85分)
		社会组织参与社会治理情况(80分)
		企事业单位参与社会治理情况(80分)
	人民群众参与(77.52分)	人民群众参与力量情况(74.65分)
		人民群众参与渠道情况(78.26分)
		人民群众参与成果情况(80.60分)

（一）党委领导治理

二级指标"党委领导治理"包括2个三级指标，分别为"是否建立党委领导责任制"和"省（市）委常委会会议是否讨论平安建设议题"。2012年11月17日，习近平总书记在十八届中共中央政治局第一次集体学习时强调，必须加强和改善党的领导，充分发挥党统览全局、协调各方的领导核心作用。2021年1月28日，习近平总书记在十九届中共中央政治局第二十七次集体学习时强调，越是形势复杂、任务艰巨，越是要坚持党的全面领导和党中央集中统一领导。因此，走中国特色社会主义社会治理之路、统筹发展和安全，必须坚持党的领导，并且是全面领导、系统领导、整体领导。建立党委领导责任制是贯彻落实这一要求的典型表现，也是推动具体工作的必然要求和方式策略。省级常委会讨论平安建设议题是对平安建设的高度重视，是高位推动的具体体现，也是一项工作是否能够积极开展并取得实效的关键保障。

通过网络检索可以看出以下两点，一是京津冀三地都建立了党委领导责任制，并且不断强化。北京市东城区实施“头雁计划”，把党的领导的独特政治优势发挥出来，把基层党组织的政治责任压实到最后一公里。天津市制定出台了《天津市法治社会建设实施纲要（2021～2025年）》，提出全面推进社会治理法治化目标，这个目标的实现需要各级党委高度重视并落实责任。河北省制定出台了《河北省城乡社区服务体系建设“十四五”规划》，在提到5个原则、6个重点任务和4项保障措施时，排在第一位的都是加强党的领导。综合分析，本项三级指标得分为100分。二是京津冀省（市）委常委会召开会议研究平安建设议题。北京市委常委会召开会议研究首都公安工作，强调要维护首都稳定，做好重大活动安保工作，创建平安小区，为建设更高水平的平安北京贡献力量。另外，北京市委常委会开会学习《信访工作条例》，强调要做好矛盾纠纷排查工作。天津市委常委会召开会议强调深化“战区制、主官上、权下放”机制，加强社会治安防控体系建设。同时提出要保护耕地，保障粮食安全。河北省委常委会召开会议研究防范金融重大风险，同时提出建立并健全食品药品安全治理体系，确保人民“舌尖上的安全”。综合分析，本项三级指标得分为100分。

综上所述，2个三级指标得分均为100分，因此，二级指标“党委领导治理”得分也是100分。

（二）政府主导治理

二级指标“政府主导治理”包括4个三级指标，即“省级政府在平安建设中的定位是否明确”“是否定期召开全省（市）平安建设相关会议”“政府相关部门是否公开平安建设相关信息”“是否将平安建设纳入年度考核”。4 个三级指标从不同侧面和角度评估政府为什么要进行社会治理，以及如何开展社会治理。“省级政府在平安建设中的定位是否明确”说明政府是否按照法定要求履行社会治理职责，是否做到了法定职责必须为。“是否定期召开全省（市）平安建设相关会议”说明政府开展社会治理的形式和途径是否经过集体研究决定，做出的决策部署是否合法化。“政府相关部门是否公开平安建设相关信息”表明政府开展社会治理是否坚持透明原则，是否自觉接受社会和公众的监督。将平安建设纳入年度考核是政府开展社会治理的压力和动力所在，也是做好这项工作的保障措施，还是实现社会治理现代化的必要手段。

通过网络检索可以看出以下四点，一是北京市提出建设人民满意的安全城市，严密防范涉恐涉稳风险，天津市提出切实构筑安全防线，严厉打击电信网络诈骗、非法集资，河北省提出巩固信访积案化解成果，健全社会治安防控体系，这说明京津冀三地政府都明确提出了平安建设的任务目标，具有清晰的职责定位。二是京津冀都召开了省级平安建设领导小组会议，北京市提出坚持和发展新时代“枫桥经验”，天津市提出防范化解政治安全风险，河北省提出深入推进公共安全体系建设，表明京津冀都做出了平安建设的顶层设计。三是京津冀通过政府相关部门公布了平安建设信息。北京市公安局公布天堂超市酒吧涉疫处理结果，对机构和相关责任人开展调查；天津市公安局公布推进夏季治安打击整治“百日行动”情况，开展治理涉黄涉毒、养老诈骗等专项行动；河北省住建厅公布对全省城乡燃气重大危险识别、评估、管理工作方案，明确责任目标。四是京津冀都将平安建设纳入年度考核。北京市将医院安全秩序管理纳入年度考核；天津市出台《天津市平安建设条例》，设立专门章节阐述市、区、乡镇层级考核要求；河北省将医疗纠纷预防和处理情况纳入平安建设考核指标体系。

综上所述，4 个三级指标得分均是 100 分，因此，二级指标“政府主导治理”得分也是 100 分。

（三）人民团体、社会组织、企事业单位参与社会治理

二级指标“人民团体、社会组织、企事业单位参与社会治理”包括3个三级指标，分别是“人民团体参与社会治理情况”“社会组织参与社会治理情况”“企事业单位参与社会治理情况”。加强社会治理制度建设，优化社会治理体制，社会协同要素十分关键，包括人民团体等在内的力量是社会协同不可或缺的部分，其作用功能得到充分发挥，就会进一步激发社会治理的活力，并为之增添动力。

一是“人民团体参与社会治理情况”。北京市各级工会积极参与新冠病毒疫苗接种人员引导、入户接种车辆调度，开展燃气经营企业安全生产检查，宣传安全生产法律法规。天津市各级共青团参与暑期青少年交通、消费、食品、用电等安全教育，通过垃圾分类活动开展节能环保工作和科普知识宣传。河北省各级妇联开展传送好家风、养成文明生活方式等活动。综合分析，本项三级指标得分是85分。

二是“社会组织参与社会治理情况”。北京市社会团体和组织宣传优秀老年社会工作者事迹，增强其责任感；各机构发挥特长，助力政府疫情后复工决策。天津市社区社会组织聚焦“一老一小一残”，积极提供社区服务，协助居民进行核酸检测，助力社会面清零。河北省社区公益组织建立养老生态系统，关爱困难儿童，维护社会稳定。综合分析，本项三级指标得分是80分。

三是“企事业单位参与社会治理情况”。北京市延庆区融媒体中心开展反诈宣传，提高民众反诈意识；朝阳区借助信息网络公司，推动城市数字化转型和基层社会治理创新。中国人民银行天津分行开展打击治理电信网络诈骗金融监管工作，把好银行关口；天津市高校与企业合作开展智能养老研究。河北省供销社创新经营体制，整合服务主体，积极为城乡居民提供均等化基本公共服务。综合分析，本项三级指标得分是80分。

综上所述，3个三级指标得分分别是85分、80分、80分，因此，二级指标“人民团体、社会组织、企事业单位参与社会治理”的最后得分是81.50分。

（四）人民群众参与

二级指标“人民群众参与”包括 3 个三级指标，即“人民群众参与力量情况”“人民群众参与渠道情况”“人民群众参与成果情况”。人民群众既是社会治理的参与者，又是社会治理成果的享有者。人民群众参与社会治理体现了社会治理“依靠谁，为了谁”的以人民为中心的发展思想。组织动员人民群众参与社会治理，可以体现各级政府和领导干部的群众工作能力。从志愿者微观视角出发，能够体现出人民群众参与社会治理的宽度、广度、深度。有多少志愿者参与，能够体现参与的积极性、主动性；通过什么渠道参与，可以体现参与通道有哪些以及是否畅通；参与取得了什么效果，可以体现是不是实质性参与以及收获是什么。

一是“人民群众参与力量情况”。北京市石景山区 151 个社区在冬奥会期间成立消防志愿服务小分队，成员 1.5 万人。天津市教育系统超过 10 万人投入抗疫一线，静海区志愿者数量达到 16 万人，志愿服务队伍 900 多支，在街道、社区、交通路口开展服务。河北省兴隆县开展“星期六文明实践”活动，400 多支队伍共 7500 余人参与环境整治、安全出行宣传。从网络检索情况来看，京津冀人民群众参与人数多，参与领域较为广泛。另外，课题组开展了问卷调查，设置“在您所居住社区（村）之外的街道或乡镇，您会经常看到佩戴明显标识的治安志愿者吗”等 3 个问题加以测评，得分是 67.75 分，综合网络检索得分 85 分，“人民群众参与力量情况”的最后得分为 74.65 分。

二是“人民群众参与渠道情况”。北京市老党员组成“乐龄”先锋队开展治安巡逻和便民服务，发挥余热，增添了安全要素。天津市和平区社区志愿者开展防范养老诈骗宣传活动，提高了人们的反诈意识，维护了社区安全。张家口市涿鹿县相关部门和志愿队伍联合开展暑期防溺水宣传巡查活动，提升了人们的防溺水意识。这些志愿人员从不同渠道参与到社会治理和平安建设中，奉献了力量，增加了安全因素。课题组在问卷调查部分设计了 2 个问题，通过“您是否愿意参与到社会治安志愿服务中”这个问题来观测愿意参与的人数比例（调查结果显示为87.5%），通过“您是否认可下列治安志愿者组织的工作效果”来观测人民群众参与的渠道。先计算京津冀三地各自的得分，再取三地的平均分，得出该项问卷调查的得分是77.10分，加上网络检索部分的得分80分，“人民群众参与渠道情况”的最后得分是78.26分。

三是“人民群众参与成果情况”。北京市延庆区以“延庆乡亲”志愿服务为抓手，在冬奥会期间广泛开展共建平安、社区治理、背街小巷治理等志愿服务，维护了社会秩序。天津市交警在清明假期携手小志愿者在街道路口开展安全出行公益活动，维护交通秩序，提高人们的安全意识。河北省承德市探索养老志愿服务新模式，提倡老老相帮，同时带动大学生参与社区志愿服务，产生了示范效应。另外，课题组还开展了问卷调查，通过治安志愿者开展巡逻防控、提供破案线索、化解矛盾纠纷、开展法治宣传、帮助弱势人群5个方面的问题加以测评，平均得分是77.67分，综合网络检索得分85分，“人民群众参与成果情况”的最后得分为80.60分。

综上所述，3个三级指标的得分分别是74.65分、78.26分、80.60分，二级指标“人民群众参与”的最后得分是77.52分。

三　指标评估结果分析

（一）是否建立党委领导责任制

通过网络检索，在中国长安网搜索到报道《北京东城：把政治引领贯穿社会治理全过程各方面》[①]。报道提出北京市东城区通过实施“头雁计划”，充分发挥党的领导这一独特的政治优势，明确“街道工委—

① 《北京东城：把政治引领贯穿社会治理全过程各方面》，http://www.chinapeace.gov.cn/chinapeace/c100248/2022-06/08/content_12634805.shtml，2022年6月8日。

社区党委—网格党支部—楼宇党小组—党员”五级联动的基层党组织责任链条，积极推动社会治理关口前移、重心下移，将政治责任压实到最后一公里，广泛吸纳驻地单位参与社会治理，凝聚了市域社会治理的强大合力。

通过网络检索，在天津政务网搜索到《天津市法治社会建设实施纲要（2021~2025年）》[①]。纲要提出全面推进社会治理法治化，包括推动共建共治共享、推进多层次多领域依法治理、全面增强社会安全感、健全多元化纠纷解决机制和推进信访法治化。这些目标任务的实现需要强化组织领导：各级党委要高度重视法治社会建设工作，认真落实领导责任，各级党政主要负责人要切实履行推进法治建设第一责任人的职责。

通过网络检索，在河北省民政厅网站搜索到《河北省城乡社区服务体系建设“十四五”规划》[②]。在定义城乡社区服务体系时，放在首位的要素是党委统一领导。5个主要原则，放在第一位的是坚持党的全面领导，将党的领导贯穿于城乡社区服务体系建设全过程和各方面，充分发挥基层党组织的战斗堡垒作用。6个重点任务，摆在第一位的是构建党建引领城乡社区服务格局，健全党建引领机制。4项保障措施，放在第一位的是全面加强党的领导。

从以上检索内容可以看出，北京市、天津市和河北省已经全面建立党委领导责任制，并且不断加强在社会治理领域的全面领导，涉及社会治理的方方面面。北京市东城区建立五级联动的基层党组织责任链；天津市提出强化党对法治社会建设的领导，明确第一责任人职责；河北省提出城乡社区服务体系建设需要党委统一领导，健全党建引领机制。

综合分析，本项三级指标得分是100分。

---

① 《天津市法治社会建设实施纲要（2021~2025年）》，http：//www.tj.gov.cn/zwgk/dzhhxx/202204/t20220424_5865618.html，2021年11月11日。

② 《河北省城乡社区服务体系建设“十四五”规划》，http：//minzheng.hebei.gov.cn/detail?id=1041824，2022年3月9日。

（二）省（市）委常委会会议是否讨论平安建设议题

通过网络检索，在首都之窗搜索到北京市委常委会召开会议研究首都公安工作的报道[①]。会议提出首都公安要始终把维护政治安全摆在首位，坚决维护首都安全稳定；做好重大活动安保工作，依法严厉打击突出违法犯罪行为，净化治安环境，打造更高水平的平安北京；促进“无疫社区（村）”创建与智慧平安小区建设相融合。同时搜索到北京市委常委会召开会议学习《信访工作条例》，会议提出要开展社会矛盾纠纷排查，把矛盾纠纷化解在基层、解决在萌芽状态[②]。

通过网络检索，在天津政务网搜索到天津市委常委会召开会议传达学习贯彻平安中国建设表彰大会精神[③]。会议提到要牢固树立底线思维，深化“战区制、主官上、权下放”机制，进一步加强社会治安防控体系建设，常态化开展扫黑除恶斗争，持续推进各层级、各领域的平安创建工作。同时会议提出要千方百计保障粮食安全，落实最严格的耕地保护制度，提升耕地质量，提升粮食自给率。

通过网络检索，在河北省人民政府官网搜索到河北省委常委会（扩大）会议召开[④]。会议提出要积极有效防范金融、房地产、政府债务等领域的重大风险，坚决守住不发生区域性、系统性风险的底线，及时发现和消除不安全因素。同时，会议提出建立健全食品药品安全治理体系，加强药品生产质量安全监管，促进食品药品安全工作科学化、规范化，确保广大人民群众“舌尖上的安全”。

① 《市委常委会召开会议研究安全生产工作职责分工规定和首都公安工作》，http://www.beijing.gov.cn/ywdt/hyxx/sw/202207/t20220714_2771173.html，2022 年 7 月 14 日。

② 《市委常委会召开会议学习〈信访工作条例〉》，http://www.beijing.gov.cn/ywdt/hyxx/sw/202208/t20220811_2790466.html，2022 年 8 月 11 日。

③ 《市委常委会召开会议传达学习贯彻平安中国建设表彰大会精神》，https://www.tj.gov.cn/sy/tjxw/202201/t20220105_5770866.html，2022 年 1 月 5 日。

④ 《河北省委常委会（扩大）会议召开》，http://www.hebei.gov.cn/hebei/14462058/14471802/14471750/15412522/，2022 年 8 月 5 日。

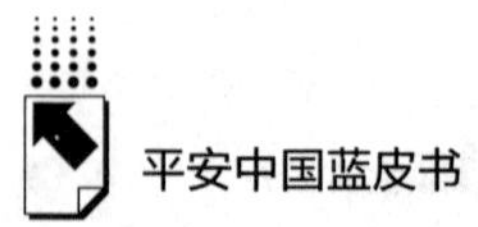

从以上检索内容可以看出，北京市、天津市和河北省定期召开省（市）委常委会，学习、贯彻党中央会议精神和习近平总书记系列重要讲话精神，结合本地区实际情况提出落实意见。无论是研究公安工作、信访工作，还是保护耕地确保粮食安全，或者是防范化解重大风险、开展食品安全治理，都表明省（市）委常委会积极研究与平安建设相关的议题。这些议题涉及维护国家安全，也涉及人民的安全需求，体现了政治性与人民性的统一。

综合分析，本项三级指标得分是100分。

（三）省级政府在平安建设中的定位是否明确

通过网络检索，在首都之窗搜索到《2022年北京市政府工作报告》①。报告提出，要统筹发展和安全，建设人民满意的安全城市；牢固树立“首都安全无小事”的意识，加强风险防范；健全工作机制和评价制度，优化应急预案体系，打造更高水平的平安北京；健全多元纠纷调解机制，大力解决信访积案和突出问题；严密防范涉恐涉稳风险，常态化开展扫黑除恶斗争。

通过网络检索，在天津政务网搜索到《2022年天津市政府工作报告》②。报告指出2022年应深入推进京津冀协同发展，统筹疫情防控和经济社会发展，统筹发展和安全。工作重点之一就是切实构筑安全防线，包括加强社会治安防控体系建设，严厉打击电信网络诈骗、非法集资等违法犯罪活动，完善社会矛盾纠纷多元调处化解机制，建设更高水平的平安天津。

通过网络检索，在国务院新闻办网站搜索到《天津举行2022年平安天津建设新闻发布会》③。会议提出，2022年平安天津建设将以党的二十大胜利召开营造安全稳定的政治社会环境为主线，坚持以防范化解重大风险为基点，统筹推进高质量发展和高水平安全。从严、从细、从实抓好防风险、保

---

① 《2022年北京市政府工作报告》，www.bjrd.gov.cn/zyfb/bg/202201/t20220113_2589870.html，2022年1月13日。

② 《2022年天津市政府工作报告》，www.tj.gov.cn/zwgk/zfgzbg/202202/t20220221_5808693.html，2022年2月21日。

③ 《天津举行2022年平安天津建设新闻发布会》，www.scio.gov.cn/xwfbh/gssxwfbh/xwfbh/tianjin/Document/1721403/1721403.htm，2022年3月2日。

安全、护稳定、促发展各项工作，不断增强人民群众的幸福感、安全感，建设更高水平的平安天津。

通过网络检索，在河北省人民政府官网搜索到《2022 年河北省政府工作报告》①。报告第十部分提出，要着力统筹发展和安全，建设更高水平的平安河北。提高疫情应急处置能力，深化安全生产整治三年行动，加强和创新社会治理，巩固信访积案化解成果，健全社会治安防控体系，严厉打击各类违法犯罪活动，加快建设公平正义、平安法治的现代化河北。

通过网络检索，在《河北日报》电子版搜索到平安河北建设表彰大会召开的报道②。报道提出要深入践行总体国家安全观，全力打造更高水平的平安河北，拱卫首都安全。要着力筑牢“三道防线”，坚决捍卫国家政治安全；着力做好疫情防控和应急处置工作，切实维护人民群众的生命安全和身体健康；着力加强社会治安综合治理，有效防范化解重点领域风险。

从以上检索内容可以看出，北京市、天津市、河北省都在 2022 年政府工作报告中用单独或较大篇幅阐述了如何开展更高水平的平安建设。河北省提出要打造更高水平的平安河北，同时提出“拱卫首都安全”的目标责任，体现了京津冀协同发展的理念。政府工作报告是政府的施政纲领，既包括对上一阶段的总结剖析，也包含对下一阶段的规划部署，是理解政府大政方针的权威性文件。因此，在政府工作报告中提出平安建设的方向、步骤、路径、措施，是政府责任承担的彰显，也是政府自身工作定位明确的表现，充分体现了职责法定、权责一致的原则，更体现出服务型政府的要求。

综合分析，本项三级指标得分是 100 分。

（四）是否定期召开全省（市）平安建设相关会议

通过网络检索，在中国长安网搜索到北京市委平安北京建设领导小组全

① 《2022 年河北省政府工作报告》，www. hebei. gov. cn/hebei/14462058/14471802/14471805/15310129/index. html，2022 年 1 月 24 日。

② 《平安河北建设表彰大会暨河北省政法队伍教育整顿总结会召开》，https：//hbrb. hebnews. cn/pc/paper/c/202201/29/content_ 119671. html，2022 年 1 月 29 日。

体（扩大）会议召开[①]。会议指出 2022 年北京市安全稳定工作标准更高、要求更严、任务更重，坚决维护首都政治安全，抓好常态化疫情防控，常态化推进扫黑除恶斗争。会议还强调要夯实首都平安建设基层基础，坚持和发展新时代“枫桥经验”，加强“吹哨报到”“接诉即办”机制建设，把矛盾风险解决在萌芽状态，深化重点行业源头治理。

通过网络检索，在首都之窗网站搜索到北京市市场监督管理局部署 2022 年平安北京建设工作[②]。会议要求全面落实平安北京联防建设协调机制，常态化推进扫黑除恶斗争，开展打击整治养老诈骗专项活动，做好市场监管领域涉稳风险防范化解工作，确保平安建设各项任务落地见效。

通过网络检索，在天津政务网搜索到天津市委平安建设领导小组办公室主任（扩大）会议召开[③]。会议深入学习贯彻习近平总书记关于平安建设的重要论述，要求把政治安全放在首位，坚决维护国家政权安全、制度安全。防范化解社会治安风险，坚决筑牢首都政治“护城河”。

通过网络检索，在天津政务网搜索到天津市扫黑除恶斗争领导小组召开全体（扩大）会议[④]。会议分析了天津市当前扫黑除恶形势，部署推进常态化扫黑除恶重点任务，包括全面贯彻《反有组织犯罪法》、持续推动重点问题整改、紧盯线索核查和“打伞破网”、坚持边打边治边建。

通过网络检索，在《河北日报》电子版搜索到河北省平安建设领导小组召开第二次会议[⑤]。会议强调要深入贯彻总体国家安全观，坚决维护国家政权安全、意识形态安全，深入排查整治重大风险隐患，有效防范化解社会

---

① 《北京市委平安北京建设领导小组全体（扩大）会议召开》，www. chinapeace. gov. cn/chinapeace/c100037/2022-03/04/content_ 12602909. shtml，2022 年 3 月 4 日。

② 《北京市市场监管局部署 2022 年平安北京建设工作》，scjgj. beijing. gov. cn/zwxx/scjgdt/202205/t20220510_ 2706082. html，2022 年 5 月 10 日。

③ 《市委平安建设领导小组办公室主任（扩大）会议召开》，https：//www. tj. gov. cn/sy/tjxw/202204/t20220419_ 5860455. html，2022 年 4 月 10 日。

④ 《市扫黑除恶斗争领导小组召开全体（扩大）会议》，https：//www. tj. gov. cn/sy/tjxw/202205/t20220507_ 5875069. html，2022 年 5 月 7 日。

⑤ 《王东峰主持召开河北省平安建设领导小组第二次会议》，https：//hbrb. hebnews. cn/pc/paper/layout/202201/24/node_ 01. html，2022 年 1 月 24 日。

矛盾风险。推进公共安全体系建设，健全社会治安防控体系。推进依法治理，夯实平安河北建设根基。

通过网络检索，在河北省人民政府官网搜索到河北省召开信访工作会议①。会议提出将信访纳入法治化轨道，完善信访矛盾综合治理机制；坚持抓常抓长，落实重大决策社会稳定风险评估制度，夯实信访工作基层基础，以高标准信访工作助力全省高质量发展。

从以上检索内容可以看出，北京市、天津市、河北省通过平安建设领导小组、扫黑除恶斗争领导小组或组成部门召开平安建设会议，部署当年或下一个阶段的平安建设工作，规划性强，重点突出，既从京津冀全局高度着眼，比如天津市提出坚决筑牢首都政治“护城河”，又结合本省市平安建设的特点落地，比如河北省提出以高标准信访工作助力全省高质量发展。这是统筹发展和安全的表现，也是将平安建设工作落实落细的体现。平安建设领导小组的建立和不断完善，尤其是协调机制的持续优化，成为地区平安建设的重要推力，对于形成“问题联治、工作联动、平安联创”的局面起到积极作用。京津冀三地通过这一机制，将平安建设不断向纵深推进。

综合分析，本项三级指标得分是 100 分。

（五）政府相关部门是否公开平安建设相关信息

通过网络检索，在北京市公安局官网搜索到《北京警方通报涉天堂超市酒吧刑事立案情况》②。通报显示，天堂超市酒吧在经营期间，未严格执行测温、扫码、查验核酸阴性证明等防控措施，未落实控制人流密度等防控要求，导致疫情暴发式扩散传播。对天堂超市酒吧及相关负责人涉嫌妨害传染病防治的行为，警方已依法刑事立案侦查；对其涉嫌行政违法行为，市文旅、卫健、商务、市场监管、公安、文化执法等部门，已联合开展调查。

---

① 《河北省信访工作会议在石家庄召开》，www. hebei. gov. cn/hebei/14462058/14471802/14471750/15398899/index. html，2022 年 6 月 24 日。

② 《北京警方通报涉天堂超市酒吧刑事立案情况》，http：//gaj. beijing. gov. cn/xxfb/jwbd/202206/t20220617_ 2744153. html，2022 年 6 月 14 日。

通过网络检索，在天津政务网搜索到《天津公安机关强力推进夏季治安打击整治“百日行动”》①。天津公安机关紧盯影响群众安全感的突出违法犯罪和公共安全风险隐患，重拳出击、快查快处、综合施策。全力查处大要案件，严打涉黄涉赌犯罪，打击治理电诈犯罪，全面开展传统盗抢骗、养老诈骗、非法加油加气专项打击整治行动。集中清查中小旅馆、洗浴和娱乐场所，严管小微型面包车、摩托车等重点车辆。

通过网络检索，在河北省住房和城乡建设厅官网搜索到《关于印发〈全省城乡燃气重大危险源辨识、评估、管理工作方案〉的通知》②。方案要求各地督促燃气经营企业严格落实重大危险源安全管理主体责任，并结合分级指标要求及危险程度细分为一级、二级、三级、四级。对在重大危险源评估检查中发现的问题隐患，督促燃气经营企业及时采取措施完成整改。

从以上检索内容可以看出，北京市公安局、天津市公安局、河北省住房和城乡建设厅都在官方网站公布了公众较为关注的平安建设事项。天堂超市酒吧造成疫情传播扩散，带来不良影响。天津夏季治安整治行动的工作内容多、涉及范围广，集中打击整治，能够营造良好的社会安全氛围。河北省住房和城乡建设厅要求做好城乡燃气重大危险管理工作，体现了对人民群众生命财产安全的重视。政府信息公开是群众了解政府的窗口和途径，是政府展现自身工作过程和成效的有效载体，也是接受社会监督的有效方式。平安建设信息公开的时间、方式、内容等都会影响民众对平安建设的认知。

综合分析，本项三级指标得分是 100 分。

根据需要，课题组还做了访谈。当被问及政府相关部门是否公开了平安建设信息时，受访者均表示，可以在政府部门网站、微信公众号看到诸如防范电信诈骗、防火防盗、暴雨预警、燃气安全使用等提示信息，这与网络检索得出的结论是一致的。

---

① 《天津公安机关强力推进夏季治安打击整治“百日行动”》，http：//www.tj.gov.cn/sy/zwdt/bmdt/202207/t20220726_5941774.html，2022 年 7 月 26 日。

② 《关于印发〈全省城乡燃气重大危险源辨识、评估、管理工作方案〉的通知》，http：//zfcxjst.hebei.gov.cn/wjlxx/202203/t20220325_315896.html，2022 年 3 月 24 日。

（六）是否将平安建设纳入年度考核

通过网络检索，在首都之窗网站搜索到《关于推进医院安全秩序管理工作的指导意见》[①]。指导意见提出各单位要将落实情况纳入本系统、本行业绩效考评和年度考核范围，平安医院建设领导小组到有关单位明察暗访，对落实不到位、不及时的单位，依据党规法纪严肃追究相关责任人的责任。

通过网络检索，在天津人大官网搜索到《天津市平安建设条例》[②]。条例第六十四条提出，市平安建设领导机构应当对市级部门、各区和有关单位平安建设情况进行考核；区平安建设领导机构应当对区属部门、乡镇（街道）和有关单位平安建设情况进行考核；行业主管部门应当对本行业领域有关部门及单位平安建设情况进行考核。平安建设考核结果纳入绩效考核内容。被考核单位责任未落实、考核未达标的，需要督促整改。

通过网络检索，在河北省人民政府官网搜索到《河北省医疗纠纷预防和处理条例》[③]。条例提出，加强多元纠纷解决机制建设，发挥医疗纠纷调解人民委员会的调解优势。推动建立并完善医疗质量安全管理体系，细化医患协商沟通机制，建立健全投诉接待制度。强化政府责任，将医疗纠纷预防和处理工作纳入社会治安综合治理体系和平安建设考核指标体系。

从以上检索内容可以看出，北京市把医院安全管理纳入平安建设考核范畴，天津市出台条例用专门条目阐述考核监督问责机制，河北省将医疗纠纷化解工作纳入平安建设考核体系，说明京津冀在平安建设考核方面下了功夫，既有宏观考虑，又和具体业务相结合。考核是“指挥棒”，督导是“风向标”，问责是“试金石”。工作能否落实到位，是否可以压实责任，需要发挥考核、督导和问责的作用。考核兼具激励促进和督促整改双重作用，在

---

① 《关于推进医院安全秩序管理工作的指导意见》，http：//wjw. beijing. gov. cn/zwgk_ 20040/qt/202112/t20211224_ 2571842. html，2021 年 12 月 24 日。

② 《天津市平安建设条例》，www. tjrd. gov. cn/flfg/system/2022/07/27/030025609. shtml，2022 年 7 月 27 日。

③ 《〈河北省医疗纠纷预防和处理条例〉将于2022 年 7 月 1 日起施行》，info. hebei. gov. cn//hbszfxxgk/6806024/6807473/6918743/6921361/7015146/index. html，2022 年 4 月 3 日。

与工资绩效、评奖评优、岗位晋升、城市创先等挂钩后，其地位更加凸显。

综合分析，本项三级指标得分是 100 分。

根据需要，课题组还做了访谈。受访者表示自己所在的单位明确将平安建设纳入年度考核，并分解到日常工作中，年底会与所在部门的业绩挂钩，与员工个人的绩效挂钩，甚至在平安建设的某些关键指标上实行一票否决制，这与网络检索得出的结论是一致的。

（七）人民团体参与社会治理情况

通过网络检索，在北京市总工会官网搜索到《丰台区和义街道总工会多措并举助力疫苗接种工作》①。丰台区和义街道总工会积极配合街道办事处统一部署，协助社区工作人员对前来接种、咨询的职工和居民进行引导、分流，为行动不便的老年人开通绿色通道。同时参与宣传疫苗接种的重要性和必要性，开展入户接种车辆调度、各社区每日最新情况汇总等工作。

通过网络检索，在北京市总工会官网搜索到通州区总工会、昌平区总工会对燃气经营企业开展安全生产检查工作。通州区总工会权益部联合区城管委和区城管执法局，着重对企业安全生产主体责任、安全责任落实情况及群众性安全生产活动情况进行检查②。昌平区总工会联合区城管委重点检查《中华人民共和国安全生产法》《北京市燃气管理条例》等相关法律法规的宣传贯彻情况③。

通过网络检索，在天津共青团官网搜索到蓟州团区委暑期针对青少年开展安全教育④。发放《关于提高防范意识与自我保护能力的倡议书》，提醒

---

① 《丰台区和义街道总工会多措并举助力疫苗接种工作》，https：//www. bjzgh. org/ywdt/ywdt/202206/20220624/j_ 2022062411015700016560398699489405. html，2022 年 6 月 24 日。

② 《通州区总工会对燃气经营企业开展安全生产群众性监督检查工作》，https：//www. bjzgh. org/ywdt/ywdt/202207/20220712/j_ 2022071214535500016576089882446968. html，2022 年 7 月 12 日。

③ 《昌平区总工会开展燃气经营企业安全生产监督检查工作》，https：//www. bjzgh. org/ywdt/ywdt/202206/20220624/j_ 2022062411085700016560402900612137. html，2022 年 6 月 24 日。

④ 《蓟州区暑期安全“不放假”　青春守护不打烊》，http：//www. youthtj. org. cn/system/2022/07/27/030087612. shtml，2022 年 7 月 27 日。

青少年及家长在暑期严防溺水事故、注意交通安全、做好消防安全、防止食物中毒、注意用电安全、防止网络沉迷、做好疫情防控，并帮助排查燃气安全隐患，提醒家长务必密切关注燃气安全。

通过网络检索，在天津共青团官网搜索到河东团区委开展节能环保教育暨科普知识宣传实践活动①。河东团区委通过游戏的方式，生动形象地向青少年宣传垃圾分类知识，让“绿色、低碳、环保”的理念根植青少年心中。河东团区委号召广大青少年，在日常生活中从点滴做起，对生活垃圾进行正确分类，争做低碳环保小卫士。

通过网络检索，在河北省妇联官网搜索到衡水市妇联以家庭“小美”助力乡村振兴的信息②。衡水市妇联以“五美”为标准，以引领妇女和家庭改变生活陋习、养成健康文明生活方式为重点，遵循“宣传教育、示范引领、实践养成”的创建路径，不断提升广大妇女群众和家庭的内生动力。市妇联制定下发《2022年衡水市深化美丽庭院示范创建工作实施方案》，明确全市美丽庭院年度建设标准和目标任务。打好宣传、打擂、奖励“组合拳”，不断提升创建质量。

通过网络检索，在河北省妇联官网搜索到唐山市妇联打出三套“组合拳”缓解居家抗疫带娃难的问题③。开展亲子朗读竞赛活动，号召广大家长围绕爱党爱国爱家、防疫抗疫、家庭教育、传承中华优秀传统文化、弘扬好家风等方面，以身作则，每天安排亲子共读和交流时间，开展高质量陪伴。同时开展“关爱儿童成长·做智慧家长”公益送教活动和“战胜疫情　护家使者”唐山知子花开志愿者行动。

从以上检索内容可以看出，工会、共青团、妇联等人民团体通过不同形式参与社会治理。北京市所属区总工会参与疫情防控、安全生产检查，天津

---

① 《河东团区委开展节能环保教育暨科普知识宣传实践活动》，http：//www. youthtj. org. cn/system/2022/06/15/030083737. shtml，2022年6月15日。

② 《衡水市妇联以家庭“小美”助力乡村振兴》，https：//www. hebeiwomen. org. cn/a/14/5348. html，2022年6月17日。

③ 《唐山市妇联打出三套组合拳缓解居家抗疫带娃难》，https：//www. hebeiwomen. org. cn/a/14/5169. html，2022年4月1日。

市所属区共青团参与暑期青少年安全教育、节能环保教育，河北省所属市妇联开展美丽家庭建设助力乡村振兴、疫情期间破解教子难题活动，说明人民团体参与社会治理的触角不断延展，范围不断扩大，层次不断提高，效果不断提升，受到的关注度不断升高。但同时也要看到，人民团体参与社会治理时，需要在贯彻执行党和政府的决策部署与维护所属社会群体和民众的利益两个方面进一步实现平衡。另外，人民团体的管理体制灵活性不够，以致参与社会治理的方式、方法创新性不强。

综合分析，本项三级指标得分是 85 分。

根据需要，课题组还做了访谈。受访者表示，自己所在单位的工会在职工生日、国家法定节假日等特殊时期都会发福利。工会也会参与到单位平安建设或社区建设之中，但是参与本单位之外的其他活动不多，更多时候是上级工会就某项工作发出通知，本单位工会贯彻执行。这与网络检索的内容和得出的结论是一致的。

（八）社会组织参与社会治理情况

通过网络检索，在中国社会组织政务服务平台搜索到《北京泰康溢彩公益基金会等启动“溢起守护”养老专业人才赋能公益行动》的报道①。北京泰康溢彩公益基金会积极宣传优秀养老护理员等老年社会工作者的事例，通过展现其职业精神，为关爱老人、助老工作赋能，提升服务从业人员的职业荣誉感和社会认同度，满足老年人日益增长的多元养老需求。

通过网络检索，在中国社会组织政务服务平台搜索到《北京积极动员社会力量助力疫情防控》的报道②。北京多个专业性、学术性社会团体和社会服务机构发挥特长，在丰富市民文化生活、维护社会稳定方面提供支持。

---

① 《北京泰康溢彩公益基金会等启动“溢起守护”养老专业人才赋能公益行动》，https：//chinanpo. mca. gov. cn/xwxq？ newsType = 6000&id = 20078&search = % E5% 8C% 97% E4% BA% AC，2022 年 7 月 25 日。

② 《北京积极动员社会力量助力疫情防控》，https：//chinanpo. mca. gov. cn/xwxq？ newsType = 1944&id = 19370&search = %E5%8C%97%E4%BA%AC，2022 年 5 月 11 日。

市级行业协会、商会开展行业信息大数据调研，为政府决策和企业复工复产提供支撑。

通过网络检索，在中国社会组织政务服务平台搜索到《天津举办社区社会组织与社区养老服务双城研讨会》的报道①。社区“一老一小一残”群体是社区社会组织重点关注与帮扶的对象，天津市建立2.86万家社区社会组织，发挥提供社区服务、培育社区文化、开展社区协商、化解社区矛盾、促进社区和谐的功能。

通过网络检索，在河北省民政厅政务网搜索到《石家庄市栾城区探索开展“一小撮”服务新模式》的报道②。栾城区充分发挥社会公益组织的作用，针对“一老一小”群体，探索“一小撮”服务新模式。建立“政府、养老机构、金融机构、群众”四位一体的养老生态系统，满足老年群体的需求。根据全区儿童发展情况进行风险评估，建立不同等级档案，提供有针对性、多样化的服务。同时，河北省在全省社会组织中发起“千户万户”扶助公益行动，重点聚焦特殊贫困群体，发挥优势，集中帮扶，积极慰问走访、解决困难③。

从以上检索内容可以看出，不同类型的社会组织以多种方式和途径参与社会治理。北京市社会组织开展了提升养老专业人才能力的活动，助力政府决策和企业复工复产。天津市社区社会组织关注“一老一小一残”群体，探索服务新模式，同时发挥这些组织在化解矛盾、培育社区文化、助力疫情防控方面的功能。河北省发挥社会公益组织的作用，打造全新养老生态系统，关注儿童的独特需求，帮助特殊贫困群体。这些内容涉及社会治理的多个方面，也和群众日常生活密切相关，因此社会组织的参与方向较为明确，聚焦党和政府的关切，服务民众的多样需求。但同时也要看到，这些活动的

① 《天津举办社区社会组织与社区养老服务双城研讨会》，https：//chinanpo. mca. gov. cn/xwxq？newsType=3501&id=20092&search=%E5%A4%A9%E6%B4%A5，2022年7月27日。

② 《石家庄市栾城区探索开展“一小撮”服务新模式》，http：//minzheng. hebei. gov. cn/detail？id=1042272，2022年5月10日。

③ 《人民网：河北省“千社助万户”振兴专项帮扶行动》，http：//minzheng. hebei. gov. cn/detail？id=1042083，2022年4月13日。

参与形式呈现碎片化特征，以联合体形式参与的情况不多，服务内容还有待丰富。

综合分析，本项三级指标得分是 80 分。

（九）企事业单位参与社会治理情况

通过网络检索，在首都之窗网站搜索到北京市延庆区融媒体中心发挥新媒体的作用，开设“全民反诈”专题，汇聚反诈宣传信息；创新形式，提升群众对反诈信息的接受度；广泛联动，拓宽信息发布渠道①。在中国商报网搜索到北京市朝阳区全力筑牢企业发展和社会治理数字安全屏障的有关报道②。朝阳区发挥 360 公司的引领作用，推动数字技术赋能基层社会治理，建设“城市安全大脑”模块，全面提升城市的数字化治理能力。

通过网络检索，在天津政务网搜索到《打击治理电信网络诈骗犯罪新闻发布会》的报道③。中国人民银行天津分行坚持以人民为中心的发展理念，贯彻落实国务院、天津市两级联席办关于打击治理电信网络诈骗相关工作的部署要求，积极履行属地监管职责，推进打击治理电信网络诈骗金融监管工作。

通过网络检索，在天津政务网搜索到《天津医学高等专科学校与企业合作成立“老年健康服务创新中心”》的报道④。双方围绕养老健康服务开展合作，将实现在智能养老、智能健康领域的创新发展。同时，双方就前期研发的老年智能化辅具的应用转化进行进一步探讨研究，使健康养老踏上了智能化道路。

---

① 《区融媒体中心发挥新媒体作用提升“全民反诈”宣传知晓率》，http：//www. bjyq. gov. cn/yanqing/zbm/gdzx/gzdt31/3027237/index. shtml，2022 年 3 月 25 日。

② 《ISC 2022 崔小浩：北京朝阳将全力筑牢企业发展和社会治理数字安全屏障》，https：//www. zgswcn. com/article/202208/202208011539011081. html，2022 年 8 月 1 日。

③ 《打击治理电信网络诈骗犯罪新闻发布会》，https：//www. tj. gov. cn/sy/xwfbh/xwfbh_210907/202206/t20220610_ 5902368. html，2022 年 6 月 10 日。

④ 《天津医学高等专科学校与企业合作成立“老年健康服务创新中心”》，https：//jy. tj. gov. cn/JYXW/TJJY/202203/t20220323_ 5837975. html，2022 年 3 月 23 日。

通过网络检索，在河北省人民政府官网搜索到《我市持续深化供销合作社综合改革助力全面推进乡村振兴》的报道[①]。河北省沧州市创新城乡社区综合服务，依托供销合作社系统基层网点，整合各类涉农服务主体，围绕农资、农副产品、再生资源等传统行业和电子商务、农村物流等新兴产业及当地特色产业开展经营服务，为城乡居民提供日用消费品、文体娱乐、养老幼教、就业培训等多样化服务，提升城乡基本公共服务均等化水平。

从以上检索内容可以看出，北京市企事业单位致力于提高全民反诈知晓率，坚持数字赋能基层社会治理；天津市企事业单位积极做好打击治理电信网络诈骗金融监管工作，与高校合作推动智能化养老；河北省企事业单位改革体制机制，创新提供基本公共服务，助推乡村振兴。企事业单位参与社会治理的创新程度不断提升，开展了符合国家战略和民众需求的行动和项目。但同时也要看到，企事业单位参与社会治理的经济效益和社会效益的综合度不够，产生的效果与预期目标还存在一定距离。

综合分析，本项三级指标得分是 80 分。

（十）人民群众参与力量情况

打造共建共治共享的社会治理格局，需要多元主体的参与，而人民群众是重要的主体。本部分从狭义的角度出发，将人民群众参与限定在志愿服务的范畴。本指标的得分来源分为两个部分，即网络检索得分和问卷调查得分。

通过网络检索，在人民网上搜索到《助力平安冬奥　石景山消防志愿者超 15000 名》的报道[②]。北京市石景山区 9 个街道共 151 个社区组建了消防志愿者服务小分队，参与人数 15000 余名，志愿者们配合消防员，多次开展消防安全宣传志愿服务活动，发放家庭住宅火灾警示资料，向居民讲解防

① 《我市持续深化供销合作社综合改革助力全面推进乡村振兴》，www. hebei. gov. cn/hebei/14462058/14471802/14471717/14471787/15089738/index. html，2021 年 10 月 11 日。

② 《助力平安冬奥　石景山消防志愿者超 15000 名》，http：//bj. people. com. cn/n2/2022/0216/c14540-35136952. html，2022 年 2 月 16 日。

火、报警和逃生自救知识，发现并及时排除消防隐患，提升居民的消防意识和自救能力。同时，在人民网还搜索到北京市从 2018 年开始组建“千企万人”安全生产社会监督职工志愿者队伍，至 2021 年底，北京市 17 个区及数个重点企业共成立 26 支职工志愿者队伍，实名注册志愿者 1.3 万余人①。

通过网络检索，在天津市人民政府官网搜索到《我市青少年学子变身志愿者筑牢疫情防线》的报道。天津市教育系统超过 10 万名干部教师投入抗疫一线，同时带动天津青少年学子积极响应号召，投身志愿服务工作，承担信息登记、秩序维护、数据处理、物资管理等工作②。同时，在人民网搜索到天津市静海区有各级各类注册志愿者 16 万人，志愿服务队伍 900 多支，参与志愿服务 38 万人次。志愿者在街道社区扶弱助残，在寻常巷陌排忧解难，在交通路口疏导交通，在敬老院里照顾老人③。

通过网络检索，在河北新闻网搜索到《河北兴隆：一抹“志愿红”扮美一座城》的报道④。河北省承德市兴隆县自 2022 年建立“星期六文明实践”机制，将每周六设立为全县文明实践集中活动日，组建党员干部带头、群众积极参与的各级志愿队共 400 余支，全县共 7500 多名志愿者参与关爱残疾人、整治环境卫生、倡导文明出行等活动，保障社区卫生环境和居民出行安全。

从以上检索内容可以看出，北京市消防志愿者和安全生产监督志愿者进行消防安全宣传和安全生产监督，保领域平安。天津市教育系统志愿者积极引领青少年学生参与疫情防控，保社区平安，还有各级各类志愿者在街道、路口、养老院等空间场域开展活动，保一地平安。河北省建立“星期六文明实践”机制，形成志愿服务网络，在环境整治、文明出行方面贡献力量，

---

① 《筑起安全生产一线服务网络　首都安全生产社会监督职工志愿者队伍日渐壮大》，http：//bj.people.com.cn/n2/2021/1202/c82840-35033502.html，2021 年 12 月 2 日。

② 《我市青少年学子变身志愿者筑牢疫情防线》，https：//www.tj.gov.cn/sy/zwdt/bmdt/202201/t20220126_5790265.html，2022 年 1 月 26 日。

③ 《天津静海：16 万“小红帽”奏响志愿服务的“时代交响”》，http：//tj.people.com.cn/n2/2022/0306/c375366-35161848.html，2022 年 3 月 6 日。

④ 《河北兴隆：一抹“志愿红”扮美一座城》，http：//www.heb.chinanews.com.cn/shfz/20220526423857.shtml，2022 年 5 月 26 日。

保社会平安。京津冀人民群众参与志愿活动的组织化水平在提升，并且建立了相应的机制。同时，参与的人数和范围在扩大，涉及的领域、范围、行业、场所越来越多，参与的内容也更加丰富。综合分析，本项指标网络检索部分得分是85分。

同时，课题组还使用了问卷调查的方式，共设置3个问题，均是单选题，每个问题设置3~4个选项。具体得分见表3。

表3　问卷调查——人民群众参与力量情况

问题	类别	比例(%)
在您居住的社区(村),您会经常看到佩戴明显标识的治安志愿者吗	经常看到	48.71
	偶尔看到	31.75
	看不到	19.54
在您所居住社区(村)之外的街道或乡镇,您会经常看到佩戴明显标识的治安志愿者吗	经常看到	45.25
	偶尔看到	38.67
	看不到	16.08
您认为以下维护社会治安秩序的力量是否充足——社会力量	过剩	13.27
	充足	60.81
	不足	25.91
	不清楚	0

根据评分标准计算问卷调查部分的得分，可得知第一项问题的得分是64.58分，第二项问题的得分是64.58分，第三项问题的得分是74.09分，通过计算平均分，本项指标的问卷调查部分得分是67.75分。

综合网络检索和问卷调查两部分的得分，三级指标“人民群众参与力量情况”的最后得分是74.65分。

（十一）人民群众参与渠道情况

人民群众参与社会治理需要有相应的渠道和方式方法，本部分使用不同社会志愿组织和人员参与社会治理的某一方面工作加以阐述。同样，本指标的得分来源分为两个部分，即网络检索得分和问卷调查得分。

通过网络检索，在北京西城大妈官微搜索到《“乐龄”先锋队　志愿助邻里》的报道[1]。在留学路社区党委的号召和组织下，近50位老党员积极参与社区事务，志愿服务邻里，组建“乐龄”老党员先锋队，参加社区卡口值守，开展便民服务，帮扶弱势群体，开展治安巡逻志愿服务工作，用志愿服务奉献个人力量，用实际行动为家园筑起安全可靠的城墙。

通过网络检索，在天津市人民政府网站搜索到《和平区各街道社区持续开展防范养老诈骗宣传活动》的报道[2]。天津市和平区各街道社区志愿者开展了防范养老诈骗宣传活动，通过知识讲座、趣味视频等形式，向老年人介绍养老诈骗手段的基本特征和实用防骗知识，讲述“电信诈骗”“养老产品诈骗”“养老项目诈骗”等真实案例，为社区居民树立反诈骗意识，维护社区平安稳定。

通过网络检索，在河北志愿服务网搜索到《张家口涿鹿县开展暑期防溺水宣传巡查活动》的报道[3]。为有效预防青少年溺水，减少溺亡事件发生，涿鹿县河长办、水务局联合蓝天救援队、中交一公局集团志愿者组成暑期民间防溺水巡查队，倡导全县青少年志愿者加入，仔细巡逻河道重点水域，劝阻嬉水玩闹人员，骑行播放防溺水宣传音频，有效提高了公众的防溺水意识，为青少年筑起防溺水“安全堤”。

从以上检索内容可以看出，在社区党委的号召下，北京市老党员积极参与社区志愿服务，天津市和平区组织志愿者开展防范养老诈骗宣传活动，河北省张家口涿鹿县联合多部门志愿者组成暑期民间防溺水巡逻队义务巡逻宣传。这些志愿活动都是在相关单位和部门组织下开展的，体现出志愿服务的组织化特点，也有利于广泛动员志愿者和其他人员参与社会治理。但是同时也要看到，志愿行为的志愿性没有得到充分体现。综合分析，本项指标网络

---

① 《“乐龄”先锋队　志愿助邻里》，https：//baijiahao. baidu. com/s？ id=1739027164210776051，2022年7月22日。

② 《和平区各街道社区持续开展防范养老诈骗宣传活动》，https：//www. tj. gov. cn/sy/zwdt/gqdt/202206/t20220627_ 5917334. html，2022年6月27日。

③ 《张家口涿鹿县开展暑期防溺水宣传巡查活动》，http：//www. hbzyfw. cn/2022－07/22/content_ 8839132. htm，2022年7月22日。

检索部分得分是 80 分。

同时，课题组还使用了问卷调查的方式。表 4 体现的是京津冀民众参与社会治安志愿服务的整体态度，该问题仅用于识别有多大比例的人员愿意参与社会治安志愿服务，不参与计分。表 5 体现的是北京市民众对治安志愿者组织工作效果的认可程度，表 6 体现的是天津市民众对治安志愿者组织工作效果的认可程度，表 7 体现的是河北省民众对治安志愿者组织工作效果的认可程度。

表 4　问卷调查——人民群众参与渠道情况

问题	类别	比例(%)
您是否愿意参与到社会治安志愿服务中	愿意	87.50
	不愿意	12.50

表 5　问卷调查——人民群众参与渠道情况（北京市）

问题	类别	比例(%)
您是否认可下列治安志愿者组织的工作效果——西城大妈	很满意	47.13
	满意	25.88
	一般	23.88
	不满意	1.13
	很不满意	2.00
您是否认可下列治安志愿者组织的工作效果——东城守望者	很满意	48.50
	满意	25.63
	一般	22.75
	不满意	1.13
	很不满意	2.00
您是否认可下列治安志愿者组织的工作效果——丰台劝导队	很满意	45.75
	满意	25.75
	一般	24.13
	不满意	2.38
	很不满意	2.00

续表

问题	类别	比例(%)
您是否认可下列治安志愿者组织的工作效果——海淀网友	很满意	44.88
	满意	26.25
	一般	25.38
	不满意	1.50
	很不满意	2.00
您是否认可下列治安志愿者组织的工作效果——朝阳群众	很满意	50.50
	满意	24.63
	一般	21.75
	不满意	1.38
	很不满意	1.75
您是否认可下列治安志愿者组织的工作效果——石景山老街坊消防队	很满意	44.75
	满意	26.75
	一般	25.38
	不满意	1.25
	很不满意	1.88

表 6　问卷调查——人民群众参与渠道情况（天津市）

问题	类别	比例(%)
您是否认可下列治安志愿者组织的工作效果——阳光奶奶	很满意	46.38
	满意	23.13
	一般	27.13
	不满意	1.38
	很不满意	2.00
您是否认可下列治安志愿者组织的工作效果——青年梦想家	很满意	45.88
	满意	23.25
	一般	27.38
	不满意	1.50
	很不满意	2.00
您是否认可下列治安志愿者组织的工作效果——“红烛”禁毒宣传队	很满意	46.88
	满意	24.25
	一般	25.38
	不满意	1.50
	很不满意	2.00

续表

问题	类别	比例(%)
您是否认可下列治安志愿者组织的工作效果——健康城市	很满意	48.00
	满意	23.38
	一般	25.63
	不满意	1.00
	很不满意	2.00

表7　问卷调查——人民群众参与渠道情况（河北省）

问题	类别	比例(%)
您是否认可下列治安志愿者组织的工作效果——橄榄绿青年服务团	很满意	38.25
	满意	25.25
	一般	33.75
	不满意	1.50
	很不满意	1.25
您是否认可下列治安志愿者组织的工作效果——红心志愿服务	很满意	39.13
	满意	25.75
	一般	32.50
	不满意	1.38
	很不满意	1.25
您是否认可下列治安志愿者组织的工作效果——红十字文化服务队	很满意	38.38
	满意	26.75
	一般	32.13
	不满意	1.50
	很不满意	1.25

由于北京市、天津市、河北省三地治安志愿者组织的样本数量不一样，因此本部分的得分计算方法是：先计算北京市、天津市、河北省各自的平均得分，再在各自平均得分的基础上取平均分，作为该项指标问卷调查的最后得分。

根据评分标准，北京市6个志愿者组织的得分分别是：西城大妈78.75分，东城守望者79.38分，丰台劝导队77.72分，海淀网友77.63分，朝阳群众 80.19 分，石景山老街坊消防队 77.81 分。因此，平均得分为 78.58 分。

天津市 4 个志愿者组织的得分分别是：阳光奶奶 77.63 分，青年梦想家 77.40 分，“红烛”禁毒宣传队 78.10 分，健康城市 78.60 分。因此，平均得分为 77.93 分。

河北省 3 个志愿者组织的得分分别是：橄榄绿青年服务团 74.44 分，红心志愿服务 75.03 分，红十字文化服务队 74.88 分。因此，平均得分为 74.78 分。

结合北京市、天津市和河北省三地各自的分数，“人民群众参与渠道情况”问卷调查得分是 77.10 分。

综合网络检索和问卷调查两部分的得分，三级指标“人民群众参与渠道情况”的最后得分是 78.26 分。

根据需要，课题组还做了访谈。受访者表示自己十分愿意参与到社会治安志愿服务中，在这个过程中是无偿参与还是获得奖励都可以，当然如果有物质奖励或者精神奖励会更好。受访者也愿意参加较为知名的治安志愿组织，因为这些组织的公信力较高，参与的渠道相对通畅。这与网络检索得出的结论是一致的。

（十二）人民群众参与成果情况

人民群众参与成果既体现在通过什么方式达到了参与目的或者实现了参与的目标，也体现在民众对志愿者参与某一类或某一项活动所产生效果的认知。

通过网络检索，在北京市延庆区政府官网搜索到《“志愿蓝”闪耀海陀山》的报道[①]。北京市千万群众为冬奥会的顺利举办保驾护航，做好服务保障和安全维稳工作。以“延庆乡亲”志愿服务为抓手，以全区 18 个乡镇、

① 《“志愿蓝”闪耀海陀山》，http：//www.bjyq.gov.cn/yanqing/ywdt/jryq/3015936/index.shtml，2022 年 3 月 6 日。

街道志愿服务协会为主体，引领、联合辖区内各领域的志愿力量和社会组织开展活动，全区上岗城市志愿者达 2.2 万人次，服务时长累计 4.4 万小时，开展共建平安、社区治理、生态环保、应急救援、疫情防控、背街小巷治理、节能减排等志愿服务，为冬奥会期间城市有序运行和社会面安全稳定保驾护航。

通过网络检索，在天津市交警官微搜索到《交警携手小志愿者走上街头》的报道[①]。交警和平支队泰安道大队携手天津银河公益交流服务中心的小志愿者，在南京路与河北路交口开展“文明交通，安全出行，从我做起——我是交通宣传员”公益活动。小志愿者们在交警带领下向市民宣传遵守交通规则和“一盔一带”的重要性，不仅提升了自身的交通安全意识，而且将“守法有序、平安出行”的理念传达给大众，助力社会平安建设。

通过网络检索，在河北新闻网搜索到《党员引领志愿服务让社区更有温度》的报道[②]。河北省承德市高新区滨河社区创新开展养老志愿服务活动，被评为“河北省志愿服务示范社区”。老年志愿服务队“老老相帮”，已经发展到 65 人，积极投身照料独居老人、参与疫情防控、建设绿色社区等各种为民服务活动中，起到示范引领作用。当地 180 余名在校大学生也自发参与滨河社区的志愿服务工作，开展各类志愿服务活动 1000 余次，不断提升社区居民的满意度。

从以上检索内容可以看出，北京市延庆区在冬奥会期间以“延庆乡亲”为纽带，做好服务保障和安全稳定工作。天津市交警携手小志愿者开展宣传活动，从小抓起，筑牢交通安全思想防线。河北省承德市以“老老相帮”的方式，为独居老人提供照料服务，同时带动大学生参与社区志愿服务，对在老龄化背景下完善养老服务体系具有积极作用，也促进了社区建设。这些

① 《交警携手小志愿者走上街头》，https：//baijiahao. baidu. com/s? id = 1729107614914076506&wfr = spider&for = pc，2022 年 4 月 4 日。

② 《党员引领志愿服务让社区更有温度》，http：//hbrb. hebnews. cn/pc/paper/c/202112/24/content_ 114707. html，2021 年 12 月 24 日。

群体从不同侧面参与到社会治理之中，取得了一定的成果。综合分析，本项指标网络检索部分得分是 85 分。

同时，课题组还使用了问卷调查的方式，共设置 5 个问题，均是单选题，每个问题设置 4 个选项。具体得分见表 8。

表 8　问卷调查——人民群众参与成果情况

问题	类别	比例(%)
您认为治安志愿者力量开展下列维护社会治安工作的效果如何——巡逻防控	好	63.96
	一般	31.54
	不好	1.86
	没有	2.64
您认为治安志愿者力量开展维护社会治安工作的效果如何——提供破案线索	好	57.28
	一般	35.47
	不好	2.69
	没有	4.56
您认为治安志愿者力量开展维护社会治安工作的效果如何——矛盾纠纷化解	好	59.35
	一般	33.92
	不好	3.26
	没有	3.47
您认为治安志愿者力量开展下列维护社会治安工作效果如何——法治宣传	好	63.96
	一般	30.19
	不好	2.80
	没有	3.06
您认为治安志愿者力量开展下列维护社会治安工作效果如何——帮助弱势人群	好	62.71
	一般	31.07
	不好	2.95
	没有	3.26

根据评分标准计算问卷调查部分的得分，可知上述类别的得分分别是：巡逻防控 79.73 分，提供破案线索 75.01 分，矛盾纠纷化解 76.31 分，法治宣传 79.05 分，帮助弱势人群 78.25 分。因此，平均得分为 77.67 分。

综合网络检索和问卷调查两部分的得分，三级指标“人民群众参与成果情况”的最后得分是 80.60 分。

四　评估结论

通过设定 4 个二级指标和 12 个三级指标，课题组使用网络检索、问卷调查并辅助访谈等方式对京津冀社会治理情况展开评估。访谈内容不计入指标得分，仅用于对某一个或某一块内容进行验证。结果显示，2022 年京津冀社会治理评估得分是 89.56 分，处于“优秀”等级，其中党委领导治理和政府主导治理 2 个二级指标得分均是 100 分。这得益于北京市、天津市、河北省对社会治理、平安建设的高度重视和强力推动，也得益于人民团体、社会组织、企事业单位、人民群众等的积极参与。但通过评估也发现，在 12 个三级指标中，部分指标得分较低，说明京津冀社会治理还存在一定的问题或短板，需要深入剖析。

（一）存在的问题

一是京津冀社会治理存在主体困境。社会治理需要多元主体参与，不同主体在其中扮演的角色和发挥的作用不尽相同。从网络检索和问卷调查结果来看，人民团体、社会组织、企事业单位以及人民群众基于不同的价值需求参与到社会治理的多个层面，但是从参与形式和内容来看，还存在形式单一、内容常规等问题，从侧面说明社会治理存在主体困境，政府部门对这些主体尤其是社会组织的参与存在重监管轻协调的问题。这些社会组织的参与诉求在增加，参与能力也在提升，当政府面对数量众多的社会组织时，更多的是进行日常监管，事中、事后监管的力度还不够，也就是说，政府提供的服务尤其是协调工作不到位，而事中、事后监管是社会治理整体效果评估的关键组成部分。

二是京津冀社会治理存在选择性参与问题。从社会治理评估的一级指标可以看出，政府主导治理是一个鲜明特色。正因为是政府主导，人民群众参与时就会遇到选择性问题。也就是说，人民群众可以参与什么、参与到什么程度，包括广度、深度等在很大程度上是由政府掌握，人民群众并不可以完全自由参与，政府甚至限定了哪些行动或项目可以参与。这种选择性参与也是一种被动式参与，导致人民群众的积极性和主动性受到影响。

三是京津冀社会治理存在协同效应不强的问题。2015 年，中共中央政治局审议通过了《京津冀协同发展规划纲要》，这是京津冀协同发展的顶层设计，是国家的重大战略决策，地位和作用不言而喻。纲要提出要在京津冀交通一体化、生态环境保护、产业升级转移等重点领域率先取得突破。7 年来这些方面的成绩有目共睹，但是我们也要看到，社会治理等方面的协同效应还不够突出。虽然新冠肺炎疫情期间京津冀三地尤其是北京市和河北省建立了联防联控工作机制，签署了《京津冀市场监管执法协作框架协议》《京津冀社会工作协同发展协议》等相应协议，但京津冀社会治理的整体谋划还不够，在关键领域、项目、行动等方面的合力没有得到彰显，协同效应不强。

（二）完善建议

一是政府要做好服务协调工作，进一步激发主体活力。对于人民团体、社会组织和企事业单位来说，其参与意愿和能力都具备，参与条件也适宜，需要进一步激发其活力。首先，不同主体要树立社会治理地位平等的理念，在共建共治共享的背景下，共同致力于社会治理现代化。其次，持续推进“放管服”改革，尤其是涉及社会组织管理方面的，该放权的放权，该取消的限定条件取消，让社会组织轻松上阵。同时，政府要把更大的力气放在事中、事后监管上，而不是简单的事前监管或审批许可。最后，积极运用民主协商的方式落实行动。社会治理涉及面广，与百姓密切相关，每一项行动安排或举措都会影响民众的认知，因此与这些主体应充分沟通交流，发挥民主协商的积极作用，把这些主体的主动性激发出来，能动性调动起来，优势发展起来，形成社会治理凝聚态势，真正形成多元共治局面。

二是要融合组织式和自发式志愿服务模式，进一步拓宽人民群众参与社会治理的途径。人民群众参与社会治理的途径是否畅通、宽广，会在很大程度上影响人民群众参与力量的多少以及人民群众参与成果的丰富程度。首先，要正确认识人民群众志愿参与的性质。要弄清志愿参与和无偿参与的区别与联系，不能简单地把志愿参与都当作无偿参与。从问卷调查可以看出，当被问及参与社会治安志愿服务活动愿意得到何种奖励时，回答希望获得物质奖励的占 59.68%，回答希望获得精神奖励的占 61.75%，回答无偿参与的占 57.96%。由于本题是多项选择题，因此可以看出有些人员参与志愿服务既期望获得物质奖励，也期望获得精神奖励，而选择无偿参与的占比不足60%。其次，要运用组织式和自发式两种志愿服务模式。社会治理需要许多群众参与进来，要将这些力量聚合在一起，不仅需要政府相关部门积极组织，运用多种激励方式加以动员，更需要加快培育志愿服务文化，让人民群众自发地参与到社会治理中，提升内生力。无论是组织式，还是自发式，都需要有相应的规制和保障措施。

三是要在共建共治共享上下功夫，进一步提升京津冀社会治理协同效应。京津冀协同发展是党中央做出的重大战略决策，通过社会治理协同这个板块既可以窥视整体样态，更能凸显民生福祉。做好京津冀社会治理，关键是要在共建共治共享上下更大功夫，提升协同效应。首先，超前规划社会治理协同发展工作。在前期推动几项重点任务时，融入更多的社会治理元素，用社会治理的内容促进重点任务的突破，比如人口管理与服务。同时高标准、高起点地规划京津冀社会治理系统发展方案，在社会关切、民众期盼方面再调研、再谋划，形成一定时期内京津冀社会治理协同发展的指引。其次，把共享落地落实。共建共治的目的是共享，京津冀社会治理协同发展的目的也要落在民众共享上，让更多协同发展成果更公平地惠及三地民众，持续提升民众的幸福感、获得感和安全感。

参考文献

［1］黄文艺：《“平安中国”的政法哲学阐释》，《法制与社会发展》2022 年第 4 期。

［2］何艳玲、王铮：《统合治理：党建引领社会治理及其对网络治理的再定义》，《管理世界》2022 年第 5 期。

［3］姜晓萍、李敏：《治理韧性：新时代中国社会治理的维度与效度》，《行政论

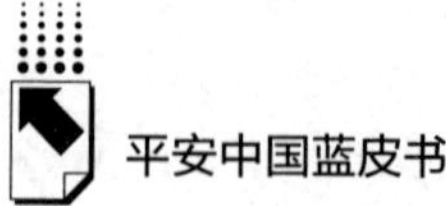

坛》2022 年第 3 期。

[4] 王大广：《公众参与基层社会治理的实践问题、机理分析与创新展望》，《教学与研究》2022 年第 4 期。

[5] 陈友华、邵文君：《技术化与专业化：社会治理现代化的双重路径》，《南开学报》（哲学社会科学版）2022 年第 2 期。

[6] 文宏、林仁镇：《多元如何共治：新时代基层社会治理共同体构建的现实图景——基于东莞市横沥镇的考察》，《理论探讨》2022 年第 1 期。

[7] 杨志云：《京津冀协同发展的公众感知和效果评价：基于四个区县的田野观察》，《湖北社会科学》2022 年第 1 期。

B.3

京津冀社会治安防控调查报告（2022）

戴　锐*

摘　要：“社会治安防控”一级指标下设7项二级指标，“社会面治安防控”“重点行业治安防控”“乡镇（街道）和村（社区）治安防控”“机关、企事业单位内部安全防控”“信息网络防控”“首都外围防控”6个二级指标对应社会治安防控网建设情况，反映治安防控的实际情况。“社会治安防控效果”这个二级指标反映治安防控的实施效果。7项二级指标又分为25项三级指标。评估数据来源包括网络抓取数据、统计数据和问卷调查数据三项。受新冠肺炎疫情影响，2022年的问卷调查主要采取电话咨询、线上问答等非接触方式实施。评估显示，2022年“社会治安防控”一级指标得分为83.40分。其中，得分最低的两个二级指标为“乡镇（街道）和村（社区）治安防控”（68.42分）与“社会面治安防控”（73.99分），这两项指标拉低了“社会治安防控”指标的总体分值。

关键词：社会治安防控　社会面治安防控　重点行业治安防控

一　指标设置及评估标准

（一）指标设置

2022年平安京津冀建设评估“社会治安防控”一级指标之下设置7

* 戴锐，法学博士、博士后，中国人民公安大学治安学院副教授、硕士生导师。

项二级指标，根据每个指标具体内容的不同，又细分为 25 项三级指标（见表 1）。

表 1 “社会治安防控”指标设置

一级指标(权重)	二级指标(权重)	三级指标(权重)
社会治安防控(15%)	社会面治安防控(20%)	街面巡逻防控情况(40%)
		公共交通场所防控情况(30%)
		学校、单位、银行、医院防控情况(30%)
	重点行业治安防控(10%)	旅馆业、印章业、娱乐服务业等行业场所治安管理情况(40%)
		物流寄递业安全管理情况(20%)
		枪支、管制刀具、危爆物品管理情况(20%)
		行业场所智慧化管理情况(20%)
	乡镇(街道)和村(社区)治安防控(10%)	网格化管理情况(40%)
		综合管理服务平台建设情况(30%)
		社区警务实施情况(30%)
	机关、企事业单位内部安全防控(10%)	单位治保制度建设情况(40%)
		单位视频监控系统普及应用情况(30%)
		水电气热等基础设施运营单位安全防范情况(30%)
	信息网络防控(10%)	信息网络管理制度建设情况(40%)
		手机网络实名制落实情况(30%)
		个人信息安全保护情况(30%)
	外围防控(10%)	城市出入查控机制情况(40%)
		城市外围公安检查站覆盖情况(30%)
		城市外围防控效果(30%)
	社会治安防控效果(30%)	重大专项整治工作(20%)
		重大案件、事件处置情况(20%)
		刑事警情数量(15%)
		治安警情数量(15%)
		刑事案件数量(15%)
		治安案件数量(15%)

（二）设置依据及评估标准

“社会治安防控”一级指标下二级、三级指标设置的主要依据包括《中共中央关于全面深化改革若干重大问题的决定》《关于加强社会治安防控体系建设的意见》《关于全面深化平安北京建设的意见》，以及北京市、天津市、河北省三地《国民经济和社会发展第十四个五年规划和二〇三五年远景目标纲要》等文件中关于治安防控的要求。

评测方法主要有 3 种：一是通过网络搜索获取文字信息或者相关数据对指标进行评测；二是通过北京市、天津市和河北省统计局发布的年度统计数据对指标进行评测；三是通过问卷调查获取的数据对指标进行评测。

评估标准主要是观测调查获取的信息或数据是否符合预设的指标结果，三级指标评估后，根据三级指标所占权重计算二级指标的得分，然后根据二级指标所占权重计算一级指标得分。

二　总体评估结果分析

2022 年“社会治安防控”各级指标得分如表 2 所示。

表 2　“社会治安防控”各级指标得分

一级指标(得分)	二级指标(得分)	三级指标(得分)
社会治安防控(83.40 分)	社会面治安防控(73.99 分)	街面巡逻防控情况(67.34 分)
		公共交通场所防控情况(73.26 分)
		学校、单位、银行、医院防控情况(83.58 分)
	重点行业治安防控(83.14 分)	旅馆业、印章业、娱乐服务业等行业场所治安管理情况(80.26 分)
		物流寄递业安全管理情况(73.65 分)
		枪支、管制刀具、危爆物品管理情况(96.54 分)
		行业场所智慧化管理情况(85 分)

续表

一级指标(得分)	二级指标(得分)	三级指标(得分)
社会治安防控(83.40分)	乡镇(街道)和村(社区)治安防控(68.42分)	网格化管理情况(81.80分)
		综合管理服务平台建设情况(61.80分)
		社区警务实施情况(57.21分)
	机关、企事业单位内部安全防控(86.62分)	单位治保制度建设情况(85分)
		单位视频监控系统普及应用情况(80.40分)
		水电气热等基础设施运营单位安全防范情况(95分)
	信息网络防控(83.35分)	信息网络管理制度建设情况(95分)
		手机网络实名制落实情况(95分)
		个人信息安全保护情况(56.16分)
	外围防控(91.50分)	城市出入查控机制情况(95分)
		城市外围公安检查站覆盖情况(83.32分)
		城市外围防控效果(95分)
	社会治安防控效果(91分)	重大专项整治工作(95分)
		重大案件、事件处置情况(90分)
		刑事警情数量(90分)
		治安警情数量(90分)
		刑事案件数量(90分)
		治安案件数量(90分)

（一）二级指标得分

每项三级指标总分均为100分，根据三级指标所占权重，将二级指标包含的三级指标得分累加即为该二级指标的得分。

对于社会治安防控网建设情况，根据防控网的不同种类，可通过“社会面治安防控”“重点行业治安防控”“乡镇（街道）和村（社区）治安防控”“机关、企事业单位内部安全防控”“信息网络防控”“外围防控”6个二级指标加以评测。其中，“社会面治安防控”的权重为20%，“重点行业治安防控”的权重为10%，“乡镇（街道）和村（社区）治安防控”的权重为10%，“机关、企事业单位内部安全防控”的权重为10%，“信息网络防控”的权重为10%，“外围防控”的权重为10%。

上述二级指标得分分别为："社会面治安防控"得 73. 99 分，"重点行业治安防控"得 83. 14 分，"乡镇（街道）和村（社区）治安防控"得 68. 42 分，"机关、企事业单位内部安全防控"得 86. 62 分，"信息网络防控"得 83. 35 分，"外围防控"得 91. 50 分。

对于社会治安防控效果，可通过"重大专项整治工作""重大案件、事件处置情况""刑事警情数量""治安警情数量""刑事案件数量""治安案件数量"6 个三级指标加以评测。"重大专项整治工作"指标的权重是 20%，"重大案件、事件处置情况"指标的权重是 20%，每类警情数量和案件数量指标的权重都是 15%。"重大专项整治工作"指标得分为 95 分，"重大案件、事件处置情况"指标得分为 90 分，"刑事警情数量"指标得分为 90 分，"治安警情数量"指标得分为 90 分，"刑事案件数量"指标得分为 90 分，"治安案件数量"指标得分为 90 分。因此，"社会治安防控效果"二级指标得分为 95×20%+90×20%+90×15%+90×15%+90×15%+90×15%=91（分）。

（二）一级指标得分

每项二级指标总分均为 100 分，根据二级指标所占权重，将一级指标包含的二级指标得分累加即为该一级指标的得分。

根据上面所述的二级指标得分和权重，计算"社会治安防控"一级指标得分为 73. 99×20%+83. 14×10%+68. 42×10%+86. 62×10%+83. 35×10%+91. 50×10%+91×30%=83. 40（分）。

三　指标评估结果分析

（一）社会面治安防控

本指标有 3 个三级指标，分别为"街面巡逻防控情况""公共交通场所防控情况""学校、单位、银行、医院防控情况"。

1. 街面巡逻防控情况

（1）问卷调查评估结果

课题组针对该指标设计了两个问题，问题一是“在您所居住社区（村）之外的街道或乡镇，您会经常看到佩戴明显标识的治安志愿者吗”，对该问题回答“看不到”的占16.08%，回答“偶尔看到”的占38.67%，回答“经常看到”的占45.25%。“经常看到”赋值100分，“偶尔看到”赋值50分，“看不到”赋值0分，因此该问题总分为64.58分。

问题二是“在您居住的乡镇或街道，您会经常看到警察或警车吗”，对该问题回答“看不到”的占10.08%，回答“偶尔看到”的占39.63%，回答“经常看到”的占50.29%。“经常看到”赋值100分，“偶尔看到”赋值50分，“见不到”赋值0分，因此该问题总分为70.10分。

上述两项分数取平均值，问卷调查部分得分为67.34分。

（2）该三级指标评估得分

该三级指标评估来源只有问卷调查，问卷调查得分即为最终得分，因此该三级指标得分为67.34分。

2. 公共交通场所防控情况

（1）问卷调查评估结果

课题组针对该指标设计了两个问题，问题一是“您最近一年在车站、机场等附近见过黑车拉客行为吗”，回答“偶尔见到”的占29.46%，回答“经常见到”的占17.83%，回答“见不到”的占52.71%。“经常见到”赋值0分，“偶尔见到”赋值50分，“见不到”赋值100分，因此该问题总分为67.44分。

问题二是“您认为下列交通场站的安防力量是否充足”，针对该问题设计了5个子问题。子问题一是“您认为下列交通场站的安防力量是否充足——地铁站”，回答“是”的占有效回答的83.42%，回答“是”的得分为100分，因此该问题得分为83.42分。

子问题二是“您认为下列交通场站的安防力量是否充足——公交站”，回答“是”的占有效回答的66.49%，回答“是”的得分为100分，因此该问题得分为 66. 49 分。

子问题三是“您认为下列交通场站的安防力量是否充足——火车站”，回答“是”的占有效回答的 84. 71%，回答“是”的得分为 100 分，因此该问题得分为 84. 71 分。

子问题四是“您认为下列交通场站的安防力量是否充足——汽车站”，回答“是”的占有效回答的 75. 45%，回答“是”的得分为 100 分，因此该问题得分为 75. 45 分。

子问题五是“您认为下列交通场站的安防力量是否充足——机场”，回答“是”的占有效回答的 85. 31%，回答“是”的得分为 100 分，因此该问题得分为 85. 31 分。

上述 5 项分数取平均值为 79. 08，因此，问题二得分为 79. 08 分。

问题一、问题二的得分取平均值，计算得出问卷调查总分为 73. 26 分。

（2）该三级指标评估得分

该三级指标评估来源只有问卷调查，问卷调查得分即为最终得分，因此该三级指标得分为 73. 26 分。

3. 学校、单位、银行、医院防控情况

（1）问卷调查评估结果

课题组针对该指标设计了两个问题，问题一是“最近一年，您觉得您去过的医院的整体安全防范能力如何”，对该问题回答“弱”的占 4. 67%，回答“一般”的占 40. 13%，回答“强”的占 55. 21%。对该问题回答“强”的赋值 100 分，回答“一般”的赋值 50 分，回答“弱”的赋值 0 分，因此该问题的总分为 75. 27 分。

问题二是“据您了解，您或您亲戚朋友等熟人的孩子在校园当中是否存在下列安全问题”，问题二有两个前置问题：其一是“您或您亲戚朋友等熟人是否有孩子在上学”，回答“是”的占全部调查人数的 54. 5%；其二是“您或您亲戚朋友等熟人的孩子就读什么类型的学校”，回答“幼儿园”的占全部人数的 16. 46%，回答“中小学”的占全部人数的 31. 29%，回答“大学”的占全部人数的 6. 75%。

该问题根据孩子所处的校园类型，又分为幼儿园、中小学、大学三类，另外还有一个适用于所有学校的问题，即“其他校园安全问题”。

关于孩子在幼儿园的情况，问题一是“教师等工作人员虐待学生行为”，对该问题回答“是”的占10.38%，回答“否”的占89.62%；问题二是“猥亵儿童行为”，对该问题回答“是”的占9.11%，回答“否”的占90.89%；问题三是“校园食品安全问题”，对该问题回答“是”的占12.41%，回答“否”的占87.59%；问题四是“校园基础设施安全问题”，对该问题回答“是”的占10.63%，回答“否”的占89.37%；问题五是“在上学期间走失”，对该问题回答“是”的占9.37%，回答“否”的占90.63%；问题六是“其他校园安全问题”，对该问题回答“是”的占11.14%，回答“否”的占88.86%。对上述问题回答“是”的赋值0分，回答“否”的赋值100分。因此，关于孩子在幼儿园的问题的回答总分为（89.62+90.89+87.59+89.37+90.63+88.86）÷6=89.49（分）。

关于孩子在中小学的情况，问题一是“校园斗殴、欺凌行为”，对该问题回答“是”的占11.85%，回答“否”的占88.15%；问题二是“教师体罚学生行为”，对该问题回答“是”的占5.06%，回答“否”的占94.94%；问题三是“性侵或性骚扰行为”，对该问题回答“是”的占1.73%，回答“否”的占98.27%；问题四是“校园周边文化娱乐场所引起的不安全问题”，对该问题回答“是”的占7.19%，回答“否”的占92.81%；问题五是“校园盗窃行为”，对该问题回答“是”的占5.99%，回答“否”的占94.01%；问题六是“校园欺诈行为”，对该问题回答“是”的占2.93%，回答“否”的占97.07%；问题七是“中小学生心理健康危机”，对该问题回答“是”的占11.72%，回答“否”的占88.28%；问题八是“校园食品安全问题”，对该问题回答“是”的占12.25%，回答“否”的占87.75%；问题九是“校园基础设施安全问题”，对该问题回答“是”的占4.79%，回答“否”的占95.21%；问题十是“在上学期间走失”，对该问题回答“是”的占2.66%，回答“否”的占97.34%；问题十一是“其他校园安全问题”，对该问题回答“是”的占3.73%，回答“否”的占96.27%。对上述问题回答“是”的赋值0分，回答

“否”的赋值100分。因此，关于孩子在中小学的问题的回答总分为（88.15+94.94+98.27+92.81+94.01+97.07+88.28+87.75+95.21+97.34+96.27）÷11=93.65（分）。

关于孩子在大学的情况，问题一是“校园斗殴、欺凌行为”，对该问题回答“是”的占7.41%，回答“否”的占92.59%；问题二是“性侵或性骚扰问题”，对该问题回答“是”的占4.94%，回答“否”的占95.06%；问题三是“校园周边文化娱乐场所引起的不安全问题”，对该问题回答“是”的占11.11%，回答“否”的占88.89%；问题四是“校园盗窃行为”，对该问题回答“是”的占15.43%，回答“否”的占84.57%；问题五是“校园欺诈行为”，对该问题回答“是”的占10.49%，回答“否”的占89.51%；问题六是“人际关系危机”，对该问题回答“是”的占14.81%，回答“否”的占85.19%；问题七是“大学生心理健康危机”，对该问题回答“是”的占19.14%，回答“否”的占80.86%；问题八是“国外敌对势力渗透”，对该问题回答“是”的占2.47%，回答“否”的占97.53%；问题九是“涉及邪教问题”，对该问题回答“是”的占0.00%，回答“否”的占100.00%；问题十是“传销”，对该问题回答“是”的占1.23%，回答“否”的占98.77%；问题十一是“大学生涉黄”，对该问题回答“是”的占4.94%，回答“否”的占95.06%；问题十二是“大学生涉赌”，对该问题回答“是”的占3.70%，回答“否”的占96.30%；问题十三是“大学生涉毒”，对该问题回答“是”的占1.85%，回答“否”的占98.15%；问题十四是“校园食品安全问题”，对该问题回答“是”的占11.73%，回答“否”的占88.27%；问题十五是“校园基础设施安全问题”，对该问题回答“是”的占7.41%，回答“否”的占92.59%；问题十六是“其他校园安全问题”，对该问题回答“是”的占3.09%，回答“否”的占96.91%。对上述问题回答“否”的赋值100分，回答“是”的赋值0分。因此，关于孩子在大学的问题的回答总分为（92.59+95.06+88.89+84.57+89.51+85.19+80.86+97.53+100.00+98.77+95.06+96.30+98.15+88.27+92.59+96.91）÷16=92.52（分）。

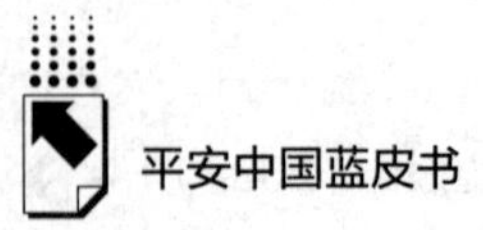

上述三项分数取平均值，得“据您了解，您或您亲戚朋友等熟人的孩子在校园当中是否存在下列安全问题”的得分为（89.49+93.65+92.52）÷3=91.89（分）。

对医院和学校两个问题的分数取平均值，计算得出问卷调查该项总分为（75.27+91.89）÷2=83.58（分）。

（2）该三级指标评估得分

该三级指标评估来源只有问卷调查，问卷调查得分即为最终得分，因此该三级指标得分为83.58分。

4. 该二级指标的得分

“街面巡逻防控情况”三级指标所占权重为40%，“公共交通场所防控情况”三级指标所占权重为30%，“学校、单位、银行、医院防控情况”三级指标所占权重为30%。因此，该二级指标得分为67.34×40%+73.26×30%+83.58×30%=73.99（分）。

（二）重点行业治安防控

本指标有4个三级指标，分别为“旅馆业、印章业、娱乐服务业等行业场所治安管理情况”“物流寄递业安全管理情况”“枪支、管制刀具、危爆物品管理情况”“行业场所智慧化管理情况”。

1. 旅馆业、印章业、娱乐服务业等行业场所治安管理情况

（1）问卷调查评估结果

课题组针对该指标设计了三个问题，问题一为“您最近一次在当地办理酒店入住手续时，酒店执行登记旅客信息情况如何”，对该问题回答“所有入住人员均严格登记”的占59.83%，回答“同行人员一人或少数人登记”的占9.50%，回答“不要求登记”的占1.88%，回答“没住过”的占28.79%。对该问题回答“所有入住人员均严格登记”的赋值100分，回答“同行人员一人或少数人登记”的赋值50分，回答“不要求登记”的赋值0分，回答“没住过”的不算有效回答。因此，对该问题回答的分数为90.70分。

问题二为“您最近一次刻制印章时，觉得办理手续情况如何”，对该问题回答“比较快捷”的占32.71%，回答“一般”的占13.75%，回答“比较烦琐”的占4.42%，回答“没刻制过”的占49.13%。对该问题回答“比较快捷”的赋值100分，回答“一般”的赋值50分，回答“比较烦琐”的占赋值0分，回答“没刻制过”的不算有效回答。因此，对该问题回答的分数为77.81分。

问题三为“近一年内，您进入KTV、酒吧等娱乐场所时，有无遇见过纠纷”，对该问题回答“遇见过”的占12.13%，回答“没有遇见”的占31.58%，回答“没进过娱乐场所”的占56.29%。对该问题回答“遇见过”的赋值0分，回答“没有遇见”的赋值100分，回答“没进过娱乐场所”的不算有效回答。因此，对该问题回答的分数为72.26分。

上述三项分数取平均值，计算得出问卷调查该项总分为（90.70+77.81+72.26）÷3=80.26（分）。

（2）该三级指标评估得分

该三级指标评估来源只有问卷调查，问卷调查得分即为最终得分，因此该三级指标得分为80.26分。

2. 物流寄递业安全管理情况

（1）问卷调查评估结果

课题组针对该指标设计了两个问题，问题一是“近一年内，您邮寄快递时，快递员是否会现场检查邮寄物品”，对该问题回答“全都会检查”的占44.29%，回答“大多数会检查”的占23.88%，回答“检查与不检查比例相当”的占6.00%，回答“偶尔检查”的占9.29%，回答“不检查”的占6.33%，回答“未邮寄”的占10.21%。回答“全都会检查”的赋值100分，回答“大多数会检查”的赋值75分，回答“检查与不检查比例相当”的赋值50分，回答“偶尔检查”的赋值25分，回答“不检查”的赋值0分，回答“未邮寄”的不算有效回答。因此，对该问题回答的分数为75.20分。

问题二是“近一年内，您邮寄快递时，快递员是否要求您提供身份证件”，对该问题回答“全都会要求”的占42.79%，回答“大多数会要求”的占20.00%，回答“要求与不要求比例相当”的占6.58%，回答“偶尔要求”的占10.17%，回答“不要求”的占8.71%，回答“未邮寄”的占11.75%。对该问题回答“全都会要求”的赋值100分，回答“大多数会要求”的赋值75分，回答“要求与不要求比例相当”的赋值50分，回答“偶尔要求”的赋值25分，回答“不要求”的赋值0分，回答“未邮寄”的不算有效回答。因此，对该问题回答的分数为72.10分。

上述两项分数取平均值，计算得出问卷调查该项总分为（75.20+72.10）÷2=73.65（分）。

（2）该三级指标评估得分

该三级指标评估来源只有问卷调查，问卷调查得分即为最终得分，因此该三级指标得分为73.65分。

3. 枪支、管制刀具、危爆物品管理情况

（1）问卷调查评估结果

课题组针对该指标设计了一个问题，下面分为三个子问题。子问题一是“您或您的亲朋好友有没有见到过有人携带下列危险物品——枪支”，对该问题回答“有”的占2.62%，回答“没有”的占97.38%。对该问题回答“没有”的赋值100分，回答“有”的赋值0分。因此，对该问题回答的分数为97.38分。

子问题二是“您或您的亲朋好友有没有见到过有人携带下列危险物品——管制刀具”，对该问题回答“有”的占4.33%，回答“没有”的占95.67%。对该问题回答“没有”的赋值100分，回答“有”的赋值0分。因此，对该问题回答的分数为95.67分。

子问题三是“您或您的亲朋好友有没有见到过有人携带下列危险物品——危爆物品”，对该问题回答“有”的占3.42%，回答“没有”的占96.58%。对该问题回答“没有”的赋值100分，回答“有”的赋值0分。因此，对该问题回答的分数为96.58分。

上述三项分数取平均值，计算得出问卷调查该项总分为（97.38+95.67+

96.58）÷3=96.54（分）。

（2）该三级指标评估得分

该三级指标评估来源只有问卷调查，问卷调查得分即为最终得分，因此该三级指标得分为96.54分。

4.行业场所智慧化管理情况

（1）网络检索评估结果

2012年5月，北京市旅游委发布了《智慧饭店及建设规范》，2013年国家旅游局发布了《饭店智慧化建设与服务指南》，提出智慧酒店建设规范与评分标准，并给出相关服务指导建议。

2022年9月1日生效的《北京市住房租赁条例》第十六条规定："市住房和城乡建设部门应当建立健全本市住房租赁管理服务平台，为租赁当事人提供住房租赁合同网签、登记备案、信息查询和核验等服务，与公安、市场监督管理、教育、人力和社会保障、金融监管、住房公积金等部门和单位建立信息互联互通等共享机制。"2022年6月7日，《建设"数字天津" 赋能智慧生活》报道称，要深化政务数据在政务服务、行政审批、执法监督、社会治理等方面的融合应用，推动政务事项由办理向服务转变；强化京津冀政务服务协同，推进三地跨省市数据共享应用；对接三地跨区域电子证照服务体系，升级完善公共服务系统和业务系统，优化办事方式流程，通过"津心办"平台，推动跨区域的电子亮证、在线核验、在线提交、智能感知等，实现"掌上办、指尖办"。2022年8月5日，《河北省深入推进智慧社区建设》报道称，要以设区市为单位，统一编制智慧社区建设规划；以县（市、区）为单位，开展智慧社区建设试点工作；乡镇（街道）、村（社区）可因地制宜探索开发符合本地实际的特色应用，做好数据采集整理工作，引导群众参与智慧社区建设和应用。

从以上检索信息可以看出，京津冀较早规定了智慧酒店的建设标准，确定了住房租赁管理服务平台的责任，推进电子证照服务体系建设，开展智慧社区试点工作，行业场所的智慧化管理水平不断提升。因此，本指标得分为85分。

(2) 该三级指标评估得分

该三级指标评估来源只有网络检索得分，网络检索得分即为最终得分，因此该三级指标得分为 85 分。

5. 该二级指标的得分

“旅馆业、印章业、娱乐服务业等行业场所治安管理情况”三级指标所占权重为 40%，“物流寄递业安全管理情况”三级指标所占权重为 20%，“枪支、管制刀具、危爆物品管理情况”三级指标所占权重为 20%，“行业场所智慧化管理情况”三级指标权重为 20%，因此，“重点行业治安防控”二级指标得分为 80. 26×40%+73. 65×20%+96. 54×20%+85×20% = 83. 14（分）。

（三）乡镇（街道）和村（社区）治安防控

本指标有 3 个三级指标，分别为“网格化管理情况”“综合管理服务平台建设情况”“社区警务实施情况”。

1. 网格化管理情况

(1) 网络检索评估结果

2021 年《北京市国民经济和社会发展第十四个五年规划和二〇三五年远景目标纲要》提出，智慧赋能城市精细管理，实施城市一网统管，统筹管理网格和城市运行事项清单，加速推进基层应用与垂直业务部门的融合集成，实现城市运行管理“横到边、纵到底”。

2022 年 4 月 12 日，《朝阳区全力做好高风险地区疫情防控工作快速应对网格化管理全天候服务》报道称，酒仙桥街道将高风险区域涉及的电子球场路、红霞路、酒仙桥南路、酒仙桥东路和驼房营西里 5 个社区划分为 36 个网格化片区管理单元，成立了 36 个网格化片区工作组，全力确保各项工作落实到位。

2022 年 2 月 16 日，《天津日报点赞蓟州区网格化管理中心》报道称，蓟州区网格化管理中心不断深化党建引领，坚持以人民为中心的发展思想，在每个社区建立“红色网格”，社区党委书记为网格长，全面发挥党员的模范带头作用。

2022 年 9 月 5 日，《河北黄骅基层治理网格化　服务群众零距离》报道称，近年来，渤海新区黄骅市全面探索建立网格化管理模式，充分发挥网格员人熟、地熟、情况熟的优势，将辖区内的大事小情全部兜底，建立基层问题台账与网格信息沟通群，及时掌握群众所需所盼，实现网格内联办、网格间联动，构建起“人在网中走，事在格中办，小事不出网，大事不出社区”的基层治理联动化、智慧化、综合化平台，实现基层服务在“格”中提效、幸福指数在“格”中升级，推进城市社区治理体系和治理能力现代化。

从以上检索信息可以看出，京津冀已经对网格化管理制定了规范性文件，确立了标准，建立了工作组织，推动党建引领，建设网格管理综合化平台。因此，本指标得 85 分。

（2）问卷调查评估结果

课题组针对该指标设计了一个问题，即“您所居住社区（村）是否设有以下管理主体”，下设三个子问题。

其一是“物业公司”，对该问题回答“没有”的占 17. 13%，回答“有”的占 70. 75%，回答“不清楚”的占 12. 13%。对该问题回答“有”的赋值 100 分，回答“没有”的赋值 0 分，回答“不清楚”的不算有效回答。因此，对该问题回答的分数为 80. 51 分。

其二是“业主委员会”，对该问题回答“没有”的占 20. 29%，回答“有”的占 62. 17%，回答“不清楚”的占 17. 54%。对该问题回答“有”的赋值 100 分，回答“没有”的赋值 0 分，回答“不清楚”的不算有效回答。因此，对该问题回答的分数为 75. 39 分。

其三是“网格长/楼长”，对该问题回答“没有”的占 14. 04%，回答“有”的占 69. 13%，回答“不清楚”的占 16. 83%。对该问题回答“有”的赋值 100 分，回答“没有”的赋值 0 分，回答“不清楚”的不算有效回答。因此，对该问题回答的分数为 83. 12 分。

上述三项分数取平均值，计算得出问卷调查该项总分为（80. 51+75. 39+83. 12）÷3=79. 67（分）。

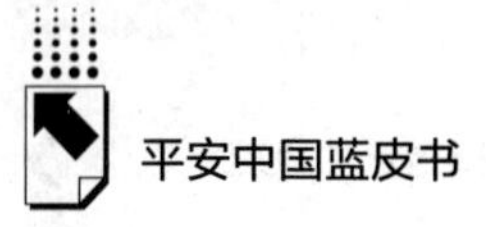

（3）该三级指标评估得分

该三级指标评估来源包括网络检索和问卷调查两项，网络检索部分得分权重为40%，问卷调查得分权重为60%，两者的得分之和即为最终得分，因此该三级指标得分为85×40%+79.67×60%=81.80（分）。

2. 综合管理服务平台建设情况

（1）问卷调查评估结果

课题组针对该指标设计了两个问题，问题一即“您通过政务服务平台办理过就业、劳动、社会保障、治安管理或医疗卫生等相关业务吗”，对该问题回答“没办过”的占63.67%，回答“办过”的占36.33%。对该问题回答“办过”的赋值100分，回答“没办过”的赋值0分。因此，对该问题回答的分数为36.33分。

问题二即“您觉得通过政务服务平台办理业务方便吗”，对该问题回答“方便”的占75.19%，回答“一般”的占24.14%，回答“不方便”的占0.67%。对该问题回答“方便”的赋值100分，回答“一般”的赋值50分，回答“不方便”的赋值0分。因此，对该问题回答的分数为87.26分。

上述两项分数取平均值，计算得出问卷调查该项总分为（36.33+87.26）÷2=61.80（分）。

（2）该三级指标评估得分

该三级指标评估来源只有问卷调查，问卷调查的得分即该指标的最终得分，因此该三级指标得分为61.80分。

3. 社区警务实施情况

（1）问卷调查评估结果

课题组针对该指标设计了两个问题，问题一是“据您观察，您所居住社区的社区警务室开放的频率如何”，对该问题回答“经常开放”的占68.05%，回答“偶尔开放”的占26.22%，回答“不开放”的占5.73%。对该问题回答“经常开放”的赋值100分，回答“偶尔开放”的赋值50分，回答“不开放”的赋值0分。因此，对该问题回答的分数为81.16分。

问题二是“近一年来，您所居住的社区，社区民警是否去家中调查或走访”，对该问题回答“是”的占 33.25%，回答“否”的占 66.75%。对该问题回答“是”的赋值 100 分，回答“否”的赋值 0 分。因此，对该问题回答的分数为 33.25 分。

上述两项分数取平均值，计算得出问卷调查该项总分为（81.16+33.25）÷2=57.21（分）。

（2）该三级指标评估得分

该三级指标评估来源只有问卷调查，问卷调查的得分即该指标的最终得分，因此该三级指标得分为 57.21 分。

4. 该二级指标的得分

“网格化管理情况”三级指标所占权重为 40%，“综合管理服务平台建设情况”三级指标所占权重为 30%，“社区警务实施情况”三级指标所占权重为 30%。因此，该二级指标得分为 81.80×40%+61.80×30%+57.21×30%=68.42（分）。

（四）机关、企事业单位内部安全防控

本指标有 3 个三级指标，分别为“单位治保制度建设情况”“单位视频监控系统普及应用情况”“水电气热等基础设施运营单位安全防范情况”。

1. 单位治保制度建设情况

（1）网络检索评估结果

2021 年 9 月 18 日，《亓延军到北京市公安局内保局检查第二批队伍教育整顿推进情况》报道称，亓延军实地查阅了内保局队伍教育整顿档案材料，听取了整体进展，通过座谈交流的方式，深入了解教育整顿及各项业务工作的开展情况，并对内保局开展队伍教育整顿的成绩予以充分肯定。

2022 年 3 月 22 日，《一图速览：2022 年，天津公安内保工作这么干》报道提出了 2022 年天津内保工作的 5 项措施：夯实内保工作基层基础；落实重要设施安全保护；护航经济高质量发展；提升智慧内保建设水平；多措并举开展防电诈宣传。

2021 年 12 月 23 日，《（衡水）市公安局经保支队2022 年 1 月份关于对机

关、团体、企事业单位内部治安保卫工作随机抽检工作计划的通知》提出，为贯彻落实河北省“双随机、一公开”工作的要求，着力提升“双随机、一公开”工作的规范化、标准化水平，按照市政府相关监管工作的安排部署，将对机关、团体、企事业单位内部治安保卫工作开展抽查。

从以上检索信息可以看出，京津冀已经对机关、企事业单位内部安全防控制定了规范性文件，确立了标准，建立了工作程序，并定期进行实地检查。因此，本指标得85分。

（2）该三级指标评估得分

该三级指标评估来源只有网络检索，网络检索的得分即该指标的最终得分，因此该三级指标得分为85分。

2. 单位视频监控系统普及应用情况

（1）问卷调查评估结果

课题组针对该指标设计了一个问题，即“您觉得自己所在单位的视频监控系统运行情况如何”，对该问题回答“总是运行有效”的占54.22%，回答“常常有效”的占21.24%，回答“一般”的占19.32%，回答“偶尔运行”的占2.33%，回答“不运行”的占2.88%。对该问题回答“总是运行有效”的赋值100分，回答“常常有效”的赋值75分，回答“一般”的赋值50分，回答“偶尔运行”的赋值25分，回答“不运行”的赋值0分。因此，该问题的得分为80.40分。

（2）该三级指标评估得分

该三级指标评估来源只有问卷调查，问卷调查的得分即该指标的最终得分，因此该三级指标得分为80.40分。

3. 水电气热等基础设施运营单位安全防范情况

（1）网络检索评估结果

关于水电气热等基础设施运营单位安全防范情况指标，有如下报道。2021年9月10日，《〈北京市公共安全风险管理办法〉〈北京市公共安全风险管理总体实施指南〉要点解读》称，要通过3年左右时间，使全社会风险意识得到强化，制度机制进一步理顺，责任体系得到完善，指南体系基本完备，风险会商实现制度化，重大风险实现台账化管理，风险预警提示范围扩大、精准度提高，风险防控精准化取得明显进步，风险管理水平实现整体提升。

2022 年 6 月 13 日，《天津对大型油气储存基地安全风险管控措施专项工作作出部署》报道称，要抓实抓牢各项工作，确保各项任务按时完成。一是要加强组织领导。各区、各企业要高度重视大型油气储存基地专项工作，提高政治站位，明确重点任务，压实工作责任，充分认识做好专项工作的重要性和紧迫性。二是要把握时间节点。各单位要优化整改方案，明确目标要求，按照时间节点有序推进各项重点工作。各单位要加强信息沟通，强化协调联动，形成工作合力。三是要强化执法监督。各相关区应急局要加大督导力度，严格监督执法检查，强化企业主体责任落实，对隐患整治一盯到底，对未能按时整改完成的企业要依法依规严肃查处。四是要坚持统筹兼顾。要将大型油气储存基地安全风险管控措施专项工作和重大危险源企业专项检查、夏季安全生产专项检查等重点工作有机结合，统筹推进。

2021 年 12 月 27 日，《河北省开展燃气安全排查整治　确保燃气设施安全运行》报道称，为防范化解燃气行业风险，河北省住房和城乡建设厅、省气代煤电代煤工作领导小组办公室联合印发《河北省住房城乡建设系统燃气安全排查整治实施方案》，要求各地切实增强红线意识和底线思维，从 2021 年 12 月至 2022 年 12 月，组织开展城乡燃气行业安全排查整治工作，进一步完善市县乡农村燃气安全监管机构，健全燃气安全管理长效机制，切实保障人民群众的生命和财产安全。

从以上检索信息可以看出，京津冀已经建立了基础设施安全运营制度，并对有关薄弱地区和环节持续展开安全检查和清理整顿活动。因此，本指标得 95 分。

（2）该三级指标评估得分

该三级指标评估来源只有网络检索，网络检索的得分即该指标的最终得分，因此该三级指标得分为 95 分。

4. 该二级指标的得分

“单位治保制度建设情况”三级指标所占权重为 40%，“单位视频监控系统普及应用情况”三级指标所占权重为30%，“水电气热等基础设施运营单位安全防范情况”三级指标所占权重为30%。因此，该三级指标得分为85×40%+80.40×30%+95×30%=86.62（分）。

（五）信息网络防控

本指标有3个三级指标，分别为“信息网络管理制度建设情况”“手机网络实名制落实情况”“个人信息安全保护情况”。

1. 信息网络管理制度建设情况

（1）网络检索评估结果

关于信息网络管理制度建设情况指标，有如下文件和报道。

2021年，《北京市公共数据管理办法》出台，创新性地提出了公共数据的概念，将公共数据定义为“本市各级行政机关和法律、法规授权的具有公共管理和服务职能的事业单位（以下统称为公共管理和服务机构），在依法履行职责过程中制作或者获取的、依托计算机信息系统记录和保存的各类数据资源”。该办法对公共数据的采集、汇聚、共享、开放等活动进行了规范，有利于促进公共数据安全有序高效流动。

2021年9月，《天津市委网信办、天津市大数据管理中心制定出台〈规范市区两级政务数据共享流程和推进跨层级共享实施方案〉》报道称，“《方案》的出台是深入贯彻落实《天津市促进大数据发展应用条例》的具体措施，完善了全市政务数据共享体系，推动数据向基层服务部门回流，切实解决全市目前跨层级数据共享不充分、不便捷问题，推动市和区两级政务数据垂直共享工作，实现市和区两级政务数据按需共享，提高跨层级数据共享工作的质量和效率，推动数据赋能基层治理和服务，进一步发挥数据共享在推动经济社会发展、服务企业和人民群众等方面的重要作用”。

2021年12月18日，《加快网络综合治理体系建设！河北省委网信办召开行动部署会》报道称，“会议要求，全省网信系统和涉网单位要不忘初心、牢记使命，守土担责、守土尽责，全力做好网络综合治理体系建设各项任务，推动网络综合治理工作体系化、规范化、制度化、科学化，扎实开展

‘清朗·燕赵净网 2020’网络生态治理专项行动，为推进国家治理体系和治理能力现代化，共同营造良好网络生态、共建清朗网络空间，夺取疫情防控和经济社会发展双胜利作出应有贡献”。

从以上检索信息可以看出，京津冀已经通过了有关信息网络安全的地方性法规、规划和政策文件，制定了公共数据管理办法，建立了网络安全防范机制，开展网络生态治理活动，敦促网络信息共享。因此，本指标得 95 分。

（2）该三级指标评估得分

该三级指标评估来源只有网络检索文本，网络检索的得分即该指标的最终得分，因此该三级指标得分为 95 分。

2. 手机网络实名制落实情况

（1）网络检索评估结果

关于手机网络实名制落实情况指标，有如下文件和报道。

2022 年 9 月 6 日，《北京市通信管理局关于 41 款问题 App 的通报》称，“经检测，2022 年 8 月共发现 41 款 App 存在侵害用户权益和安全隐患等问题，现要求相关 App 运营企业立即进行整改并于 9 月 15 日前提交整改报告。逾期仍整改不到位的，我局将依法依规予以处置”。

2022 年 7 月 20 日，《天津市加强快递领域个人信息安全治理　推进隐私面单、虚拟号码技术》报道称，“市邮政管理局联合市公安局、市网信办，贯彻落实关于邮政快递个人信息安全治理专项行动工作部署和要求，加强工作协调和信息共享。其中，重点强化源头治理，积极推动寄递企业隐私面单、虚拟号码等个人信息去标识化技术，从信息源头阻断不法分子实施犯罪的可能性。充分发挥各自部门职能优势，联合开展技术检测和现场监督检查，持续重拳打击整治涉邮政快递领域侵犯公民个人信息违法犯罪活动。此外，相关部门还将加大对邮政快递业实名认证核验力度，督促寄递企业规范寄递协议用户安全管理”。

2022 年 4 月 29 日，《事关个人信息安全！河北省四部门联合开展专项整治！》报道称，河北省网信办等四部门确定 2022 年度整治工作重点任务：①深化违法违规收集使用个人信息治理，推动建立完善个人信息保护长效机制；②规范“用户数据换服务”等商业模式，改变当前强制推行“同意”或“离开”二选一模式，增加用户自主权、控制权；③有效打击、震慑非法买卖个人信息等各类违法违规活动；④健全个人信息安全事件、投诉、举报、报告和责任追究制度；⑤开展个人信息保护主题宣传，增强群众个人信息安全意识和防护技能。

从以上检索信息可以看出，京津冀已经基本落实了手机网络实名制，通过专项检查，对问题应用软件进行整改，推进个人信息去标识化技术，对侵犯个人信息安全的行为进行联合整治。因此，本指标得 95 分。

（2）该三级指标评估得分

该三级指标评估来源只有网络调查的数据，网络调查的得分即该指标的最终得分。因此该三级指标得分为 95 分。

3. 个人信息安全保护情况

（1）问卷调查评估结果

课题组针对该指标设计了三个问题，问题一是“当您去银行办理汇款业务时，银行工作人员会跟您确认收款人、为何汇款等信息吗”，对该问题回答“都会”的占有效回答的 69.20%，回答“大多数会”的占有效回答的 15.27%，回答“一般”的占有效回答的 9.02%，回答“偶尔会”的占有效回答的 3.93%，回答“不会”的占有效回答的 2.57%，回答“未办理”的占总回答的 20.58%。对该问题回答“都会”的赋值 100 分，回答“大多数会”的赋值 75 分，回答“一般”的赋值 50 分，回答“偶尔会”的赋值 25 分，回答“不会”的赋值 0 分，回答“未办理”的属于无效回答，不计分。因此，该问题的得分为 86.15 分。

问题二是“近五年，您是否参加过社会稳定风险评估（如涉及居民的环境安全、集体财产安全等）的听证会”，对该问题回答“否”的占 71.71%，回答“是”的占 28.29%。对该问题回答“是”的赋值 100 分，回答“否”的赋值 0 分。因此，该问题的得分为 28.29 分。

问题三是“最近一年，您的个人信息是否发生过被泄露的情况”，对该问题回答“经常被泄露”的占 26.54%，回答“偶尔被泄露”的占 38.83%，回答“未被泄露”的占 34.63%。对该问题回答“经常被泄露”的赋值 0 分，回答“偶尔被泄露”的赋值 50 分，回答“未被泄露”的赋值 100 分。因此，该问题的得分为 54.05 分。

上述三项分数取平均值，计算得出问卷调查该项总分为（86.15+28.29+54.05）÷3=56.16（分）。

（2）该三级指标评估得分

该三级指标评估来源只有问卷调查的数据，问卷调查的得分即该指标的最终得分，因此该三级指标得分为 56.16 分。

4. 该二级指标的得分

“信息网络管理制度建设情况”三级指标所占权重为 40%，“手机网络实名制落实”情况三级指标所占权重为 30%，“个人信息安全保护情况”三级指标所占权重为 30%。因此，该二级指标得分为 95×40%+95×30%+56.16×30%=83.35（分）。

（六）外围防控

本指标有 3 个三级指标，分别为“城市出入查控机制情况”“城市外围公安检查站覆盖情况”“城市外围防控效果”。

1. 城市出入查控机制情况

（1）网络检索评估结果

关于“城市出入查控机制情况”指标，有如下文件和报道。

2022 年 10 月 11 日，《外围检查站点位优化，既保安全又保通畅》报道称，“在区委区政府大力支持下，区委政法委、房山公安分局全盘谋划、整体布局，最终形成了外围 9 个检查站‘建 3 迁 4 留 5’的总体思路。一是新建 3 座。新建十八渡、龙安、张坊南大桥 3 座检查站。二是迁移 4 座。前置辛庄、京昆、云居寺、长沟 4 座检查站，分别向外推进 15～87 公里，毗邻河北省检查站，解决京内人员的循环查控问题。三是保留 5 座。保留窑上、南白、兴礼、琉璃河、八一桥 5 座检查站。由此，形成分布合理、与兄弟省份'手握手'的查控模式"①。

2022 年 1 月 18 日，《春运首日　天津守好省际交通的防疫关》报道称，"我们公路的春运环节上，沿全市的高速公路和国省干线，设置了 279 个查验点，由交通、公安、属地政府和运营公司来联合查验。在和北京交界的武清和蓟州我们一共有 6 个公安检查站联合查验"②。

2022 年 1 月 18 日，《秦皇岛火车站，高速检查站疫情防控如何?》报道称，"目前从边墙子检查站通过的车辆每天在 4000~5000 台，随着春运进行车流量还会加大。他们从交通、防疫和安检三方面保障春运顺利进行"③。

从以上检索信息可以看出，京津冀已经建立了外围防控网，严格各主要城市的进出管理，建立了城市出入查控机制。因此，本指标得 95 分。

（2）该三级指标评估得分

该三级指标评估来源只有网络检索的数据，网络检索的得分即该指标的最终得分，因此该三级指标得分为 95 分。

2. 城市外围公安检查站覆盖情况

（1）问卷调查评估结果

课题组针对该指标设计了一个问题，该问题是"当您自驾或乘坐车辆进出所在城市时，是否接受过交通卡口的治安检查"，对该问题回答"全都检查"的占 52.88%，对该问题回答"大部分检查"的占 18.83%，对该问题回答"检查、不检查各占一半"的占 5.88%，对该问题回答"偶尔检查"的占 7.00%，对该问题回答"不检查"的占 1.46%，对该问题回答"没到过交通卡口"的占 13.96%。对该问题回答"全都检查"的赋值 100 分，对该问题回答"大部分检查"的赋值 75 分，对该问题回答"检查、不检查各占一半"的赋值 50 分，对该问题回答"偶尔检查"的赋值 25 分，对该问题回答"不检查"的赋值 0 分，对该问题回答"没到过交通卡口"的不算

① https：//baijiahao. baidu. com/s？ id = 1746351434910755690&wfr = spider&for = pc，访问日期：2022-10-24。

② http：//news. 72177. com/2022/0118/4572262. shtml，访问日期：2022-10-24。

③ https：//www. thepaper. cn/newsDetail_ forward_ 16339918，访问日期：2022-10-24。

有效回答，不计分。因此，该问题的得分即问卷调查得分为 83. 32 分。

（2）该三级指标评估得分

该三级指标评估来源只有问卷调查的数据，问卷调查的得分即该指标的最终得分，因此该三级指标得分为 83. 32 分。

3. 城市外围防控效果

（1）网络检索评估结果

关于“城市外围防控效果”指标，有如下文件和报道。

2021 年 11 月 17 日，《公路检查站进（返）京政策问答》报道称，“17 日零时起，按照首都严格进京管理联防联控协调机制相关部署，北京进京检查站全面启动高等级勤务模式，截至 17 日 12 时，累计检查进京车辆 7. 2 万辆，15. 1 万人。工作中，广大群众对警方工作予以充分理解和支持配合，绝大多数群众都提前进行了核酸检测，525 名未持有 48 小时内核酸阴性证明的群众，均已引导至临京服务区核酸检测点，进行核酸检测”①。

2022 年 4 月 6 日，《严格落实管控措施　全力保障市民交通出行　强化来返津人员“一证一码一卡”查验》报道称，“公路卡口方面，2 月 13 日我市启动公路进津通道疫情防控，全市 132 处收费站高速公路入市口、30 处普通国省干线省界入市口针对重点地区进返津车辆和车内人员落实 48 小时内核酸检测阴性证明、健康码‘绿码’以及通信大数据行程卡的查验制度，并在武清区、蓟州区共 6 条普通公路设置进京通道疫情防控查验点，筑牢北京护城河。2 月 13 日至 4 月 4 日，全市进津公路疫情防控检查点累计查验过往车辆 38. 8 万辆次，查验过往人员 47. 9 万人次”②。

2022 年 9 月 5 日，《石家庄公安民警坚守岗位全力确保物资供应畅通》报道称，“为确保石家庄市物资供应畅通，保障保供车辆、救护车、公共服务等车辆顺利而快速通行，连日来，石家庄市广大公安民警除了坚守在各社

① https：//baijiahao. baidu. com/s？ id = 1716759941120185809&wfr = spider&for = pc，访问日期：2022-10-24。

② https：//baijiahao. baidu. com/s？ id = 1729330865836715637&wfr = spider&for = pc，访问日期：2022-10-24。

区、各路口，还坚守在各疫情防控检查站，他们不辞辛苦地高效查验往来车辆，为全力保障居民日常生活贡献着公安力量”①。

从以上检索信息可以看出，京津冀比较充分地发挥了城市外围过滤“防火墙”作用，防范疫情风险扩散，确保物资供应渠道通畅，维护了市内社会秩序和治安。因此，本指标得 95 分。

（2）该三级指标评估得分

该三级指标评估来源只有网络检索的数据，网络检索的得分即该指标的最终得分，因此该三级指标得分为 95 分。

4. 该二级指标的得分

“城市出入查控机制情况”三级指标所占权重为 40%，“城市外围公安检查站覆盖情况”三级指标所占权重为 30%，“城市外围防控效果”三级指标所占权重为 30%。因此，该二级指标得分为 95×40%+83. 32×30%+95×30%=91. 50 分。

（七）社会治安防控效果

1. 重大专项整治工作

（1）网络检索评估结果

关于该指标，有如下报道和统计数据。

2022 年 8 月 27 日，《北京开展夏季治安打击整治“百日行动”已破案万余起》报道称，自 6 月 25 日“百日行动”开展以来，“全局共破案 10406 起，打掉团伙 1146 个、窝点 1034 个，刑事拘留 8531 人，行政拘留 15099 人……刑事、治安、秩序类警情环比分别下降 7. 7%、4. 3%、7. 7%。值得一提的是，围绕关系民生‘小案’，涉黄涉赌问题，主动出击，实现全市黄、赌、盗窃非机动车警情，同比分别下降 49. 3%、39. 7%、17. 3%，取得了阶段性成效，有效净化了治安环境，维护了首都社会大局稳定”。

① https：//baijiahao. baidu. com/s？id=1743117077802631164&wfr=spider&for=pc，访问日期：2022-10-24。

2022 年 7 月 26 日，《公安机关夏季治安打击整治“百日行动”向群众汇报》报道称，“6 月 25 日至今，全市共破获严重影响群众安全感的刑事犯罪、侵财犯罪等各类刑事案件 2147 起，抓获嫌疑人 2293 名；查处涉黄涉赌刑事案件 74 起，抓获嫌疑人 3669 名；查处酒驾违法（案件）1300 余起”。

2022 年 9 月 1 日，《河北公安机关深入推进夏季治安打击整治“百日行动”》报道称，“全省公安机关共破获刑事案件 2.7 万起，抓获各类违法犯罪嫌疑人 2.76 万名，在全省范围内迅速形成了高压震慑态势。其中，按照公安部统一部署，组织对人民群众反映强烈、社会影响恶劣的黑恶痞、盗抢骗案件发起集群战役，共打掉犯罪团伙 838 个，抓获涉案人员 1.6 万名，收缴毒品 3.67 公斤，查冻结涉案资金逾 8.76 亿元。省市县三级公安机关挂牌整治 411 个案件高发或问题突出的治安乱点，挂账督办 322 起重点刑事案件”。

（2）该三级指标评估得分

从以上检索信息可以看出，京津冀重视治安乱点地区的清理整顿，特别是开展了 2022 年夏季“百日行动”，取得很大的治安治理成绩，因此该指标得分为 95 分。由于评估来源只有网络检索，网络检索的得分即该三级指标的最终得分。

2. 重大案件、事件处置情况

（1）网络检索评估结果

关于该指标，有如下报道和统计数据。

2021 年，《北京市公安局召开“全民国家安全教育日”新闻发布会》报道称，“2020 年，命案连续 6 年 100%侦破，抢劫案件破案率连续两年保持 100%，重伤害案件破案率首次实现 100%”。《2020 年北京市生产安全事故数据及十大典型案例公布》报道称，“2020 年全市共发生各类生产安全死亡事故 383 起、死亡 408 人，事故起数、死亡人数同比分别下降 9.0%、8.9%”。

2022 年 4 月 16 日，《国家安全　我们共同守护　保卫津城安全　熠熠警徽　公安力量》报道称，“一年来，以道路交通事故预防‘减量控大’为主线，我市公安机关坚持做好‘压事故、保畅通、强服务、战疫情’各项工作，全市道路交通死亡事故起数、死亡人数实现‘双下降’”。

2022年5月20日，《(河北)省公安厅举行“喜迎二十大　忠诚保平安”新闻发布会》报道称，“2019～2021年，连续三年现行命案破案率100%，2020年，我省共破获命案积案362起”。

(2) 该三级指标评估得分

从以上检索信息可以看出，京津冀在2021年实现了重大案件的完全查破，重大事故起数、死亡人数同比下降，因此该指标得分为90分。由于评估来源只有网络检索，网络检索的得分即该三级指标的最终得分。

3. 刑事警情数量

(1) 网络检索评估结果

关于该指标，有如下报道和统计数据。

2022年4月15日《加压奋进正当时　满弓紧弦再出发——2022年“4.15全民国家安全教育日”工作综述》报道称，“紧盯影响社会安全稳定、侵害群众切身利益的突出违法犯罪，坚持依法严打方针不动摇，全链条打击各类突出违法犯罪，群众安全感连年攀升，北京被海内外誉为世界上最安全的城市之一。‘三个100%’严打突出犯罪，依托‘平安行动’‘冰锋·2022平安冬奥’‘三清三个一批’等专项，紧盯人民群众深恶痛绝的涉黑涉恶、盗抢骗等领域刑事犯罪，突出合成作战、打大攻坚、快侦快破，刑事警情近5年连创新低”。

2022年4月16日，《国家安全　我们共同守护　保卫津城安全　熠熠警徽　公安力量》报道称，“开展信息网络、自然资源、交通运输、工程建设四大行业领域整治攻坚战，打掉涉黑组织1个、恶势力犯罪集团7个、涉恶犯罪团伙9个，破获刑事案件681起，查封扣押资产1.52亿元；严打‘沙霸’‘矿霸’和黑恶势力欺行霸市、破坏管理秩序等犯罪活动，破获案件323起，抓获嫌疑人420余名”。

2022年5月20日，《(河北)省公安厅举行“喜迎二十大　忠诚保平安”新闻发布会》报道称，“2018年以来，共打掉涉黑组织163个、涉恶团伙1537个，破获违法犯罪案件1.5万起，全省共侦办涉黑案件7起、涉恶案件 73 起。今年以来，全省公安机关共打掉涉黑组织 1 个、涉恶团伙 13 个，破获违法犯罪案件 160 起，抓获犯罪嫌疑人 130 名”。

（2）该三级指标评估得分

从以上检索信息可以看出，近年来，京津冀刑事警情数量呈下降趋势，破案率上升，因此该指标得分为 90 分。由于评估来源只有网络检索，网络检索的得分即该三级指标的最终得分。

4. 治安警情数量

（1）网络检索评估结果

关于该指标，有如下报道和统计数据。

2022 年 4 月 15 日，《加压奋进正当时　满弓紧弦再出发——2022 年“4. 15 全民国家安全教育日”工作综述》报道称，“2021 年共查处黑导游等违法犯罪嫌疑人 170 余人，查处机动车违法（案件）1. 6 万余起，对 27 家违规经营的商户门店作出行政处罚或关停整改，12345 群众相关投诉环比下降了 58. 3%，打造了故宫周边地区综合整治‘新样板’。共侦破涉黄赌案件 7600 余起，拘留以上处理相关违法犯罪人员 2. 6 万余人，全市接报涉黄赌 110 警情同比下降 14. 5%。持续推进‘晨锋’等专项行动，全年共抓获医院‘号贩子’210 余人，查获‘黑车’‘黑摩的’扰序人员 3600 余人、查扣‘黑车’2600 余辆，确保了首都社会面秩序持续向好”。

2022 年 3 月 4 日，《建设平安天津，2022 年这么干》报道称，“全年共侦破刑事案件 2. 6 万余起，查处治安案件 1. 4 万余起，现行命案、枪案、绑架案连续 7 年 100%破获，命案连续 4 年发案不过百”。

2022 年 5 月 20 日，《（河北）省公安厅举行“喜迎二十大　忠诚保平安”新闻发布会》报道称，“在省内突发局部疫情期间，严厉打击涉疫突出违法犯罪，确保了疫情期间社会治安大局稳定。2021 年以来，共办理各类黄赌案件 3444 起，缉捕行动前上网逃犯 1744 名。全省 90%以上已建成智慧安防小区，实现了可防性案件零发案”。

（2）该三级指标评估得分

从以上检索信息可以看出，近年来，京津冀治安警情数量一直呈下降趋势，并积极实施各项清理整顿行动，因此该指标得分为 90 分。由于评估来源只有网络检索，网络检索的得分即该三级指标的最终得分。

5. 刑事案件数量

（1）网络检索评估结果

关于该指标，有如下报道和统计数据。

2022 年 2 月 8 日，《2022 年春节本市刑事治安警情双降》报道称，“北京市公安局 2 月 7 日通报，除夕至初六，全市接报 110 刑事、治安警情同比分别下降 30%和 26.7%，全体民警在岗在位，保障首都社会大局稳定”。

2022 年 4 月 16 日，《国家安全　我们共同守护　保卫津城安全　熠熠警徽　公安力量》报道称，“坚持党政警民同频共振，全市电信网络诈骗案件立案数同比下降 28.8%，抓获嫌疑人数、破案数同比分别增长 2.6 倍、1.5 倍”。2022 年 5 月 20 日，《（河北）省公安厅举行“喜迎二十大　忠诚保平安”新闻发布会》报道称，“2021 年，全省抓获犯罪嫌疑人 2.3 万名，打掉犯罪团伙 3331 个”。

（2）该三级指标评估得分

从以上检索信息可以看出，近年来，京津冀刑事案件数量一直呈下降趋势，破案率呈升高趋势，因此该指标得分为 90 分。由于评估来源只有网络检索，网络检索的得分即该三级指标的最终得分。

6. 治安案件数量

（1）网络检索评估结果

关于该指标，有如下报道和统计数据。

《北京市公安局 2021 年行政执法统计年报》显示，2021 年共办理行政处罚 26883351 件，行政强制 187539 件。

《天津市公安局 2021 年政府信息公开工作年度报告》显示，2021 年共办理行政处罚 39087 件，行政强制 26271 件。2022 年 7 月 27 日，《天津公安机关强力推进夏季治安打击整治“百日行动”》报道称，“组织开展治安重点地区集中清查行动，检查中小旅馆、留宿洗浴、娱乐场所等 8300 余家，发现整改各类隐患1200余处，查处涉黄涉赌刑事案件7起、治安案件113起，抓获嫌疑人192名”。2022年3月4日，《建设平安天津，2022年这么干》报道称，“全年共查处治安案件1.4万余起”。

《河北省公安厅2021年政府信息公开工作年度报告》显示，2021年累计向当事人公开案件办理进度53万起，向社会公开行政处罚决定文书7.7万份、行政复议决定文书104份。

（2）该三级指标评估得分

从以上检索信息可以看出，近年来，京津冀治安案件数量总体呈下降趋势，个别年份略有增加，查处率呈上升趋势，行政处罚规范化程度进一步提升，因此该指标得分为90分。由于评估来源只有网络检索，网络检索的得分即该三级指标的最终得分。

7. 该二级指标的得分

“重大专项整治工作”三级指标所占权重为20%，“重大案件、事件处置情况”三级指标所占权重为20%，“刑事警情数量”三级指标所占权重为15%，“治安警情数量”三级指标所占权重为15%，“刑事案件数量”三级指标所占权重为15%，“治安案件数量”三级指标所占权重为15%。因此，该二级指标得分为95×20%+90×20%+90×15%+90×15%+90×15%+90×15%=91.00分。

四　评估结论

（一）存在的主要问题

1. 得分较低的二级指标

本部分指标体系共有7个二级指标，25个三级指标。其中得分最低的4个二级指标为“乡镇（街道）和村（社区）治安防控”（68.42分）、“社会面治安防控”（73.99分）、“重点行业治安防控”（83.14分）、“信息网络防控”（83.35分）。该四项指标拉低了“社会治安防控”指标的总体分值。

“乡镇（街道）和村（社区）治安防控”得分最低，为68.42分，其原因在于问卷调查评估结果分数偏低。针对社区是否设有物业公司这个问题，回答“没有”的占17.13%，回答“有”的占70.75%，回答“不清楚”的占12.13%。针对社区是否设有业主委员会这个问题，回答“没有”的占20.29%，回答“有”的占62.17%，回答“不清楚”的占17.54%。这说明社区基层人员参与网格化管理的制度日渐加强，但是全面落实参与网格管理、提升群众熟悉度和网格化管理效果等方面的工作还需要常态化巩固、推进。针对问题“您通过政务服务平台办理过就业、劳动、社会保障、治安管理或医疗卫生等相关业务吗”，回答“没办过”的占63.67%。这说明政务服务平台发挥了作用，但是还有待进一步深入社区，发挥便民服务的功能。针对问题“近一年来，您所居住的社区，社区民警是否去家中调查或走访”，回答“是”的只占33.25%。这一方面说明疫情给社区警务工作开展带来了较大阻碍，另一方面也说明社区民警走访调查、掌握信息、开展宣传的工作还需要进一步深入。

得分倒数第二的二级指标是“社会面治安防控”，得分为73.99分。在该二级指标的3个三级指标中，“街面巡逻防控情况”得分最低，为67.34分，其直接原因在于问卷调查评估结果分数偏低。针对问题“在您所居住社区（村）之外的街道或乡镇，您会经常看到佩戴明显标识的治安志愿者吗”，回答“经常看到”的人只占45.25%。针对问题“在您居住的乡镇或街道，您会经常看到警察或警车吗”，回答“经常看到”的只占50.29%。这说明社区见警率和群防群治力量的投入还有提升的空间。当然，间接原因可能是疫情影响了见警率和志愿者活动率，造成该项数据的下降。

“重点行业治安防控”得分较低，为83.14分，其原因在于“物流寄递业安全管理情况”得分偏低，只有73.65分。针对问题“近一年内，您邮寄快递时，快递员是否会现场检查邮寄物品”，回答“全都会检查”的占44.29%，比例偏低。这说明物流寄递业还需要继续巩固已有制度措施，加大物品检查的力度。针对问题“近一年内，您邮寄快递时，快递员是否要求您提供身份证件”，回答“全都会要求”的只占 42.79%，也偏低。这说明邮寄物品时还需要加大验证身份证件的力度，落实实名制要求。

“信息网络防控”指标得分较低，为 83.35 分，其直接原因在于问卷调查评估结果分数偏低。针对问题“近五年，您是否参加过社会稳定风险评估（如涉及居民的环境安全、集体财产安全等）的听证会”，回答“否”的占 71.71%，比例偏高。针对问题“最近一年，您的个人信息是否发生过被泄露的情况”，回答“经常被泄露”的占 26.54%，这说明个人信息保护工作尚有提升空间，民众对个人信息泄露有担忧，缺乏安全感。

2. 得分较低的三级指标

在 25 个三级指标中，“个人信息安全保护情况”得分最低，为 56.16 分，原因在上文已经分析过。

“社区警务实施情况”得分为 57.21 分，在三级指标中排名倒数第二，原因在于社区民警入户走访调查的比率偏低。“综合管理服务平台建设情况”得分为 61.8 分，在三级指标中排名倒数第三，其原因在于使用政务服务平台办事的群众比例偏低。“街面巡逻防控情况”得分为 67.34 分，在三级指标中排名倒数第四，原因在于见警率、见辅助力量率均偏低。

这几个三级指标得分偏低，拉低了“社会治安防控”指标的分数。排名倒数第五至第八的几项指标情况如下：“公共交通场所防控情况”的得分为 73.26 分，“物流寄递业安全管理情况”的得分为 73.65 分，“旅馆业、印章业、娱乐服务业等行业场所治安管理情况”的得分为 80.26 分，“单位视频监控系统普及应用情况”的得分为 80.4 分。

“社会治安防控”本年度的总分 83.40 分比 2020 年总分 83.04 分略高，说明京津冀社会治安防控体系由北京充分辐射到津冀地区，体制机制总体运行良好，效果稳定。

（二）完善建议

应当按照京津冀社会治安防控标准和要求，适应日益复杂的动态社会治安环境，持续不断地增强对社会治安局势的掌控能力，提升服务水平，让群

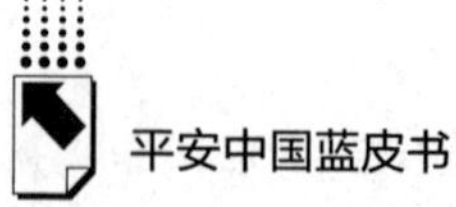

众满意。

第一，应当继续加强社区警务建设，深化基层社区治安治理。其一，坚持基层党的领导，深入推动社区内网格继续细分，以党建为引领，充分发挥党在基层治安治理中的主导作用，通过党建平台，统合各类资源，用活法律、政策、经济、教育等手段，使网格化管理模式真正落地生根。其二，综合考虑警力、警情、面积等因素，合理设置社区警务室和配置警力。在条件具备的地方，推进社区民警担任居（村）委副书记，加强社区治安治理的组织保障。其三，重视农村基层地区的社区治安治理，补齐社区治安治理短板。探索试行中心乡派出所驻警制度，推动农村“一村一辅警”全覆盖，有效吸纳治安志愿者，增强边远地区基层治安力量，建设便民服务设施，清理违法建设，及时掌握流动人口情况，提升为民服务水平。其四，推动社区民警沉入社区，提升入户走访的频率，了解常住居民的家庭基本情况、政治表现、遵纪守法情况，清楚重点人员、流动人口情况，掌握社区基本情况和动态、治安积极分子情况、治安热点难点问题。真正扎根社区，推进融合治理。其五，改进社区警务工作的考核标准。一方面，在考核标准中统合主客观标准，综合“发案少、秩序好、社区稳定、群众满意”等传统考核指标；另一方面，增强派出所、社区等基层部门在考核中的主体地位，让其有权对上级监管部门进行评价，从而形成上下级良性互动的局面。同时，采用问卷调查和统计数据的考评方法。

第二，在社会面继续落实网格化巡控、分级防控等治理措施。其一，继续推动社会面防控模式的创新，科学划分巡逻区域。针对不同区域、时段的防控标准、发案特点，探索推出重点区域防控、重要时段驻点巡逻制、单位驻警制和村庄警务社区化管理等警务创新模式。其二，优化防控力量布局。按照“警力跟着警情走”的原则，梯次投入社会面防控力量，将精锐队伍投放到治安形势复杂、案件多发、群众需要的重点部位和时段，适时启动等级巡防机制，强化对中心区域、治安形势复杂地区的巡逻防控，部署重大活动、重要时期的武装巡逻。其三，创新巡控方式和机制。促进深化动态巡逻与定点设岗相结合、步行巡逻与机动车辆巡逻相结合、实兵巡逻与视频巡逻相结合。完善打防并举、点线面相连、全天候运作的新型动态巡防机制。继续巩固治安警、巡警、交警、辅警、治安志愿者等多警种、多力量结合的联勤治安巡逻制度，加强公安与武警联勤武装巡逻，建立健全指挥和保障机制。其四，市区由内向外实行分区分级管控，完善早晚高峰等节点人员密集场所重点勤务工作机制，减少死角和盲区，提升社会面动态控制能力。筑牢护城河防线，并由外至内形成多个防控圈，层层收紧，外松内紧，逐级过滤危险因素。

第三，进一步加强物流寄递业的治安管理。其一，公安机关指导监督快递企业完善内保制度，将落实快递实名核验、实物核验作为企业安全管理的必要内容，纳入内保责任管理的范围，强化事先防范、源头管理，通过内保制度落实快递企业的事前控制，对经营场所存在重大安全隐患拒不整改的物流寄递企业和主要责任人员进行治安管理处罚。其二，邮政部门应当加强对快递企业的监督检查，利用随机抽查、暗访等方式加大对企业、人员的监督检查力度。引导企业使用电子面单，开发便携信息采集终端等工具，提高监管的信息化水平。其三，物流寄递单位应当落实《快递暂行条例》的规定要求。寄件人拒绝提供身份信息或者提供身份信息不实的，经营快递业务的企业不得收寄。对违反者，根据其情形给予相应处罚。其四，物流寄递单位落实《邮政法》的规定要求，寄件人拒绝验视的，经营快递业务的企业不得收寄。视情节轻重，如果涉嫌恐怖主义违法犯罪，可以依据《反恐怖主义法》的规定严肃处罚。其五，完善有奖举报制度，对于长期不遵守“两实”管理的企业，应当对提供线索的单位、个人，在查证属实的情况下提供奖励，并逐年提升奖励金额，从而发挥社会监督的作用，强化快递物流阵地管控。

第四，继续加强公共网络信息和个人网络信息安全管控。其一，落实刑法、网络安全法、个人信息保护法、反电信网络诈骗法等法律对个人信息安全保护的规定，准确界定侵犯个人信息行为的范围。不仅要惩戒买卖个人信息的组织与个人，而且要将无偿提供、转让个人信息的违法行为纳入打击范围，从而拓宽惩治基地，充分威慑更严重的涉及公民个人信息的违法犯罪。

其二，政府部门要切实履行个人信息保护职责。一方面，开展个人信息保护宣传教育，指导、监督个人信息处理者开展个人信息保护工作，处理与个人信息保护有关的投诉、举报，对应用程序的个人信息保护情况进行测评，并公布测评结果，调查、处理违法活动。另一方面，履行个人信息保护职责的部门、单位对可能被电信网络诈骗利用的物流信息、交易信息、贷款信息、医疗信息、婚介信息等实施重点保护。其三，加强对登记、掌握个人信息的企业、行业部门等主体的管理。对于泄露公民个人信息的违法犯罪行为，不仅要惩罚涉事的个人，而且要追究组织负责人的责任，从而从组织上保障信息享有主体的监管责任。公安机关办理电信网络诈骗案件，应当同时查证犯罪所利用的个人信息来源，依法追究相关人员和单位的责任。其四，发挥网络实名制的制度效能，提升办案机关调取有关数据的便利程度，加强企业的配合责任，从而降低对侵犯个人隐私、数据权利的小微违法行为的查处成本，加大遏制力度。其五，继续落实信息安全等级保护制度，既推动个人信息保护，又保障群众运用个人信息的合法行为不受到不正当的阻碍。其六，培养公民的个人信息保护意识。例如，快递单据涂抹个人信息后再丢弃，非必要不提供姓名、身份证号、手机号码等关键个人信息，发现有个人信息泄露嫌疑的，积极举报投诉。

参考文献

1. 熊一新、李建和:《治安管理学概论(修订本)》,中国人民公安大学出版社，2007。
2. 胡建淼:《行政法学》（第 4 版），法律出版社，2015。
3. 王宏君:《新编治安案件查处教程》，中国人民公安大学出版社，2014。
4. 柯良栋、吴明山:《治安处罚法释义与实务指南》，中国人民公安大学出版社，2014。
5. 崔亚东:《群体性事件：应急管理与社会治理——瓮安之治到瓮安之乱》，中共中央党校出版社，2013。
6. 宫志刚等:《新时期社会治安防控体系建设研究》，经济科学出版社，2017。
7. 谢川豫等:《治安管理学概要》，中国人民大学出版社，2016。

8. 张小兵、戴锐：《论实名制的治安防控功能》，《中国人民公安大学学报》（社会科学版）2014 年第 3 期。
9. 张小兵：《美国治安防控体系探析》，《山东警察学院学报》2016 年第 4 期。
10. 杨志云：《社会治安的政治定位与调控中的社会秩序——当代中国警务运行机理的解释框架》，《社会学研究》2019 年第 2 期。

B.4
京津冀应急管理调查报告（2022）

刘晓栋*

摘　要： 应急管理是平安京津冀建设的重要部分。本报告将一级指标“应急管理”分解为“应急管理责任制度体系”“应急管理风险防控体系”“应急管理事故灾害指标”“应急管理保障体系”“应急管理宣传教育”5项二级指标，并细化为20项三级指标。通过网络检索、问卷调查与访谈等方式，综合分析各类数据，得出“应急管理”总得分为87.82分。京津冀应急管理形势总体平稳，但在部分方面存在不足。本报告建议，在下一阶段工作中，要加强北京市应急管理体制机制建设，强化京津冀应急协同机制，深入推进应急管理宣传教育，进一步加强基层应急管理能力。

关键词： 应急管理　安全生产　应急协同

一　指标设置及评估标准

（一）指标设置

本次平安京津冀建设评估将一级指标“应急管理”分为“应急管理责任制度体系”“应急管理风险防控体系”“应急管理事故灾害指标”“应急

* 刘晓栋，博士，中国人民公安大学治安学院副教授、硕士生导师，首都社会安全研究基地研究员。

管理保障体系”“应急管理宣传教育”5项二级指标，并进一步细化为20项三级指标（见表1），通过对20项指标的详细分析，全方位评估京津冀应急管理建设情况。

表1 “应急管理”指标设置

一级指标(权重)	二级指标(权重)	三级指标(权重)
应急管理(15%)	应急管理责任制度体系(20%)	党委、政府领导责任是否明确(25%)
		部门监管责任是否落实(25%)
		企业主体责任是否落实(25%)
		责任追究制度是否落实(25%)
	应急管理风险防控体系(20%)	政府是否建立实施安全风险评估与论证机制(25%)
		政府是否制定事故隐患分级和排查治理标准(25%)
		政府应急管理行政执法工作状况(25%)
		企业是否定期开展风险评估和危害辨识(25%)
	应急管理事故灾害指标(20%)	安全生产事故起数(25%)
		安全生产死亡人数(25%)
		火灾损失情况(25%)
		自然灾害受灾情况(25%)
	应急管理保障体系(20%)	政府是否建立预警信息发布机制(25%)
		政府是否建立应急救援联动机制(25%)
		应急物资保障体系(25%)
		应急救援队伍(25%)
	应急管理宣传教育(20%)	政府开展应急宣传教育情况(25%)
		社区开展应急宣传教育情况(25%)
		单位开展应急宣传教育情况(25%)
		单位开展应急演练情况(25%)

（二）设置依据及评估标准

“应急管理”一级指标下5项二级指标设置的主要依据是《中华人民共和国突发事件应对法》《中华人民共和国安全生产法》《关于推进城市安全发展的意见》《北京城市总体规划（2016~2035年）》等文件中关于应急管理的要求。

评测方法主要有三种：一是通过网络检索获取文字信息或者相关数据对指标进行评测；二是通过京津冀统计部门发布的年度统计数据对指标进行评测；三是通过问卷调查获取的数据对指标进行评测。

评估标准主要是观测调查获取的信息或数据是否符合预设的指标结果，其中网络检索数据和问卷调查数据的得分权重分别设置为40%、60%。三级指标经过评估之后，根据三级指标所占权重计算二级指标的评估得分，最后根据二级指标所占权重计算一级指标的最终得分。

二　总体评估结果分析

京津冀应急管理总得分为 87. 82 分（见表 2）。总体评估结果分析主要是对京津冀应急管理总体情况进行分析，侧重二级指标层面，即主要对应急管理责任制度体系、应急管理风险防控体系、应急管理事故灾害指标、应急管理保障体系及应急管理宣传教育 5 项二级指标进行分析。

表 2　“应急管理”各级指标得分

<table>
<tr><th>一级指标(得分)</th><th>二级指标(得分)</th><th>三级指标(得分)</th></tr>
<tr><td rowspan="12">应急管理
(87. 82 分)</td><td rowspan="4">应急管理责任制度体系(92. 57 分)</td><td>党委、政府领导责任是否明确(100 分)</td></tr>
<tr><td>部门监管责任是否落实(90 分)</td></tr>
<tr><td>企业主体责任是否落实(89. 91 分)</td></tr>
<tr><td>责任追究制度是否落实(90. 36 分)</td></tr>
<tr><td rowspan="4">应急管理风险防控体系(92. 97 分)</td><td>政府是否建立实施安全风险评估与论证机制(90 分)</td></tr>
<tr><td>政府是否制定事故隐患分级和排查治理标准(90 分)</td></tr>
<tr><td>政府应急管理行政执法工作状况(100 分)</td></tr>
<tr><td>企业是否定期开展风险评估和危害辨识(91. 88 分)</td></tr>
<tr><td rowspan="4">应急管理事故灾害指标(84. 18 分)</td><td>安全生产事故起数(86. 72 分)</td></tr>
<tr><td>安全生产死亡人数(90 分)</td></tr>
<tr><td>火灾损失情况(80 分)</td></tr>
<tr><td>自然灾害受灾情况(80 分)</td></tr>
</table>

续表

一级指标(得分)	二级指标(得分)	三级指标(得分)
应急管理(87.82分)	应急管理保障体系(88.92分)	政府是否建立预警信息发布机制(87.95分)
		政府是否建立应急救援联动机制(100分)
		应急物资保障体系(81.60分)
		应急救援队伍(86.12分)
	应急管理宣传教育(80.44分)	政府开展应急宣传教育情况(77.87分)
		社区开展应急宣传教育情况(80.32分)
		单位开展应急宣传教育情况(83.12分)
		单位开展应急演练情况(80.44分)

（一）应急管理责任制度体系逐步健全，二级指标评分为92.57分

在党委、政府领导责任方面，京津冀正在构建应急管理责任制度体系，严格落实党委、政府的领导责任。在部门监管责任方面，京津冀有关部门强化落实行业监管责任，总结分析存在的不足，大力推进应急管理和安全生产的监管工作措施落实。在企业主体责任方面，京津冀建立健全与应急管理和安全生产相关的规章制度，明确了企业的主体责任，并采取多种举措推动落实企业主体责任。在责任追究制度方面，京津冀安全责任追究制度得到普遍落实，依法严格对相关单位和负责人进行责任追究，不断完善应急管理责任机制。

（二）应急管理风险防控体系不断完善，二级指标评分为92.97分

在安全风险评估与论证机制方面，京津冀已经建立了安全风险评估与论证机制，并推动实施城市安全风险评估工作。在事故隐患分级和排查治理标准方面，京津冀制定出台了隐患排查治理的方案和标准，明确各级部门的责任和分工，不断推进隐患排查整治工作。在政府应急管理行政执法工作方面，京津冀稳步推进执法改革，不断提高执法规范化程度，三地应急管理部门建立了安全执法机构联络机制，形成了应急管理行政执法合力。

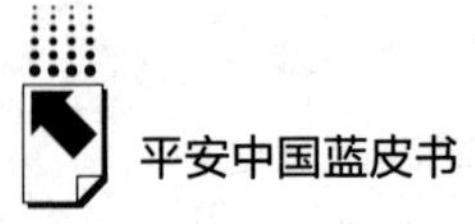

在风险评估和危害辨识方面，京津冀企业正在按照相关规定和方案，定期开展风险评估和危害辨识。

（三）应急管理事故灾害情况较为严重，二级指标评分为84.18分

京津冀安全生产形势总体保持平稳，其中北京市安全生产事故起数和死亡人数有一定上升，天津市安全生产事故起数和死亡人数同比“双下降”。京津冀的火灾警情仍处于高发态势，北京市在火灾数量和火灾死亡人数方面同比下降。京津冀的自然灾害较为严重，遭受了洪涝、风雹等自然灾害。京津冀启动了自然灾害综合风险普查，有助于摸清灾害风险隐患，提升政府应急管理效能。

（四）应急管理保障体系不断完善，二级指标评分为88.92分

在预警信息发布机制方面，京津冀已经建立突发事件预警信息发布机制，开展常态化的预警发布工作，提升了民众的风险防范意识。在应急救援联动机制方面，京津冀高度重视应急救援工作，正在健全多部门协同联动机制，并不断推进京津冀应急联动机制。在应急物资保障体系方面，京津冀应急物资保障体系已经初步形成并不断完善，为疫情防控提供了物资保障支持。在应急救援队伍方面，京津冀积极组建各类专业救援队伍，并构建了军地应急救援协调联动机制和一体化应急救援队伍体系。

（五）应急管理宣传教育有待加强，二级指标评分为80.44分

在政府开展应急宣传教育方面，京津冀围绕应急管理宣传教育开展了大量卓有成效的工作，形成了部分应急宣传教育特色品牌和教育基地。在社区开展应急宣传教育方面，京津冀社区开展了大量应急宣传教育工作，采用多种活动方式宣传防灾、减灾知识，提升居民的应急意识和能力。在单位开展应急宣传教育方面，京津冀单位组织开展了大量应急宣传教育工作，切实推动基层和企业全面落实主体责任。在单位开展应急演练方面，京津冀针对企业开展应急演练已经出台了明确规定，并通过多种方式组织和监督相关企事业单位开展应急演练工作。

三　指标评估结果分析

（一）党委、政府领导责任是否明确

本指标得分为100分。

通过网络检索，在北京市应急管理局网站搜索到《市安委会印发2022年北京市安全生产重点工作任务》①。北京市要全面推进安全责任落实，主要包括全面压实安全责任，落实党委、政府的领导责任，研究明确相关部门的监管责任。通过网络检索，在北京市应急管理局网站搜索到《北京市“十四五”时期应急管理事业发展规划》②。北京市在“十四五”期间要构建应急管理责任制度体系，强化党委、政府的领导责任，具体包括建立“党政同责、一岗双责、齐抓共管、失职追责”的应急管理责任制。各级人民政府由担任本级党委常委的政府领导干部分管应急管理工作，履行综合应急管理领导责任，其他领导要切实履行分管行业领域应急管理领导责任。

通过网络检索，在天津市应急管理局网站搜索到《坚持四铁要求　层层压实责任　全面深入开展安全生产排查整治》③。会议强调天津市安全生产要严格落实党委和政府的责任，党委（党组）书记要担起第一责任人责任，主要负责同志要深入基层一线，靠前指挥调度，抓具体、抓落实、抓督导、抓处置。

通过网络检索，在河北省人民政府网站搜索到《部署2021年度安全生产巡查和目标管理考核工作》④。其中强调要严格落实党委、政府的领导责

---

① 《市安委会印发2022年北京市安全生产重点工作任务》，http：//yjglj.beijing.gov.cn/art/2022/4/8/art_6058_694334.html，2022年4月8日。

② 《北京市“十四五”时期应急管理事业发展规划》，http：//yjglj.beijing.gov.cn/art/2021/11/29/art_5592_1438.html，2021年11月29日。

③ 《坚持四铁要求　层层压实责任　全面深入开展安全生产排查整治》，http：//yjgl.tj.gov.cn/SY5239/bjdt/202204/t20220406_5849431.html，2022年4月6日。

④ 《部署2021年度安全生产巡查和目标管理考核工作》，http：//www.hebei.gov.cn/hebei/14462058/14471802/14471717/14471782/15112926/index.html，2021年12月26日。

任，按照“党政同责，一岗双责”的要求，认真细致做好安全生产各项工作，确保安全生产形势持续稳定向好。

从上面检索到的内容可以看出，京津冀正在不断完善应急管理责任制度体系，已经明确了党委、政府在应急管理方面的领导责任，制定了相关的规划，并开展了党委和政府责任落实的检查工作。综上，本指标得分 100 分。

（二）部门监管责任是否落实

本指标得分为 90 分。

通过网络检索，在北京市应急管理局网站搜索到《市政府常务会议研究部署全市安全生产工作》①。会议强调，有关部门要强化落实行业监管责任，充分认识当前安全生产形势，强化“一把手”责任，深入排查整治风险隐患，提高安全管理能力，维护首都安全稳定大局，解决安全生产领域深层次矛盾和问题。

通过网络检索，在天津市应急管理局网站搜索到《市应急管理局党委关于十一届市委第十轮第一批巡视整改进展情况的通报》②。通报要求推动各部门落实安全生产责任，同时要查明相关部门存在的短板、弱项，督促重点行业部门落实行业监管责任，对安全管理工作提出明确要求。

通过网络检索，在河北省应急管理厅网站搜索到《省应急管理厅印发〈2022 年全省工商贸行业安全监管工作要点〉》③。2022 年河北省工商贸行业安全监管工作要全面贯彻落实国家和省安全生产工作部署，要以推动企业主体责任落实为核心，坚持问题导向、精准施策，推动安全监管工作措施落实，深化企业双重预防机制建设，进一步提高工商贸行业安全管理水平。

---

① 《市政府常务会议研究部署全市安全生产工作》，http：//yjglj. beijing. gov. cn/art/2021/11/8/art_ 6058_ 686624. html，2021 年 11 月 8 日。

② 《市应急管理局党委关于十一届市委第十轮第一批巡视整改进展情况的通报》，http：//yjgl. tj. gov. cn/SY5239/TZGG5792/202208/t20220808_ 5953390. html，2022 年 8 月 8 日。

③ 《省应急管理厅印发〈2022 年全省工商贸行业安全监管工作要点〉》，https://yjgl. hebei. gov. cn/portal/index/getPortalNewsDetails? id=7a0e6956-8128-4d91-887b-02bb3a7b4ff6&categoryid=63eedd10-e7a5-4c8b-867c-15a2065433a3，2022 年 5 月 5 日。

从上面检索到的内容可以看出，京津冀高度重视应急管理工作的部门监管责任落实，总结分析存在的不足，大力推动应急管理部门监管责任的落实。综上，本指标得分 90 分。

（三）企业主体责任是否落实

本指标得分为 89.91 分。

通过网络检索，在首都之窗政务网站检索到《北京市安全生产条例》①。该条例于 2022 年 5 月 25 日由北京市人大常委会通过。条例明确指出，生产经营单位要遵守安全生产的法律法规，并建立健全安全生产规章制度和安全生产责任制，将其落实到生产单位全部人员，确保生产经营活动的安全进行。该条例压实了生产经营单位的主体责任，平衡了生产与安全之间的关系，有利于风险防范能力的提升。

通过网络检索，在天津政务网检索到《天津市生产经营单位安全生产主体责任规定》②。该规定自 2022 年 3 月 1 日起施行，明确了生产经营单位的主要负责人是本单位安全生产第一责任人，对本单位安全生产工作全面负责，并且要求建立覆盖全部员工的安全生产责任制。

通过网络检索，在河北省人民政府网站检索到《河北省“十四五”应急管理体系规划》③。该规划总结了“十三五”时期各项指标的完成情况，分析了当前河北省应急管理面临的机遇和挑战，明确提出要深化全员安全生产责任制，严格落实企业主体责任。作为加强应急管理体制机制建设的重要方面，推动企业履行主体责任有利于完善应急管理责任机制，严格责任追究，有效防范各项风险的发生。

课题组开展了问卷调查，针对问题“您所在单位是否有专职安全管理

---

① 《北京市安全生产条例》，http：//www.beijing.gov.cn/zhengce/zhengcefagui/202205/t20220530_2724699.html，2022 年 5 月 25 日。

② 《天津市生产经营单位安全生产主体责任规定》，https：//www.tj.gov.cn/zwgk/szfwj/tjsrmzf/202201/t20220107_5773574.html，2022 年 1 月 7 日。

③ 《河北省“十四五”应急管理体系规划》，http：//info.hebei.gov.cn/eportal/ui？pageId=6806152&articleKey=7013282&columnId=6806589，2022 年 3 月 8 日。

人员”，83.19%的受访群众肯定单位内有专职安全管理人员。

以上信息反映出，京津冀出台了安全生产相关规定和规划，明确了企业的安全生产主体责任，并推动落实企业主体责任，因此网络检索部分得分为100分。结合问卷调查的得分83.19分，通过计算，本指标最终得分为89.91分。

（四）责任追究制度是否落实

本指标得分为90.36分。

通过网络检索，在北京市应急管理局网站检索到《2021年北京市应急管理事业发展统计公报》[①]。据该公报统计，2021年全市发生工矿商贸生产安全死亡事故88起，死亡93人，在认真分析事故原因的基础上，依法对相关负责人进行责任追究，行政处罚金额共计2439.3891万元，其中行政处罚个人共43人（33人为企业主要负责人），依法追究刑事责任57人（生产经营单位主要负责人5人），建议给予党纪政纪处分19人。通过责任追究，维护安全有序的生产环境，推动社会经济的发展。

通过网络检索，在天津市应急管理局网站检索到《天津市应急管理局2021年政府信息公开年度报告》[②]和《天津市应急管理局关于2022年第一季度安全生产行政处罚典型案例的通报》[③]。据该报告统计，2021年天津市应急管理局共做出行政处罚154次。该通报整合了2022年第一季度天津市行政处罚的典型案例，共16起行政案件。该通报对每一起案件进行了介绍，就其违法违规原因进行了详细的解释，并且明确了对其做出的行政处罚。

通过网络检索，在河北新闻网检索到《河北省前三季度安全生产实现

---

① 《2021年北京市应急管理事业发展统计公报》，http：//yjglj.beijing.gov.cn/art/2022/2/28/art_9100_624986.html，2022年2月28日。

② 《天津市应急管理局2021年政府信息公开年度报告》，http：//yjgl.tj.gov.cn/ZWGK6939/ZFXXGK1/ZFXXGKNB1/202201/t20220126_5790389.html，2021年1月6日。

③ 《天津市应急管理局关于2022年第一季度安全生产行政处罚典型案例的通报》，http：//yjgl.tj.gov.cn/ZWGK6939/xzzf/XZZF1140/202204/t20220425_5867083.html，2022年4月25日。

“双下降”》[①]。2021年前三季度，河北省扎实开展安全生产大排查、大整治行动和“回头看”工作，全面排查整治安全问题隐患，其中：全省累计约谈警示2050人，给予党政纪处分166人，移送司法机关54人；检查单位54.5万家，责令停产整顿2157家，暂扣吊销证照352个，关闭取缔444家，罚款2.87亿元。在河北省应急管理厅网站检索到《河北省应急管理厅2021年政府信息公开工作年度报告》[②]，报告显示，河北省2021年共做出行政处罚121次。

课题组开展了问卷调查，针对问题“您所在单位发生安全生产事故后，相关责任人是否被追责”，83.94%的受访群众表示责任人会被追责。

以上信息反映出，京津冀安全责任追究制度得到普遍落实，因此网络检索部分得分为100分。结合问卷调查的得分83.94分，通过计算，本指标最终得分为90.36分。

（五）政府是否建立实施安全风险评估与论证机制

本指标得分为90分。

通过网络检索，在北京市应急管理局网站检索到《市安委会印发2022年北京市安全生产重点工作任务》[③]和《大兴区召开2022~2024年城市安全风险评估工作专题动员部署会》[④]等报道。北京市2022年重点任务包括持续推进城市安全风险评估，主要是制定印发《北京市城市安全风险评估三年工作方案(2022~2024年)》,巩固提升10个重点行业领域安全风险评估工作。大兴区等针对城市安全风险评估工作进行了详细部署，明确了具体组

---

① 《河北省前三季度安全生产实现“双下降”》，https：//hebei. hebnews. cn/2021－10/23/content_ 8646846. htm，2021年10月23日。

② 《河北省应急管理厅2021年政府信息公开工作年度报告》，https：//yjgl. hebei. gov. cn/portal/infopublic/toInfoPublic，2021年1月18日。

③ 《市安委会印发2022年北京市安全生产重点工作任务》，http：//yjglj. beijing. gov. cn/art/2022/4/8/art_ 6058_ 694334. html，2022年4月8日。

④ 《大兴区召开2022~2024年城市安全风险评估工作专题动员部署会》，http：//yjglj. beijing. gov. cn/art/2022/8/19/art_ 4570_ 701384. html，2022年8月19日。

织领导和职责分工、重点任务和工作安排、重点要求和责任落实。

通过网络检索，在央广网搜索到《天津市安全生产专项整治三年行动取得阶段性成效》[①]。报道指出，天津市细化地区安全风险分析及防范措施，确定 11 个方面的安全风险、26 项具体任务，印发执行《天津地区安全风险分析及防范措施》，组织开展近 5 年来重特大生产安全事故“回头看”，明确 28 项整改落实措施，协调、督促有关部门整改落实。

通过网络检索，在河北省人民政府网站检索到《河北省“十四五”应急管理体系规划》[②]。该规划提出要强化风险辨识和隐患排查能力，全面推进安全风险分级管控和隐患排查治理双重预防机制建设，建立完善企业风险分级管控和隐患排查治理信息系统，强化城市运行安全保障。通过网络检索，在河北省应急管理厅网站上搜索到《雄安新区安委办部署重点区域安全风险评估工作》[③]。雄安新区安委办组织召开了雄安新区重点区域风险评估专题工作会议，着力防范化解重大安全风险，会议强调三县及新区各片区管委会、指挥部要统筹发展和安全，坚持“三个到位”，全力做好重点区域安全风险评估工作。

以上信息反映出，京津冀已经建立了安全风险评估与论证机制，并不断推动城市安全风险普查和风险评估工作，针对存在的问题开展了整改落实，不断提升城市安全风险防控水平。综上，本指标得分 90 分。

（六）政府是否制定事故隐患分级和排查治理标准

本指标得分为 90 分。

通过网络检索，在北京市应急管理局网站检索到《全市安全隐患排查

---

① 《天津市安全生产专项整治三年行动取得阶段性成效》，https：//apicnrapp. cnr. cn/html/share. html？id=27828102，2022 年 2 月 16 日。

② 《河北省“十四五”应急管理体系规划》，http：//info. hebei. gov. cn/eportal/ui？pageId=6806152&articleKey=7013282&columnId=6806589，2022 年 3 月 8 日。

③ 《雄安新区安委办部署重点区域安全风险评估工作》，https：//yjgl. hebei. gov. cn/portal/index/getPortalNewsDetails？id = b1cdf093 - 1958 - 49d6 - 95d2 - 22425517e52d&categoryid = b8f25958-094d-40e1-babe-05e153553def，2022 年 2 月 11 日。

核查工作持续推进》[1]。北京市开展安全隐患排查核查工作，对 2020 年城市安全隐患治理三年行动、2021 年安全生产专项整治三年行动台账中的 1080 项挂账隐患进行抽查核查，并对从各区生产经营单位台账中随机抽取的 720 家企业进行安全隐患排查。截至 2022 年 8 月 17 日，已核查挂账隐患 952 处，隐患整改合格率为 100%，挂账隐患所在企业新发现隐患 26 处。

通过网络检索，在天津市应急管理局网站搜索到《市安委会关于印发〈防风险除隐患保安全排查整治方案〉的通知》[2]。在工作要求方面，明确指出要坚决落实党委、政府领导责任，各级党委、政府要自觉承担起“促一方发展、保一方平安”的政治责任，强化组织领导，细化工作任务，研究制定本区域可操作、可落实的实施方案，明确责任分工和完成时限，纵深推进安全生产排查整治工作。

通过网络检索，在河北省人民政府网站搜索到《我省开展安全生产隐患排查整治和专项执法检查活动》[3]。河北省应急管理厅出台了《河北省应急管理系统安全生产隐患排查整治和执法检查专项行动方案》，明确各级应急管理部门要抓好隐患排查整治和执法检查专项行动各项工作，强化省市县乡四级联动，结合本行政区域安全生产的特点、规律，突出行业特点，强化属地责任，结合自身实际制定本级隐患排查整治和执法检查方案，确保存量隐患全部清零，增量隐患动态清零。

以上信息反映出，京津冀高度重视安全隐患排查治理，制定出台了隐患排查治理的方案和标准，明确各级部门的责任和分工，不断推进隐患排查整治工作。综上，本指标得分 90 分。

---

① 《全市安全隐患排查核查工作持续推进》，http：//yjglj. beijing. gov. cn/art/2022/8/24/art_6058_ 701540. html，2022 年 8 月 24 日。

② 《市安委会关于印发〈防风险除隐患保安全排查整治方案〉的通知》，http：//yjgl. tj. gov. cn/ZWGK6939/ZCWJ6371/sjzc/202204/t20220402_ 5847800. html，2022 年 4 月 2 日。

③ 《我省开展安全生产隐患排查整治和专项执法检查活动》，http：//info. hebei. gov. cn//hbszfxxgk/329975/330000/330486/6910551/6984098/index. html，2021 年 11 月 4 日。

（七）政府应急管理行政执法工作状况

本指标得分为 100 分。

通过网络检索，在北京市应急管理局网站检索到《市安委会印发 2022 年北京市安全生产重点工作任务》[①]。2022 年重点任务包括：稳步推进应急管理综合行政执法改革，全面推进“四位一体”执法体系建设；深入推进“互联网+执法”，切实提高执法精准化、规范化、智能化水平；持续开展综合执法人员、安全员等队伍培训。

通过网络检索，在天津市应急管理局网站搜索到《我市安全生产专项整治三年行动取得阶段性成效》[②]。其中指出，天津市安委会办公室紧扣重大隐患治理，及时跟踪督办，挂牌治理 38 项重大隐患，用足用好执法检查、约谈通报、行政处罚、联合惩戒等手段。2021 年，全市累计实施行政处罚 1.2 万余次，责令 550 余家企业停产整改，吊销企业 3 家，关闭取缔 8 家，实施联合惩戒 95 次，对 6337 家存在主体责任落实不到位等突出问题的企业开展警示约谈，深化安全生产源头治理、系统治理和综合治理。

通过网络检索，在河北省应急管理厅网站搜索到《河北省应急管理厅印发〈2022 年度安全生产监督检查计划〉　全面提升行政执法质量　有效化解安全风险》[③]。计划提出，根据年度重点工作任务安排和执法检查工作日测算，确定执法检查企业 300 家。其中，重点检查企业 193 家，占执法检查企业数量的 64.33%；随机抽查企业 107 家，占执法检查企业数量的 35.67%。

---

① 《市安委会印发 2022 年北京市安全生产重点工作任务》，http://yjglj.beijing.gov.cn/art/2022/4/8/art_6058_694334.html，2022 年 4 月 8 日。

② 《我市安全生产专项整治三年行动取得阶段性成效》，http://yjgl.tj.gov.cn/ZTZL7634/ZTZL7176/tjsaqsczxzzsnxd/mtbd/202202/t20220225_5814657.html，2022 年 2 月 17 日。

③ 《河北省应急管理厅印发〈2022 年度安全生产监督检查计划〉　全面提升行政执法质量　有效化解安全风险》，https://yjgl.hebei.gov.cn/portal/index/getPortalNewsDetails?id=006e0714-198e-4594-8701-cd198cff366b&categoryid=707e1505-9be3-45dd-a7e3-3dc54a00a619，2022 年 3 月 30 日。

通过网络检索，在中国安全生产网搜索到《京津冀加强安全生产行政执法联络　省市县乡四级分别建立沟通桥梁》[①]。河北省应急管理厅会同京津两地应急管理部门，探索建立三地安全执法机构联络机制，决定将联络机制直接延伸到乡镇（街道），即从省、市、县、乡四级分别建立沟通桥梁，以便从不同层面畅通联系、加强协作、形成合力，为京津冀深入开展安全生产行政执法合作实践，确保三地安全生产形势稳定打下基础。

以上信息反映出，京津冀稳步推进应急管理综合行政执法改革，提高执法规范化水平，三地应急管理部门建立了安全执法机构联络机制，逐步形成了应急管理行政执法合力。综上，本指标得分 100 分。

（八）企业是否定期开展风险评估和危害辨识

本指标得分为 91.88 分。

通过网络检索，在北京市应急管理局网站搜索到《2021 年，北京市应急管理事业发展统计公报》[②]。其中指出，2021 年，北京市共有 101062 家企业注册应用北京市生产安全事故隐患排查治理系统，数量增长 42.8%，系统记录隐患数量 104860 项，隐患整改率 98.43%。2021 年，累计 19 万余家生产经营单位开展自然灾害风险评估工作，辨识风险源 62 万余项。

通过网络检索，在天津市应急管理局网站搜索到《蓟州区：区应急局“服务+监管”　有效提升全区危险化学品企业安全管理水平》[③]。蓟州区应急管理局对全区所有危险化学品企业逐家进行风险分析和安全评估，全面摸底掌握全区 126 家危险化学品企业的安全现状，6 家危险化学品经营企业和 3 家化工企业完成了安全风险等级评估，等级均为蓝色，淘汰落后产能及安

① 《京津冀加强安全生产行政执法联络　省市县乡四级分别建立沟通桥梁》，http：//www.aqsc.cn/news/202105/28/c144603.html，2021 年 5 月 28 日。

② 《2021 年北京市应急管理事业发展统计公报》，http：//yjglj.beijing.gov.cn/art/2022/2/28/art_ 9100_ 624986.html，2022 年 2 月 28 日。

③ 《蓟州区：区应急局“服务+监管”　有效提升全区危险化学品企业安全管理水平》，http：//yjgl.tj.gov.cn/SY5239/GQDT4573/jizhou/202206/t20220617_ 5908811.html，2022 年 6 月 17 日。

全管理不达标企业 11 家。

通过网络检索，在河北省应急管理厅网站搜索到《省应急管理厅印发工贸行业安全生产专项整治“百日清零”行动工作方案》[①]。其中指出，本次行动具体包括企业自查自改、属地专项检查、交叉检查、核查指导 4 个阶段。该方案要求各地应急管理部门强化企业责任措施落实，推动企业主要负责人切实履行安全生产第一责任人责任，认真组织开展自查自改。

课题组开展了问卷调查，针对问题“您所在单位是否定期对各岗位的安全状况进行检查”，86.47%的受访群众肯定其所在单位会定期对各岗位的安全状况进行检查。

以上信息反映出，京津冀企业重视风险评估和危害辨识工作，因此网络检索部分得分为 100 分。结合问卷调查的得分 86.47 分，通过计算，本指标最终得分为 91.88 分。

（九）安全生产事故起数

本指标得分为 86.72 分。

通过网络检索，在《2021 年北京市应急管理事业发展统计公报》搜索到 2021 年北京市有关安全生产事故的数据[②]。2021 年，北京市共发生各类安全生产事故 437 起。其中，工矿商贸事故 83 起，道路运输事故 341 起，铁路交通事故 11 起，生产经营性火灾事故 2 起，未发生特种设备、农业机械死亡事故。

通过网络检索，在央广网搜索到《天津市安全生产专项整治三年行动取得阶段性成效》[③]。报道指出，2021 年，天津市紧紧围绕安全生产专项整

① 《省应急管理厅印发工贸行业安全生产专项整治“百日清零”行动工作方案》，https：//yjgl. hebei. gov. cn/portal/index/getPortalNewsDetails？id = 1db4d996 - 6cc2 - 41dc - 85cc - d848c9592be6&categoryid = 63eedd10-e7a5-4c8b-867c-15a2065433a3，2022 年 5 月 25 日。

② 《2021 年北京市应急管理事业发展统计公报》，http：//yjglj. beijing. gov. cn/art/2022/2/28/art_ 9100_ 624986. html，2022 年 2 月 28 日。

③ 《天津市安全生产专项整治三年行动取得阶段性成效》，https：//apicnrapp. cnr. cn/html/share. html？id = 27828102，2022 年 2 月 16 日。

治三年行动“集中攻坚”核心任务，狠抓责任落实，强化风险防控，突出整治攻坚，安全形势保持总体平稳。2021 年，天津市未发生重大及以上安全生产事故，事故起数和死亡人数同比实现“双下降”。

通过网络检索，在河北省人民政府网站上搜索到《河北省政府新闻办　“河北省‘十四五’应急管理体系规划”新闻发布会文字实录》①。其中指出，“十三五”时期全省安全生产形势持续稳定向好，安全生产事故大幅下降，防灾减灾救灾成效明显，所确定的目标任务圆满完成。

课题组开展了问卷调查，针对问题“您所在单位过去五年是否发生过安全生产事故”，84.54%的受访群众回复没有发生过安全生产事故。

以上信息反映出，京津冀总体安全生产形势稳定，其中北京市安全生产事故起数同比增长 14.1%，天津和河北有一定下降，因此网络检索部分得分为 90 分。结合问卷调查的得分 84.54 分，通过计算，本指标最终得分为 86.72 分。

（十）安全生产死亡人数

本指标得分为 90 分。

通过网络检索，在《2021 年北京市应急管理事业发展统计公报》搜索到北京市 2021 年有关安全生产死亡事故的数据②。2021 年，北京市共发生各类安全生产死亡事故 437 起，死亡 471 人。其中：工矿商贸事故 83 起，死亡 93 人；道路运输事故 341 起，死亡 361 人；铁路交通事故 11 起，死亡 11 人；生产经营性火灾事故 2 起，死亡 6 人；未发生特种设备、农业机械死亡事故。

通过网络检索，在央广网搜索到《天津市安全生产专项整治三年行动取得阶段性成效》③。报道指出，2021 年天津市安全形势保持总体平

① 《河北省政府新闻办　“河北省‘十四五’应急管理体系规划”新闻发布会文字实录》，https://www.tj.gov.cn/sy/zwdt/bmdt/202207/t20220722_5939501.html，2022 年 4 月 1 日。

② 《2021 年北京市应急管理事业发展统计公报》，http://yjglj.beijing.gov.cn/art/2022/2/28/art_9100_624986.html，2022 年 2 月 28 日。

③ 《天津市安全生产专项整治三年行动取得阶段性成效》，https://apicnrapp.cnr.cn/html/share.html?id=27828102，2022 年 2 月 16 日。

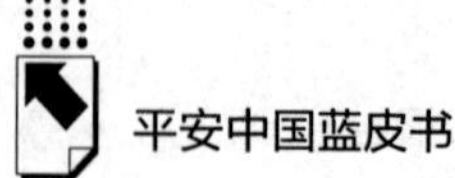

稳，未发生重大及以上生产安全事故，事故起数和死亡人数同比实现“双下降”。

通过网络检索，在河北省统计局网站搜索到《河北省2021年国民经济和社会发展统计公报》①。其中指出，河北省2021年各类安全生产事故死亡876人，对比2020年的821人，死亡人数有一定上升。

以上信息反映出，京津冀总体安全生产形势稳定，其中北京市安全生产死亡人数同比增长15.4%，天津市有一定下降，河北省有一定上升。综上，本指标得分90分。

（十一）火灾损失情况

本指标得分为80分。

通过网络检索，在北京市消防救援总队网站搜索到《北京市消防救援总队2021年度绩效管理工作报告》②。2021年，北京市消防救援总队共接处警43850起，出动指战员100.81万人次、消防车14.4万辆次。全市共发生火灾7272起，致亡34人，火灾总量和死亡人数比2019年分别下降10.97%、20.93%，全市未发生重大火灾事故。

通过网络检索，在应急管理部消防救援局网站搜索到《2021年消防接处警创新高，扑救火灾74.5万起》③。其中指出，2021年从每万人口警情数量来看，4个直辖市每万人口警情数量较多，分别为天津39.0起、上海29.8起、北京22.9起、重庆22.1起，远超其他地区（全国均值为13.9起）。

通过网络检索，在应急管理部消防救援局网站搜索到《2022年1月20

① 《河北省2021年国民经济和社会发展统计公报》，http://www.hetj.gov.cn/cms/preview/hetj/app/tjgb/101642400676310.html，2022年2月25日。

② 《北京市消防救援总队2021年度绩效管理工作报告》，http://bj.119.gov.cn/xfjy/site/article/1029617，2022年1月14日。

③ 《2021年消防接处警创新高，扑救火灾74.5万起》，https://www.119.gov.cn/article/46TiYamnnrs，2022年1月20日。

日新闻发布会》①。发布会主题是通报2021年全国自然灾害和安全生产形势，发布2021年全国应急救援和安全生产事故十大典型案例，其中提到河北省沧州市鼎睿石化有限公司“5·31”火灾事故，该事故造成直接经济损失3872.1万元，未造成人员伤亡。

以上信息反映出，和全国火灾警情相比，天津市和北京市警情处于高发态势，但北京市在火灾数量和火灾死亡人数方面有所下降，河北省发生过较大规模的火灾事故。综上，本指标得分80分。

（十二）自然灾害受灾情况

本指标得分为80分。

通过网络检索，在《2021年北京市应急管理事业发展统计公报》搜索到北京市2021年有关自然灾害受灾情况的数据②。2021年，北京市共发生4类自然灾害，分别为洪涝、风雹、地质和雪灾。灾害造成西城、海淀、丰台、顺义、门头沟、密云、平谷、怀柔、大兴、延庆和通州11个地区159个乡镇（街道）受灾。累计受灾人口105112人，因灾死亡2人。农作物受灾面积14992.47公顷。倒塌农房43间，严重损坏农房200间，一般损坏农房2109间。直接经济损失130068.08万元，其中房屋及居民家庭财产损失1455.13万元，农林牧渔业损失86852.42万元，工矿商贸业损失802.12万元，基础设施损失40620.95万元，公共服务设施损失300万元，其他经济损失37.46万元。

通过网络检索，在天津政务网搜索到《对自然灾害风险隐患大体检、大排查》③。其中指出，天津市对自然灾害风险隐患进行大体检、大排查，摸清全市自然灾害风险隐患，查明重点地区的抗灾能力。

① 《2022年1月20日新闻发布会》，https：//www.119.gov.cn/article/47JzmJ0m5pY，2022年3月2日。

② 《2021年北京市应急管理事业发展统计公报》，http：//yjglj.beijing.gov.cn/art/2022/2/28/art_9100_624986.html，2022年2月28日。

③ 《对自然灾害风险隐患大体检、大排查》，https：//www.tj.gov.cn/sy/xwfbh/202106/t20210604_5469906.html，2021年6月4日。

通过网络检索，在河北省应急管理厅网站搜索到《河北省 2021 年自然灾害情况》①。2021 年，河北省部分地区遭受了较为严重的洪涝、风雹、低温冷冻、台风、雪灾、生物灾害等自然灾害。全省受灾人口 330.4 万人，因灾死亡 8 人，紧急转移安置 14.33 万人；农作物受灾面积 39.043 万公顷，绝收面积 6.892 万公顷；倒塌房屋 1030 间，严重损坏房屋 3706 间，一般损坏房屋 22871 间；直接经济损失 102.46 亿元。

以上信息反映出，京津冀遭受的自然灾害较为严重。京津冀高度重视自然灾害防范与应对，启动了自然灾害综合风险普查工作，有助于摸清灾害风险隐患，为有效开展自然灾害防治和应急管理工作提供权威的灾害风险信息和科学的决策依据。因此，本指标得分为 80 分。

（十三）政府是否建立预警信息发布机制

本指标得分为 87.95 分。

通过网络检索，在北京市应急管理局网站检索到《2021 年北京市应急管理事业发展统计公报》②。据该公报统计，2021 年北京市应急管理事务中心共发布预警信息 504 条，同比增加 87.4%，包括 273 条预警信息，171 条解除预警信息，60 条提示信息。在 273 条预警信息中，蓝色预警信息 130 条，黄色预警信息 88 条，橙色预警信息 47 条，红色预警信息 8 条。

通过网络检索，在天津市应急管理局网站检索到"预警信息"模块③。该模块会根据情况发布气象预警、安全生产风险提示、道路安全预警、空气重污染预警等预警信息，提醒相关部门和企业根据预警信息和级别做好风险防范，提升应急管理水平。

---

① 《河北省 2021 年自然灾害情况》，https：//yjgl.hebei.gov.cn/portal/index/getPortalNewsDetails? id=79d3869a-0d16-45af-949d-0e1fddeb7b61&categoryid=36a0deaf-d117-463a-a369-be3718669174，2022 年 3 月 4 日。

② 《2021 年北京市应急管理事业发展统计公报》，http：//yjglj.beijing.gov.cn/art/2022/2/28/art_9100_624986.html，2022 年 2 月 28 日。

③ http：//yjgl.tj.gov.cn/ZWFW5050/YJXX6310/，2022 年 8 月 28 日。

通过网络检索，在河北省人民政府网站搜索到《河北：出台强对流暴雨高温监测预警服务能力提升方案》①。其中指出，河北省将完善基于云架构的突发事件预警信息发布系统，整合“河北省突发事件预警信息发布系统”和“河北省集约化综合气象业务平台”，开发河北省突发事件预警信息多手段发布功能。同时，健全预警信息快速发布机制，满足灾害预警信息精准发布需求。

课题组开展了问卷调查，针对问题“您是否收到过突发事件预警信息”，79.92%的受访群众肯定收到过突发事件预警信息。在受访群众中，有71.63%收到过气象预警信息，有35.96%收到过空气污染预警信息，有21.75%收到过森林火险预警信息，有19.92%收到过地质灾害预警信息，有10.33%收到过其他突发事件预警信息。

以上信息反映出，京津冀已经建立突发事件预警信息发布机制，提升了民众的风险防范意识，因此网络检索部分得分为100分。结合问卷调查的得分79.92分，通过计算，本指标最终得分为87.95分。

（十四）政府是否建立应急救援联动机制

本指标得分为100分。

通过网络检索，在北京市应急管理局网站搜索到《大兴区应急管理局抓好“四个方面”持续提升综合应急救援能力》②。报道中提到进一步完善应急救援机制，强化部门协同，健全重大安全风险防范化解和灾害事故处置应对的多部门协同联动机制，强化预案联动、信息联动、队伍联动、物资联动；强化社会协同，充分发挥社会应急救援力量在灾害事故应急救援中的作用。

通过网络检索，在天津政务网搜索到《市应急管理局与五家驻津央企

---

① 《河北：出台强对流暴雨高温监测预警服务能力提升方案》，https://www.tj.gov.cn/sy/zwdt/bmdt/202207/t20220713_5932734.html，2022年1月11日。

② 《大兴区应急管理局抓好“四个方面”持续提升综合应急救援能力》，http://yjglj.beijing.gov.cn/art/2022/2/21/art_4570_691222.html，2022年2月21日。

建立应急救援合作关系》[①]。文中提到天津市应急局和驻津央企以各自职能为基础，积极开展应急救援合作，立足突发事件应急救援需要，强化重特大自然灾害、事故灾难等突发事件联合会商研判和资源协调调动，深化应急联动机制建设。

通过网络检索，在河北省应急管理厅网站搜索到《京津冀联合举办森林火灾联合处置应急演练》[②]。文中提到为全面提升区域森林火灾应对处置能力，河北省森防办与北京市森防办、天津市森防办联合组织开展了森林火灾联合处置应急演练活动。演练以冬奥延庆赛区及北京周边发生森林火灾为背景，31 个单位共 14 支队伍参演，进一步磨合了省、市、区、县多个层面的森林火灾应急处置机制，检验了京津冀三地森林火灾扑救应急预案的可操作性，提高了三地协同处置森林草原火灾能力。

以上信息反映出，京津冀高度重视应急救援工作，正在健全多部门协同联动机制，注重突发事件联合会商研判和资源协调调动，并不断推进京津冀应急联动机制。因此，本指标得分为 100 分。

（十五）应急物资保障体系

本指标得分为 81.60 分。

通过网络检索，在首都之窗网站上搜索到《北京市加强应急物资保障体系建设　全面筑牢突发事件应对的物质保障基础》[③]。报道指出，《关于进一步加强本市应急物资保障体系建设的若干意见》将着力补齐北京市应急物资保障工作的突出短板，完善各方面体制机制，形成规范化管理工作新局面，持续增强北京市应急物资保障能力。

---

① 《市应急管理局与五家驻津央企建立应急救援合作关系》，https：//www. tj. gov. cn/sy/zwdt/bmdt/202207/t20220722_ 5939501. html，2022 年 7 月 22 日。

② 《京津冀联合举办森林火灾联合处置应急演练》，https：//yjgl. hebei. gov. cn/portal/index/getPortalNewsDetails？ id = 49100874 - 64eb - 4d6a - 84ce - 1863fec7beec&categoryid = 707e1505 - 9be3-45dd-a7e3-3dc54a00a619，2021 年 12 月 20 日。

③ 《北京市加强应急物资保障体系建设　全面筑牢突发事件应对的物质保障基础》，http：//www. beijing. gov. cn/ywdt/gzdt/202201/t20220110_ 2586600. html，2022 年 1 月 10 日。

通过网络检索，在天津市应急管理局网站搜索到《市应急局发布〈天津市应急物资保障能力建设“十四五”规划〉　着力加强应急物资保障能力建设》[①]。报道指出，《天津市应急物资保障能力建设“十四五”规划》从提升应急物资保障统筹协调能力、完善应急物资保障工作机制、科学扩充应急物资储备规模、健全完善应急物资储备体系、建立复合式应急物资储备模式、有效提升应急物资运输保障能力、切实提升应急物资保障科技化水平7个方面明确了“十四五”时期天津市应急物资保障能力建设工作的主要任务。

通过网络检索，在河北省人民政府网站搜索到《市应急管理局党委书记、局长王家喜调度指导疫情防控期间物资应急保障工作》[②]。报道指出，要加强防疫物资储备与管理，根据物资流转和库存动态数量，适当补充应急帐篷等搭建物资储备，完善调拨联动机制。要加强社会物资储备与管理，及时掌握保供企业的产能、产量和库存动态，及时为其提供安全指导和帮助，保证在紧急情况下能够提供足量的急需物资。

课题组开展了问卷调查，针对问题“您在家中是否储备了家庭应急物资”，69.33%的受访群众表示在家中储备了家庭应急物资。

以上信息反映出，京津冀应急物资保障体系已经初步形成，并在不断完善，为疫情防控提供了物资保障支持，因此网络检索部分得分为100分。结合问卷调查的得分69.33分，通过计算，本指标最终得分为81.60分。

（十六）应急救援队伍

本指标得分为86.12分。

通过网络检索，在北京市应急管理局网站检索到《2021年北京市应急

① 《市应急局发布〈天津市应急物资保障能力建设“十四五”规划〉　着力加强应急物资保障能力建设》，http：//yjgl.tj.gov.cn/SY5239/bjdt/202112/t20211230_5766619.html，2021年12月30日。

② 《市应急管理局党委书记、局长王家喜调度指导疫情防控期间物资应急保障工作》，http：//www.hebei.gov.cn/hebei/14462058/14471802/14471717/14471783/15351690/index.html，2022年4月6日。

管理事业发展统计公报》①。据该公报统计，2021 年，北京市重新认定 25 支市级专业应急救援队伍，共有应急救援人员 7360 人。截至 2021 年末，全市有专业森林消防队 49 支 2359 人、应急森林消防队 66 支 1730 人、群众森林消防队 304 支 3115 人、护林员 45941 人。

通过网络检索，在天津政务网搜索到《蓟州区“四提升”加快推进应急管理体系和能力现代化》②。报道中提到要整合各类救援力量，建立专家库 33 人，组建完善 3 支专业、2 支社会、20 支半专业救援队伍共 2825 人，各乡镇、街道、园区充实抗洪抢险和地震、地质灾害救援队共计 6. 8 万人。

通过网络检索，在河北省人民政府网站搜索到《市应急管理局建成 7 项机制提升应急处置水平》③。报道中提到要建立自然灾害及安全生产事故应急救援联动工作机制、军地应急救援协调联动机制、抢险救灾车辆绿色通行协调保障机制等，构建“陆、海、空”一体化应急救援队伍体系。现有各类军地应急救援队伍 24 支 4000 余人，地方应急救援队伍 15 支 3000 余人，具备防汛抢险Ⅱ级应急响应能力。

课题组开展了问卷调查，针对问题“您所在单位是否有应急救援队伍”，76. 86%的受访群众肯定其所在单位有应急救援队伍。

以上信息反映出，京津冀高度重视应急救援队伍建设，积极组建各类专业救援队伍，并构建了军地应急救援协调联动机制和一体化应急救援队伍体系，因此网络检索部分得分为 100 分。结合问卷调查的得分 76. 86 分，通过计算，本指标最终得分为 86. 12 分。

（十七）政府开展应急宣传教育情况

本指标得分为 77. 87 分。

---

① 《2021 年北京市应急管理事业发展统计公报》，http：//yjglj. beijing. gov. cn/art/2022/2/28/art_ 9100_ 624986. html，2022 年 2 月 28 日。

② 《蓟州区“四提升”加快推进应急管理体系和能力现代化》，https：//www. tj. gov. cn/sy/zwdt/gqdt/202112/t20211229_ 5764632. html，2021 年 12 月 29 日。

③ 《市应急管理局建成 7 项机制提升应急处置水平》，http：//www. hebei. gov. cn/hebei/14462058/14471802/14471717/14471783/15067743/index. html，2021 年 8 月 20 日。

通过网络检索，在北京市应急管理局网站检索到《2021 年北京市应急管理事业发展统计公报》[1]。据该公报统计，2021 年，北京市应急管理局共组织开展各类应急管理社会宣传活动 66 场。其中，线上活动 18 场，参与人数 19780 万人次；线下活动 48 场，参与人数 11200 人次。全年在 19202 个屏幕开展公益广告宣传，累计投放 4785 小时，覆盖人群 18648 万人次，总曝光量 19017 万人次。开展应急管理优秀公益宣传作品征集展示活动，共收到投稿作品 1000 个，获评优秀作品 82 个。

通过网络检索，在天津政务网搜索到《市应急局充分发挥宣教基地作用　切实提升公众安全意识》[2]。报道中指出，2021 年天津市应急管理局首批遴选 6 家单位场所（馆）为“天津市应急宣传教育基地”。各基地结合各自特点开展多种形式的宣教体验活动，在全社会营造良好的应急文化氛围。体验馆既作为实训场地，满足企业内部培训需求，又作为面向社会开放的公益场馆，宣传安全发展理念，已累计培训地铁项目管理、作业人员 3400 余人次，承接社会活动 60 余次，服务公众 730 余人次，有助于树牢员工安全理念，提高全民安全素质。

通过网络检索，在河北省人民政府网站搜索到《〈河北省“十四五”应急管理体系规划〉印发》[3]。报道中提到要加大应急科普精品推广力度，充分利用传统媒体和新媒体等载体，面向不同社会群体推送应急科普读物、动漫、短视频等宣教产品。按照因地制宜、资源共享原则，支持各地对现有应急科普宣传教育场地设施进行改造提升，建设具有灾害事故科普教育、自救互救知识普及相关功能的安全文化主题公园（街道）和应急科普宣传教育基地。

课题组开展了问卷调查，针对问题“突发事件的最高预警级别是什么”，47.54%的受访群众选择红色预警，明确突发事件的最高预警级别。针

---

① 《2021 年北京市应急管理事业发展统计公报》，http：//yjglj.beijing.gov.cn/art/2022/2/28/art_ 9100_ 624986.html，2022 年 2 月 28 日。

② 《市应急局充分发挥宣教基地作用　切实提升公众安全意识》，https：//www.tj.gov.cn/sy/zwdt/bmdt/202205/t20220510_ 5877437.html，2022 年 5 月 10 日。

③ 《〈河北省“十四五”应急管理体系规划〉印发》，http：//www.hebei.gov.cn/shoujiapp/15087087/15087133/15354659/index.html，2022 年 4 月 11 日。

对问题“您是否会根据不同等级预警信息采取不同的应对措施”，81.75%的受访群众表示会根据不同等级预警信息采取不同措施。针对问题“您是否知道安全生产举报投诉电话”，60.08%的受访群众做出了正确回答。

以上信息反映出，京津冀围绕应急管理宣传教育开展了大量卓有成效的工作，形成了部分应急宣传教育特色品牌和教育基地，因此网络检索部分得分为100分。结合问卷调查的平均得分63.12分，通过计算，本指标最终得分为77.87分。

（十八）社区开展应急宣传教育情况

本指标得分为80.32分。

通过网络检索，在北京市应急管理局网站搜索到《密云区应急管理局进社区开展防灾减灾及应急知识宣传活动》[①]。报道中提到为助力创建全国文明城市，切实提升社区居民防范自然灾害、紧急避险自救能力，普及防灾减灾知识，密云区应急管理局牵头，联合鼓楼街道深入社区一线，开展防灾减灾及应急知识宣传活动。活动共发放各类安全宣传品500余份，受教育群众40余人。

通过网络检索，在天津市应急管理局网站搜索到《河西区：组织开展“5·12”全国防灾减灾日集中宣传活动》[②]。报道中提到河西区通过悬挂宣传标语、设立现场咨询台、发放宣传材料、有奖竞答等方式，向市民宣传关于用电安全、燃气安全等家庭防灾减灾知识，并细致讲解强降雨、地震、台风等极端恶劣天气下的逃生、急救、自救知识。工作人员近距离演示便携式灭火器的使用方法和注意事项，教授市民掌握遇险自救的科学有效方法，呼吁和引导全民积极参与防灾减灾工作，提升应急能力，筑牢防灾减灾的人民防线。

---

① 《密云区应急管理局进社区开展防灾减灾及应急知识宣传活动》，http：//yjglj.beijing.gov.cn/art/2022/3/30/art_ 4576_ 693654.html，2022年3月30日。

② 《河西区：组织开展“5·12”全国防灾减灾日集中宣传活动》，http：//yjgl.tj.gov.cn/SY5239/GQDT4573/hexi/202205/t20220513_ 5881032.html，2022年5月13日。

通过网络检索，在河北省人民政府网站搜索到《瞄准有人干、持续化、常态化　河北启动社区（农村）安全宣传志愿服务活动试点》①。报道中提到河北省应急管理宣传教育中心在石家庄市鹿泉区一个小区和一个村开展安全宣传志愿服务试点培育工作，指导成立了社区（农村）安全宣传志愿服务小组，制定了年度安全宣传志愿服务工作计划、安全宣传志愿者职责、日常活动信息反馈、志愿服务档案资料管理、宣传品申领与发放等方面的相关制度，指导开展每月一次安全隐患排查、每两个月一次事故警示教育、每季度一次安全技能培训等日常活动。

课题组开展了问卷调查，针对问题“您所在的社区（村）是否组织过应急知识宣传教育”，63.99%的受访群众肯定所在社区（村）组织过应急知识宣传教育。针对问题“您所在的社区（村）是否组织过应急演练活动”，57.89%的受访群众肯定所在社区（村）组织过应急演练活动。针对问题“您是否熟悉所居住建筑的应急疏散路线”，76.50%的受访群众表示自己熟悉所居住建筑的应急疏散路线。针对问题“您是否知道社区（村）应急避难场所位置”，60.25%的受访群众表示知道社区（村）应急避难场所位置。针对问题“总体来看，您对所居住社区（村）的应急管理工作满意吗”，77.35%的受访群众表示满意。

以上信息反映出，京津冀社区开展了大量应急宣传教育工作，采用多种活动方式宣传防灾减灾知识，提升居民的应急意识和能力，因此网络检索部分得分为100分。结合问卷调查的平均得分67.20分，通过计算，本指标最终得分为80.32分。

（十九）单位开展应急宣传教育情况

本指标得分为83.12分。

通过网络检索，在北京市应急管理局网站搜索到《平谷区应急局开展

① 《瞄准有人干、持续化、常态化　河北启动社区（农村）安全宣传志愿服务活动试点》，http://www.hebei.gov.cn/shoujiapp/15087087/15087133/6984111aa/index.html，2021年11月4日。

普法宣传进企业活动》①。报道中指出，为进一步提升企业干部职工的法治观念和安全意识，切实推动基层和企业全面落实主体责任，北京市平谷区应急管理局结合安全生产“以案释法”典型案例专题片，向企业职工普及应急管理法律法规，同时还向职工发放相关宣传材料，发放相关宣传手册200余份。

通过网络检索，在天津政务网搜索到《河西区开展“防风险、除隐患、保安全”集中宣传教育活动》②。报道中指出，河西区应急管理局、河西区消防救援支队、天津市公安局河西分局等单位和企业共同参与应急宣传教育活动。活动现场设置宣传区，播放消防、道路交通安全等警示教育片，并发放燃气安全、交通安全等宣传材料，面对面解答群众关心的安全生产问题。

通过网络检索，在河北省人民政府网站搜索到《抚宁区多部门联合开展防灾减灾宣传活动》③。报道中指出，为进一步普及防灾减灾知识，切实提高广大群众的防灾减灾意识，抚宁区应急管理局、气象局、消防大队等多部门联合组织开展防灾减灾宣传活动。宣传组一行分别到抚宁镇、大新寨镇、榆关镇、益尔生物科技有限公司等地进行防灾减灾宣传，通过张贴宣传海报、悬挂宣传条幅、发放各类防灾减灾知识宣传手册及宣传单等多种形式，向群众宣传雷电、洪涝、大风等灾害的防范知识，极大地提升了当地群众的消防安全意识和隐患排查能力。

课题组开展了问卷调查，针对问题“您是否了解本单位的应急预案”，80.17%的受访群众表示了解单位应急预案。针对问题“所在单位是否开展过安全警示教育活动”，86.06%的受访群众肯定所在单位开展过安全警示教育活动。

以上信息反映出，京津冀组织单位开展了应急宣传教育相关工作，切实

① 《平谷区应急局开展普法宣传进企业活动》，http：//yjglj.beijing.gov.cn/art/2022/7/26/art_4578_700046.html，2022年7月26日。

② 《河西区开展“防风险、除隐患、保安全”集中宣传教育活动》，https：//www.tj.gov.cn/sy/zwdt/gqdt/202204/t20220418_5859872.html，2022年4月18日。

③ 《抚宁区多部门联合开展防灾减灾宣传活动》，http：//www.hebei.gov.cn/hebei/14462058/14471802/14471717/14471783/15377337/index.html，2022年5月18日。

推动基层和企业全面落实主体责任。本指标通过问卷调查部分确定得分，因此本指标得分为 83.12 分。

（二十）单位开展应急演练情况

本指标得分为 80.44 分。

通过网络检索，在首都之窗政务网站搜索到《北京市安全生产条例》[①]。其中提到生产经营单位应当制定本单位安全生产事故应急救援预案，与市、区人民政府组织制定的安全生产事故应急救援预案相衔接，并定期组织演练。

通过网络检索，在天津市应急管理局网站搜索到《滨海新区：开展危化品泄漏火灾事故应急演练》[②]。报道中指出，经开区、南港工业区、泰达南港集团、滨海气象预警中心、中沙（天津）石化及相关技术服务单位共计 200 余人参加本次演练。演练设置企业先期处置、事故接报警、启动专项预案等科目环节，综合协调组、抢险救援组、环境监测组、警戒疏散组、后勤保障组、专家技术组、舆情信息组 7 个处置小组，依据预案规定的职责和分工妥善完成事故处置。

通过网络检索，在河北省应急管理厅网站搜索到《石家庄市举办 2022 年安全生产月火灾事故应急演练》[③]。报道中指出，由石家庄市应急管理局、高邑县人民政府联合主办，高邑县应急管理局、中铁建投高邑城市开发有限公司承办的 2022 年安全生产月火灾事故演练在中铁十九局项目生产区举行。此次演练涵盖施工企业先期处置、信息上报、消防灭火救援、医疗救护、隐患排查 5 项内容。本次活动对提高企业的防灾减灾意识和应急能力具有重要意义。

课题组开展了问卷调查，针对问题“您所在单位是否组织过应急演

---

① 《北京市安全生产条例》，http：//www.beijing.gov.cn/zhengce/zhengcefagui/202205/t20220530_2724699.html，2022 年 5 月 25 日。

② 《滨海新区：开展危化品泄漏火灾事故应急演练》，http：//yjgl.tj.gov.cn/SY5239/GQDT4573/binhai/202111/t20211124_5718552.html，2021 年 11 月 24 日。

③ 《石家庄市举办 2022 年安全生产月火灾事故应急演练》，https：//yjgl.hebei.gov.cn/portal/index/getPortalNewsDetails？id=9d5d074d-afd0-4b2f-bba0-20782f6f225d&categoryid=b8f25958-094d-40e1-babe-05e153553def，2022 年 6 月 15 日。

练”，80.44%的受访群众肯定所在的工作单位组织过应急演练。

以上信息反映出，京津冀关于企业开展应急演练已经出台了明确规定，并积极组织相关单位开展应急演练。本指标通过问卷调查部分确定得分，因此本指标得分为80.44分。

四　评估结论

（一）存在的主要问题

1. 应急管理体制机制仍需完善

应急管理机构改革以来，京津冀应急管理部门的各项职责逐渐清晰，但应急管理工作还处于过渡完善阶段，安全生产、应急管理、防灾减灾等领域的规章制度相对独立，存在职权边界不清晰、机制不健全等问题。

2. 京津冀应急协同水平有待提升

北京、天津、河北三地在应急救援联动、救灾物资保障、应急产业发展等方面展开了积极探索，但随着京津冀区域发展的深化，三地的应急管理协同发展存在一定滞后性，在区域灾害监测预警、风险排查治理、联合执法检查、资源协调调动等方面需要进一步提升。

3. 应急管理宣传教育存在短板

根据问卷调查的结果，79.92%的受访群众收到过突发事件预警信息，47.54%的受访群众熟悉突发事件的预警级别，81.75%的受访群众会根据不同等级预警信息采取不同措施，60.08%的受访群众了解安全生产举报投诉电话，63.99%的受访群众肯定所在的社区（村）组织过应急知识宣传教育，86.06%的受访群众肯定所在的单位开展过安全警示教育活动。这些结果反映出政府、社区（村）、单位在开展应急宣传教育的内容和形式方面存在一定的不足。

4. 基层应急管理基础不牢

基层应急能力关乎整个城市的安全稳定。根据问卷调查的结果，

69.33%的受访群众在家中储备了家庭应急物资，57.89%的受访群众肯定所在的社区（村）组织过应急演练活动，76.50%的受访群众熟悉所居住建筑的应急疏散路线，60.25%的受访群众知道社区应急避难场所位置，77.35%的受访群众对社区（村）的应急管理工作感到满意，76.86%的受访群众肯定其所在单位有应急救援队伍，80.17%的受访群众了解单位应急预案，80.44%的受访群众肯定所在单位组织过应急演练。这反映了基层社区（村）和单位在应急宣传教育、应急演练、应急物资保障等方面基础不牢固。

（二）完善建议

1. 完善应急管理体制机制

围绕京津冀发展的新形势，立足应急管理现状，加强应急管理机制建设顶层设计。推动安全生产、应急管理、防灾减灾救灾等方面的责任落实，明确各部门的权力清单和责任清单。完善应急管理责任机制，严格落实党政领导干部责任，深化全员安全生产责任制，严格落实企业主体责任。全面推进《北京市“十四五”时期应急管理事业发展规划》《北京市安全生产条例》《北京市生产经营单位安全生产主体责任规定》《天津市应急管理“十四五”规划》《河北省“十四五”应急管理体系规划》等政策的执行工作，不断健全应急管理法规标准和加强法治体系建设，推进应急管理综合行政执法改革，提高行政执法水平。

2. 强化京津冀应急协同机制

深入贯彻京津冀协同发展国家重大战略，结合京津冀三地自然灾害和事故灾难特点，加快风险隐患排查信息共享、区域灾害监测预警、应急预案协同编制、应急救灾物资共享、专家人才交流、联合应急救援、联合执法检查等机制建设。大力推进联合应急指挥机制建设，完善联合处置流程，提高联防联控和协同响应能力，大力完善京津冀应急管理协作机制。加强京津冀区域应急产业协同发展和公共安全科学技术交流，提高区域应急管理信息化和智能化水平，共同提升京津冀突发事件应急处置能力和应急管理工作水平。

3. 深入推进应急管理宣传教育

充分利用传统媒体、网站和微信、微博、短视频等新媒体平台，拓宽宣传渠道，扩大受众覆盖面，全方位、立体化地开展宣传工作。依托5月12日全国防灾减灾日、10月13日国际减灾日、11月9日全国消防日等主题日开展集中宣传教育，并不定期开展常态化宣传。在宣传内容上，要覆盖预防准备、监测预警、处置救援、恢复重建等各环节内容，有针对性地围绕自然灾害、安全生产事故、公共安全事件、社会安全事件等各类风险开展宣传教育，切实增强居民对风险类型和预警级别的感知，构建全过程、全方位、全景式的应急宣传教育体系。

4. 加强基层应急管理能力建设

加强市、区、街道、社区应急平台的互联互通，完善应急信息融合机制，全面提升对社区重大突发事件的快速响应能力，提升社区的安全风险识别、实时监测、智能预警、协同处置和快速恢复能力，增强社区整体韧性。积极引导广大社区居民参与到社区和单位的应急演练中，加快推进应急知识教育、应急能力培训与应急演练的多维融合，通过演练提升居民对应急避难场所、应急疏散路线的熟悉程度，从而提升居民应急能力。建立并完善覆盖社区（村）的应急物资储备体系，树立共建共治共享的社区应急管理理念，结合社区网格化管理，积极发动社区居民参与社区安全风险识别、隐患排查、应急处置等相关工作。

参考文献

[1] 北京市应急管理局：《2021年北京市应急管理事业发展统计公报》，2022年2月28日。

[2] 北京市应急管理局：《北京市“十四五”时期应急管理事业发展规划》，2021年11月29日。

[3] 北京市人民代表大会常务委员会：《北京市安全生产条例》，2022年5月25日。

［4］天津市人民政府：《天津市生产经营单位安全生产主体责任规定》，2022 年 1 月 7 日。
［5］河北省人民政府：《河北省“十四五”应急管理体系规划》，2022 年 3 月 8 日。
［6］郁建兴、陈韶晖：《从技术赋能到系统重塑：数字时代的应急管理体制机制创新》，《浙江社会科学》2022 年第 5 期。
［7］张海波：《中国第四代应急管理体系：逻辑与框架》，《中国行政管理》2022 年第 4 期。
［8］张铮、李政华：《中国特色应急管理制度体系构建：现实基础、存在问题与发展策略》，《管理世界》2022 年第 1 期。
［9］薛澜、沈华：《五大转变：新时期应急管理体系建设的理念更新》，《行政管理改革》2021 年第 7 期。

B.5 京津冀矛盾纠纷化解调查报告（2022）

刘蔚 房欣*

摘 要： 矛盾纠纷化解是关系京津冀协同发展的重要事项，是平安京津冀建设的重要任务。本报告将一级指标“矛盾纠纷化解”分解为4项二级指标和14项三级指标，并赋予不同的评估权重。通过网络检索、问卷调查、个人访谈等方式综合评估后得出，2022年京津冀“矛盾纠纷化解”指标得分为87.18分。总体而言，“矛盾纠纷多元调解”“重大决策社会稳定风险评估”“信访法治化建设”3项二级指标的得分较高，“社会矛盾源头预防和排查化解”的得分相较而言还需进一步提升。在平安京津冀“矛盾纠纷化解”工作的推进中，要充分立足构建新发展格局过程中的新形势、新任务与新要求，在依法治国的基本方略下，借助现代新科技，实施“一网通办”，延伸社会矛盾源头预防和排查化解触角，推动“一网统管”，提升矛盾纠纷多元调解综合机制的智能化水平，实行“一网共治”，不断健全重大决策社会稳定风险评估，通过“一法衔接”，全面推进信访法治化建设。

关键词： 京津冀 矛盾纠纷化解 智能化 新发展格局

* 刘蔚，博士，中国人民公安大学国家安全学院副教授、硕士生导师，首都社会安全研究基地研究员；房欣，中国人民公安大学治安学院讲师，首都社会安全研究基地研究员。

一　指标设置及评估标准

（一）指标设置

考虑到指标体系的连续性和稳定性，本年度平安京津冀建设“矛盾纠纷化解”一级指标下各项二级指标与三级指标未做调整。“矛盾纠纷化解”是平安京津冀7项一级指标之一，权重为15%。在一级指标下，设置“社会矛盾源头预防和排查化解”“矛盾纠纷多元调解”“重大决策社会稳定风险评估”“信访法治化建设”4项二级指标，以较全面地展现并评估京津冀三地矛盾纠纷化解的具体工作，二级指标的权重各有差异，直接反映了矛盾纠纷化解不同工作的差异化地位。4项二级指标既关注矛盾纠纷全流程化解、矛盾纠纷多元调解组织建设以及创新等情况，也注重关系民生、反映民意的重大决策风险评估落实以及信访制度等路径渠道，进而从整体上研判京津冀三地矛盾纠纷化解工作的实际效能。同时，为了更加综合立体地对二级指标进行评估，二级指标下设14项三级指标，从不同侧面评估平安京津冀的建设情况（见表1）。

表1　“矛盾纠纷化解”指标设置

<table>
<tr><th>一级指标(权重)</th><th>二级指标(权重)</th><th>三级指标(权重)</th></tr>
<tr><td rowspan="7">矛盾纠纷化解(15%)</td><td rowspan="4">社会矛盾源头预防和排查化解(40%)</td><td>是否定期开展矛盾纠纷排查化解(25%)</td></tr>
<tr><td>矛盾纠纷排查分级负责制度建设情况(25%)</td></tr>
<tr><td>矛盾纠纷排查督办回访制度(25%)</td></tr>
<tr><td>群众利益表达渠道是否畅通(25%)</td></tr>
<tr><td rowspan="3">矛盾纠纷多元调解(20%)</td><td>矛盾纠纷多元调解组织建设情况(40%)</td></tr>
<tr><td>矛盾纠纷多元调解覆盖范围(30%)</td></tr>
<tr><td>矛盾纠纷多元调解创新(30%)</td></tr>
</table>

续表

一级指标(权重)	二级指标(权重)	三级指标(权重)
矛盾纠纷化解(15%)	重大决策社会稳定风险评估(30%)	重大决策社会稳定风险评估机制建设情况(25%)
		重大决策社会稳定风险评估的覆盖范围(25%)
		重大决策社会稳定风险评估是否纳入地方立法情况(25%)
		重大决策社会稳定风险评估落实情况(25%)
	信访法治化建设(10%)	信访网络综合服务平台建设情况(40%)
		逐级上访制度建设情况(30%)
		信访地方性立法情况(30%)

（二）设置依据及评估标准

“矛盾纠纷化解”一级指标下二级、三级指标设置的主要依据包括《决胜全面建成小康社会　夺取新时代中国特色社会主义伟大胜利》《中共中央关于制定国民经济和社会发展第十四个五年规划和二〇三五年远景目标的建议》《中共中央关于党的百年奋斗重大成就和历史经验的决议》，北京、天津与河北三地的“十四五”规划和二〇三五年远景目标纲要，以及北京市第十三次党代会、天津市第十二次党代会和河北省第十次党代会中关于矛盾纠纷预防化解、重大决策社会稳定风险评估及信访法治化建设的相关要求，二级、三级指标的设置主要立足矛盾纠纷化解工作的关键内容，对指标赋予不同的权重。

测评方法主要有三种：一是通过京津冀三地人民政府官方网站及市委、省委下属单位官方网站公布的数据对指标进行测评；二是通过国家统计局、京津冀三省市统计局发布的年度统计数据对指标进行测评；三是通过问卷调查获取的数据对指标进行测评。此外，利用电话访谈的方式，咨询京津冀三地民众开展补充调查。

二　总体评估结果分析

“矛盾纠纷化解”总得分为 87. 18 分，得分结果等级为“好”。在 4 项二级指标中，“社会矛盾源头预防和排查化解”所占权重为 40%，“矛盾纠纷多元调解”所占权重为 20%，“重大决策社会稳定风险评估”所占权重为 30%，“信访法治化建设”所占权重为 10%。每一项二级指标又分别对应不同的三级指标及差异化权重，三级指标得分主要是在前期调研组开展的问卷调查、网络检索、个人访谈的基础上综合评定得出，能够较为全面地呈现平安京津冀建设中矛盾纠纷化解方面的工作面貌。

（一）社会矛盾源头预防和排查化解

本年度二级指标“社会矛盾源头预防和排查化解”得分为 80 分。其中，“是否定期开展矛盾纠纷排查化解”“矛盾纠纷排查分级负责制度建设情况”“矛盾纠纷排查督办回访制度”“群众利益表达渠道是否畅通”4 项三级指标的得分分别为：33. 25 分、100 分、100 分和 86. 73 分。根据每项 25%的权重，计算得出二级指标得分为 80 分。根据网络检索的结果，在平安京津冀建设中，相关部门坚持和发展新时代“枫桥经验”，强化社会矛盾源头预防和排查化解工作，强化问题导向和底线思维，始终将社会矛盾源头预防和排查化解纳入平安建设的重点工作。京津冀三地不断推进市域社会治理现代化，结合各自实际，不断推动“街乡吹哨、部门报到”改革，创新“多元调解+速裁”工作机制，建立多元参与、联动覆盖、多渠道分流、多层次化解的矛盾纠纷化解工作机制，聚焦涉疫、涉金融、涉日常纠纷等方面的重点工作，综合发力，未诉先办，畅通并拓宽群众利益表达渠道，盘活各类调解资源，完善绩效考核机制，加强从纠纷预警到回访结果反馈的链条化管理，提升社会矛盾源头预防和排查化解的工作效能，促进基层社会治理现代化。

基层治理是国家治理的基石，社会矛盾源头预防和排查化解的核心工作也在基层，乡镇（街道）与城乡社区矛盾纠纷化解工作的开展情况直接关系到国家治理的根基。2021 年 2 月 19 日，中共中央全面深化改革委员会第十八次会议审议通过《关于加强诉源治理推动矛盾纠纷源头化解的意见》，2021 年 4 月 28 日，中共中央、国务院下发《关于加强基层治理体系和治理能力现代化建设的意见》，两份文件均强调：要加强矛盾纠纷源头预防、前端化解、关口把控，完善预防性法律制度，尤其是提出要“健全乡镇（街道）矛盾纠纷一站式、多元化解决机制和心理疏导服务机制”。近年来，京津冀三地深入贯彻中共中央关于京津冀协同发展的重要决策部署，持续推进三地矛盾纠纷联合调解工作，充分发挥三地人民调解组织的作用，不断加强矛盾纠纷排查化解工作，及时有效化解各类矛盾纠纷。进入新时代，京津冀的协同发展深化，三地重视社会矛盾源头预防和排查化解工作，制定了集中排查、专项排查以及常态排查等工作制度。针对新发展阶段出现的新问题，重点对金融、建筑、教育、物业、环境、消费、房地产、互联网、交通运输等行业领域易发、高发的矛盾纠纷开展有针对性的排查化解工作。依托物联网、大数据、人工智能等技术手段，在强化各类调解组织资源信息整合的基础上，推动在线调解，并加强联网监督与核查。

就具体工作成效而言，第一，在矛盾纠纷定期排查化解方面，京津冀三地深入开展矛盾纠纷排查化解，在诸如全国“两会”、冬残奥会等重点时期，针对金融、教育、房地产等领域的矛盾纠纷，在日常排查外，坚持动态排查，充分发挥基层党组织在基层矛盾纠纷化解中的防线作用，主动对接“吹哨报到”，凝聚多元力量，推进矛盾纠纷化解平台“进乡村、进社区、进网格”，实现关口前移、源头施策、止矛盾于未发；第二，在矛盾纠纷排查分级负责制度建设方面，京津冀三地持续在“接诉即办”改革中发力，有效完善“接诉”体系与“即办”体系，明确“接诉即办”的工作层级和职能分工，并统一创建“三级矛盾纠纷调解平台”，在确保基层网格与社区（村）矛盾纠纷实体机构全覆盖的前提下，通过线上、线下平台有效整合矛盾纠纷调解实体机构，及时、就地化解社会矛盾纠纷；第三，在矛盾纠纷排查督办回访制度方面，京津冀三地统筹推进督导督查工作，实现对矛盾纠纷排查督办回访的全过程监督，明确督办回访工作时限，拓展电话、短信、网络等回访途径，主动采取深入基层暗访检查等工作方式，推动纪委、监委联动监督；第四，在畅通群众利益表达渠道方面，京津冀三地逐步搭建起“一站式”平台，除政府部门主动作为下访、约访群众外，还鼓励人民团体、行业协会等社会组织、企事业单位等社会力量畅通群众利益表达渠道，电话、报刊、广播、电视、网络、手机 App、微信小程序等渠道不断拓展升级，形成引导群众合理表达诉求和反映问题的良性循环路径。

（二）矛盾纠纷多元调解

本年度二级指标“矛盾纠纷多元调解”的得分为 92.05 分。其中，三级指标“矛盾纠纷多元调解组织建设情况”“矛盾纠纷多元调解覆盖范围”“矛盾纠纷多元调解创新”的得分分别为 100 分、73.5 分和 100 分，按照 40%、30%与 30%的权重，计算得出二级指标的得分为 92.05 分。通过网络检索和问卷调查获取的数据发现，京津冀三地不断创新社会矛盾多元调解工作机制，提升调解质效，在矛盾纠纷多元调解机制、组织、资源和路径等方面进行了大量的尝试和探索，形成了既有共性又兼具特色的矛盾纠纷多元调解机制。京津冀三地秉持“主动向前”的调解工作理念，始终坚持将非诉讼纠纷的各类解决手段前置，将诉讼作为解决纠纷的最后一道防线，强化多方参与、整合多元力量，推进“诉调对接”“公调对接”“检调对接”“访调对接”等模式，加强行业性、专业性矛盾纠纷多元调解，综合运用人民调解、行政调解、司法调解等多种调解手段，构建衔接顺畅、协调有序的矛盾纠纷多元调解体系，力争融合多元力量、实现综合覆盖，将关口前置，通过“一站式”平台解决矛盾纠纷。

在矛盾纠纷多元化解机制方面，近些年来，京津冀三地根据党的十八届四中全会通过的《中共中央关于全面推进依法治国若干重大问题的决定》，聚焦人民群众利益，健全矛盾纠纷预警预防化解机制，完善调解、仲裁、行政裁决、行政复议、诉讼等有机衔接、相互协调的多元化矛盾纠纷解决机制，根据各自实情，因地制宜地从顶层制度设计、具体工作机制等方面回应了三地矛盾纠纷的现实变化。京津冀三地在党委领导、人大监督、政府支持下，强化主体职责，融合各级人民政府以及司法行政部门、人民团体、基层群众性自治组织、企事业单位和其他社会组织的力量，联动配合、齐抓共管，形成矛盾纠纷化解合力。京津冀三地不断整合各类资源，维护人民群众的合法合理利益，以人民群众的满意度作为检验矛盾纠纷多元化解实效的最高标准。

就具体工作实践而言，第一，在矛盾纠纷多元调解组织建设方面，三地持续推进"大调解"工作格局，不断赋能基层治理，推进行业性、专业性调解组织建设，将矛盾纠纷调解资源延伸至基层社会治理最末端，构建"全方位、多层次、全流程、全系统、全要素"的矛盾纠纷多元调解组织体系，打造"N+调解"工作模式。第二，在矛盾纠纷多元调解覆盖范围方面，以党委领导为主轴，以人民调解、行政调解、司法调解三大调解为侧轴，以市、区（县）、街道（乡）、社区（村）四级联动为辅轴，根据不同领域、不同行业、不同类型的矛盾纠纷以及新经济业态发展中出现的新型矛盾纠纷，有针对性地、精准化地实现矛盾纠纷化解广覆盖。第三，在矛盾纠纷多元调解创新方面，京津冀三地不断施行矛盾纠纷多元调解新举措：一是创新传统社会矛盾纠纷调解方式，引导"五老"人员、律师、基层法律服务工作者等人士参与矛盾纠纷化解；二是通过科技赋能矛盾纠纷调处化解，建立"线下设站点、线上推程序"的双轨矛盾纠纷化解机制；三是突破行政区域边界，形成行政区域毗邻地区的跨界民商事纠纷联合调处化解。

（三）重大决策社会稳定风险评估

本年度二级指标"重大决策社会稳定风险评估"得分为 89.24 分。其中，三级指标"重大决策社会稳定风险评估机制建设情况""重大决策社会稳定风险评估的覆盖范围""重大决策社会稳定风险评估是否纳入地方立法情况""重大决策社会稳定风险评估落实情况"的得分分别为 100 分、100 分、100 分以及 56.97 分，4 项三级指标按照 25% 的权重赋权后，得分分别为 25 分、25 分、25 分及 14.24 分。通过网络检索与问卷调查可知，京津冀协同发展必然会涉及诸多重大决策的制定与实施，由此带来的社会稳定风险是京津冀三地必须面对的共同挑战。在非首都核心功能疏解、雄安新区建设、生态环境保护一体化建设等重大决策领域，京津冀三地不断健全重大社会稳定风险评估机制，把广大人民群众的根本利益作为决策的出发点和落脚点，根据“应评尽评、全面客观、查防并重、统筹兼顾”的基本要求，对需要评估的具体决策事项从合法性、合理性、可行性、可控性 4 个方面进行评估，并且根据当地实际情况和具体决策事项，划定不同的评估主体范围，即包括政法、综治、维稳等相关政府部门，也涉及专家学者、第三方专业机构和群众代表等群体。此外，京津冀三地在评估程序、评估结果运用、决策实施跟踪以及责任追究等方面赋予不同责任主体差异化权责，进行全流程跟踪把控。京津冀三地也结合实际制定和完善了地方性行政规章，细化了相关规定，将重大决策社会稳定风险评估纳入法治化、制度化轨道，确保重大决策社会稳定风险评估服务改革发展。

近年来，京津冀三地紧密围绕京津冀协同发展重大国家战略，作为整体协同发展、布局落子。京津冀以疏解非首都核心功能、解决北京“大城市病”为基本出发点，调整优化城市布局和空间结构，尤其是 2022 年以来，三地工作突出重点，聚焦难点，抓住疏解非首都核心功能这个“牛鼻子”，聚力国家绿色发展示范区、通州与北三县一体化高质量发展示范区，构建“都市圈”“通勤圈”“功能圈”“产业圈”，这一系列工作的推进都涉及重大行政决策事项。面对近年来新经济业态的发展和新冠肺炎疫情影响下经济社会出现的新问题，京津冀三地稳步拓展重大行政决策事项目录，规范重大行政决策事项目录指定程序，提高决策质效。与此同时，京津冀三地坚持将法治思维和法治方式贯彻到风险评估工作全过程，聚焦防范化解重点领域的重大风险，逐步完善行政程序，提升风险评估的科学化、专业化、法治化、社会化、智能化水平。此外，在公众参与上，除依法不予公开的决策事项，逐步拓宽便于社会公众参与的途径，充分利用新媒体、互联网等技术公开征求社会意见，并对风险评估第三方机构的管理监督和专家库建设做出规范，

将社会风险止于未发。

就风险评估具体实践而言，第一，在重大决策社会稳定风险评估机制建设方面，京津冀三地在法治政府建设过程中不断完善重大决策社会稳定风险评估机制，在强调程序性、规范化程度的同时，重点强化重大决策实施后的跟踪反馈与评估，适时根据情况调整重大决策，提升政府治理能力的现代化水平。第二，在重大决策社会稳定风险评估的覆盖范围方面，京津冀三地根据各自实际，明确各年度重大行政决策事项目录，实现常态重大决策评估与动态重大行政决策评估相衔接，做到重点领域、新兴领域全覆盖，做到评估事项与流程管理全覆盖。第三，在重大决策社会稳定风险评估是否纳入地方立法方面，京津冀三地在法治政府建设规划中，对重大决策社会稳定风险评估的具体要求进行了细化，颁布各自重大行政决策程序的实施细则或实施意见，稳步推动重大决策社会稳定风险评估地方立法工作。第四，在重大决策社会稳定风险评估落实方面，京津冀三地积极就重大行政决策征求公众意见。从本年度针对京津冀三地的问卷调查来看，有超过 1/5 的被调查者参加过社会稳定风险评估听证会，这一结果高于上一年度的参与比例，但总体仍处于较低水平。

（四）信访法治化建设

本年度二级指标“信访法治化建设”的得分为 100 分。其中，三级指标“信访网络综合服务平台建设情况”“逐级上访制度建设情况”“信访地方性立法情况”的得分分别为 100 分、100 分及 100 分，三项指标按照 40%、30%、30%的权重赋权后，得分分别为 40 分、30 分及 30 分。通过网络检索可知，京津冀三地信访工作全面贯彻落实法治政府建设的部署要求，在党委领导下，围绕三地重点工作任务和民生社会热点问题，注重源头预防，压实信访工作责任，推动解决突出问题，开展“大督查大接访大调研”等系列活动，以巡回接访、流动接访、联合接访、视频接访等方式，将问题化解在基层，不断提升信访工作“三率”。在法治政府建设背景下，持续推进信访信息化工作平台整合、深度应用以及发展规划，在智能辅助技术的加持下，结合信访全流程业务，推进工作平台、服务平台以及数据中心平台的信息化建设，实现全流程提质增效。此外，京津冀三地坚持推动信访法治化建设，坚持信访事项依靠法定途径优先处理，同时与“接诉即办”改革相融合，结合基层与群众需求，进一步引导民众依法有序逐级上访，增强信访工作的主动性和创新性。

从信访法治化建设整体工作来看，京津冀三地持续加强党对信访工作的领导，逐步完善党委领导、政府落实、联席协调、部门推动、各方齐抓共管的信访工作格局和责任体系，依法行政确保让信访问题在法治轨道解决，保护合法信访、制止违法闹访。结合新形势、新问题，针对民众呼声高的热点、难点问题以及重点区域、领域的问题，持续做好信访工作，推动相关问题的解决。京津冀三地持续推进重点疑难复杂信访问题的解决，瞄准信访“骨头案”“钉子案”“老大难案”持续用力，在基层基础工作上久久为功，真正实现群众信访事项的“事心双解”。

就具体工作而言，第一，在信访网络综合服务平台建设方面，京津冀三地充分结合信访工作实际，基于业务工作和群众需求，完善信访工作平台，以信息平台建设整合职能部门工作权限、服务领域、办事流程和处置状态，以数据智慧信访平台拓展群众信访途径，实现网络综合服务平台的时效性、精准性以及规范性。第二，在逐级上访制度建设方面，京津冀三地坚持规范信访秩序，强化基层基础工作，逐步加强各级信访接待场所建设，按照“党政同责、一岗双责，属地管理、分级负责，谁主管、谁负责”的原则，完善信访事项逐级分类受理办理制度，推动信访工作与“接诉即办”改革深度融合，引导信访群众按照法律法规规定的程序向有关部门提出问题。第三，在信访地方性立法方面，基于法治政府建设的大背景以及《信访工作条例》的正式实施，京津冀三地均将依法信访纳入法治政府建设的重点工作，专门提出要“深入推进法治信访建设”，三地坚持底线思维，切实将信访纳入法治轨道，依法依规解决信访事项，依法满足群众合理的利益诉求。

三 指标评估结果分析

（一）是否定期开展矛盾纠纷排查化解

本指标得分 33.25 分，指标得分基于问卷调查得出。在本年度课题组回收的2400 份有效问卷中，仅有 33.25%的被调查者反映，近一年来，在所居住的社区有民警前往家中调查或走访，其余居民未经历（见表 2）。问卷调查反映的结果与研究者通过面对面及电话访谈所得出的结果相一致，在 6 位访谈者中，表示有社区居委会人员或社区民警主动电话调查或走访调查的仅有 2 名，这也反映了基层治理中社会矛盾纠纷日常排查与动态排查工作的落实情况。

表 2 是否定期开展矛盾纠纷排查化解的问卷调查指标得分

相关变量	类别	频数(个)	比例(%)	评分(分)	指标得分(分)
近一年来,您所居住的社区,社区民警是否去家中调查或走访	是	798	33.25	100	33.25
	否	1602	66.75	0	

注：数据来自课题组调研。

（二）矛盾纠纷排查分级负责制度建设情况

本指标得分 100 分，评分依据为网络检索内容。

通过网络检索发现，《北京市接诉即办工作条例》中有涉及矛盾纠纷排查分级负责的相关制度安排。2021 年 9 月 24 日，北京市第十五届人民代表大会常务委员会第三十三次会议通过并公布《北京市接诉即办工作条例》。接诉即办制度使民众的诉求得到合理顺畅的反映，是服务群众、化解矛盾纠纷、解决实际问题的有效途径。《北京市接诉即办工作条例》明确表示在中共北京市委的统一领导下，市人民政府承担保障、监督、协调等功能；区人民政府统一谋划，分配落实任务到具体部门；街道办事处、乡镇人民政府在基层起调度与协调作用，回应本辖区内的诉求；居民委员会、村民委员会承托化解矛盾纠纷与回应民众诉求的具体事项。从上到下的工作层级和职能分工在制度中得到明确规定，表明矛盾纠纷排查分级负责制度建设得到了有效推进。此外，通过网络检索了解到，石景山区建立了线下“三级矛盾纠纷调解平台”，被称为“石时解纷”。

通过网络检索发现，河北省保定市于2021年12月出台了《中共保定市委保定市人民政府关于进一步深化“接诉即办”改革工作的意见》，明确各级部门“接诉即办”工作职责，规范细化“接诉即办”主体范围，完善由各县（市、区）、开发区、乡镇、市直部门、相关企事业单位等组成的“接诉即办”体系。

通过网络检索发现，天津市创建了三级社会矛盾纠纷调处化解中心。社区是一级平台，由专兼职网格员实时开展矛盾纠纷排查与化解工作，社区无法解决的矛盾纠纷上报至街道二级平台，依然无法解决的，上报至区级的三级平台，经此程序将矛盾分流化解。

（三）矛盾纠纷排查督办回访制度

本指标得分100分，评分依据为网络检索数据。

通过网络检索发现，北京市关于矛盾纠纷排查形成了督办监督的相关工作制度。《北京市接诉即办工作条例》明确规定，诉求办理时限期满，市民热线服务工作机构应当通过电话、短信、网络等方式对诉求人进行回访，了解诉求办理情况。同时，本市各级监察机关应当加强接诉即办专项监督，督促各有关单位依法履职。

通过网络检索发现，河北省保定市关于矛盾纠纷排查形成了督办监督的工作制度。《中共保定市委保定市人民政府关于进一步深化“接诉即办”改革工作的意见》规定，保定市县党委和政府督查部门对未按时解决的诉求实行跟进督办，纪委监委对热线受理民生事项实行全流程监督。“接诉即办”考评结果被纳入全市领导干部考核体系，作为选拔任用、评选先进的参考之一。保定市纪委监委联合“12345”政务服务热线，打造“热线全口径受理——政府部门全周期办理——纪委监委全过程监督”的全过程、无死角的常态化工作机制。

通过网络检索发现，天津市领导会不定时深入基层暗访，督导检查社会矛盾纠纷排查和调处化解工作。2021 年 11 月，天津市委常委、市委政法委书记深入河西区、南开区、和平区社会矛盾纠纷调处化解中心暗访督导检查。2021 年 12 月，市信访办副主任在东丽区调研指导时强调，理顺初次信访与重复信访的关系，以加强信访基础性工作为抓手，充分借鉴先进省市的工作经验，紧盯首接、首办、跟踪督办、办结回访等信访事项办理的全过程。

（四）群众利益表达渠道是否畅通

本指标得分为 86.73 分，评分依据为问卷调查数据和网络检索数据两部分。

从问卷调查来看，社区作为民众生活的基本空间载体，承载着居民利益表达的重要职能，也是矛盾纠纷源头预防的前置关口，是矛盾纠纷化解的第一道防线。通过问卷调查可知，仅有 2.67%的被调查者表示向社区居委会（村委会）反映问题的渠道不畅通，不太畅通的比例为 4.13%（见表 3）。

表 3　群众利益表达渠道是否畅通的问卷调查指标得分

相关变量	类别	频数(个)	比例(%)	评分(分)	指标得分(分)
您向社区居委会(村委会)反映问题的渠道是否畅通	很畅通	1130	47.08	100	77.88
	比较畅通	643	26.79	75	
	一般畅通	464	19.33	50	
	不太畅通	99	4.13	25	
	不畅通	64	2.67	0	

注：数据来自课题组调研。

通过网络检索发现，北京市采取多种途径引导群众合理表达和反映问题。《北京市接诉即办工作条例》明确表示，北京市设立“12345”市民服务热线及其网络平台，群众可以通过此主渠道表达诉求。市、区人民政府和有关部门应当畅通渠道，支持和引导人民团体、行业协会等社会组织、企事业单位等社会力量参与诉求反映与办理中。报刊、广播、电视、网络等新闻媒体应当采取多种形式，开展接诉即办工作以及相关法律法规的宣传普及，引导公众形成正确认识和合理预期，积极、主动地发现和反映问题。

通过网络检索发现，天津市为群众反映诉求提供多种渠道。天津市创设三级社会矛盾纠纷调处化解中心，自 2020 年中心成立以来，已经累计接待信访群众 3.3 万余人次。天津市还推行领导接访制度，截至 2022 年 1 月 15 日，天津市各级“一把手”主动到三级社会矛盾纠纷调处化解中心接访，主动到基层下访，与群众约访。在基层推行配套的网格员代办机制，全市 4.8 万名专兼职网格员就地开展矛盾纠纷滚动排查工作。因此，天津市创建的三级社会矛盾纠纷调处化解中心及相关配套机制给群众提供了较为完善且便利的诉求反馈渠道。

通过网络检索发现，河北省为群众反映诉求提供了较为完善的渠道。保定市落实《关于进一步深化“接诉即办”改革工作的意见》，将“12345”电话及配套网站、App 等接诉渠道，与 110、119、120 等紧急处置热线及水、电、气、热等服务热线相链接，形成受理与解决民众诉求的畅通管束。廊坊市固安县创新并完善“群众说事、干部解题”工作机制，全县共完成 1 个县级说事中心、12 个乡镇（园区）说事站以及 445 个村街（社区）和 14 个基层所队说事点等基础设施建设，以处理群众线下反映的问题。

综上，“群众利益表达渠道是否畅通”这一指标由问卷调查数据和网络检索数据两部分依据来评分。问卷调查数据得分 77.88 分，网络检索数据得分 100 分，两部分各占权重 60%和 40%，最终该指标得分 86.73 分。

（五）矛盾纠纷多元调解组织建设情况

本指标得分为 100 分，评分依据为问卷调查数据和网络检索数据两部分。

问卷调查B18题为“如果您遇到矛盾纠纷，您更倾向于选择哪几种方式解决”，对此问题的答复直接反映出目前较为常见的矛盾纠纷解决主体类别以及群众更为信任的解决主体类别，也从侧面反映出当前矛盾纠纷多元调解组织的建设情况。结果反映出群众可寻求的调解组织较为多元，问卷调查数据可赋分100分（见表4）。

表4　矛盾纠纷多元调解组织建设情况问卷调查指标得分

相关变量	类别	频数（个）	比例（%）	评分（分）	指标得分（分）
如果您遇到矛盾纠纷，您更倾向于选择哪几种方式解决？——与对方协商和解	是	1540	64.17	100	64.17
	否	860	35.83	0	
如果您遇到矛盾纠纷，您更倾向于选择哪几种方式解决？——找居委会干部调解	是	1032	43.00	100	43.00
	否	1368	57.00	0	
如果您遇到矛盾纠纷，您更倾向于选择哪几种方式解决？——找业委会干部调解	是	357	14.88	100	14.88
	否	2043	85.13	0	
如果您遇到矛盾纠纷，您更倾向于选择哪几种方式解决？——找物业公司人员调解	是	280	11.67	100	11.67
	否	2120	88.33	0	
如果您遇到矛盾纠纷，您更倾向于选择哪几种方式解决？——找人民调解员调解	是	220	9.17	100	9.17
	否	2180	90.83	0	
如果您遇到矛盾纠纷，您更倾向于选择哪几种方式解决？——直接报警	是	686	28.58	100	28.58
	否	1714	71.42	0	
如果您遇到矛盾纠纷，您更倾向于选择哪几种方式解决？——向人民法院提起诉讼	是	92	3.83	100	3.83
	否	2308	96.17	0	
如果您遇到矛盾纠纷，您更倾向于选择哪几种方式解决？——通过“12345”热线解决	是	224	9.33	100	9.33
	否	2176	90.67	0	
如果您遇到矛盾纠纷，您更倾向于选择哪几种方式解决？——找社区志愿者调解	是	93	3.88	100	3.88
	否	2307	96.13	0	
如果您遇到矛盾纠纷，您更倾向于选择哪几种方式解决？——找社会工作者调解	是	79	3.29	100	3.29
	否	2321	96.71	0	
如果您遇到矛盾纠纷，您更倾向于选择哪几种方式解决？——其他	是	225	9.38	100	9.38
	否	2175	90.63	0	

通过网络检索发现，北京市在矛盾纠纷多元调解组织建设上推出了一些创新性的地方举措。石景山区创建了“石时解纷”平台，该平台是由区委

书记、区长挂帅，分管区领导专职负责，区委政法委统筹协调，信访办牵头抓总，政府法制办、司法局、人民法院分头负责，主管部门、行业协会、社会组织积极参与的多元矛盾化解体系。顺义区司法局整合多元力量，完善联动机制，建立“人民调解员+村（居）法律顾问”调解模式，增强调解力量。房山区人民法院创建“一站式”司法确认机制，这是房山区人民法院在开展多元调解、速裁和诉源治理工作中，联合房山区相关部门共同创建的一种矛盾纠纷多元化解机制，同时也是一种新型社会共治机制。

通过网络检索发现，天津市创建矛盾纠纷“四方”调处机制，将矛盾双方的对峙局面变更为主持人、投诉方、事件相关方、观察方的“四方”调解情境，人大代表、政协委员、律师等力量作为观察方提出矛盾纠纷的具体解决建议，充实矛盾纠纷调解力量。天津市司法局持续推动矛盾纠纷多元预防化解机制，深化一站式多元解纷体系建设：推进“诉调对接”，与市高院建立刑事附带民事案件民事纠纷部分调解工作机制；深化“公调对接”，联合市公安局将“公调对接”机制向基层村居（社区）延伸；推进“访调对接”，做好信访案件化解工作；开展“检调对接”，与市人民检察院建立相关人民调解组织5个。

通过网络检索发现，河北省部分地区建立了矛盾纠纷多元化解中心。石家庄市吸纳行业性、专业性调解机构、仲裁机构、行政调解机构及审判机关等多方力量创建了行业性、专业性矛盾纠纷多元化解中心，运用人民调解、行政调解、司法调解等多种手段，打造联合调处模式。

综上，京津冀三地为了提升调解质效，解决群众的愁心事，在矛盾纠纷多元调解组织建设上进行了大量尝试和探索，因此网络检索部分得分为100分，结合问卷调查得分100分，该指标最终得分100分。

（六）矛盾纠纷多元调解覆盖范围

本指标得分为73.50分，通过问卷调查得出得分。

表 5　矛盾纠纷多元调解覆盖范围问卷调查指标得分

相关变量	类别	频数（个）	比例（%）	评分（分）	指标得分（分）
您认为下列主体在矛盾纠纷化解中是否有效发挥作用？——社区（村）民警	有效	1575	65.63	100	79.17
	一般	650	27.08	50	
	无效	70	2.92	0	
	未参与	105	4.38	0	
您认为下列主体在矛盾纠纷化解中是否有效发挥作用？——社区居委会（村委会）	有效	1408	58.67	100	74.56
	一般	763	31.79	50	
	无效	103	4.29	0	
	未参与	126	5.25	0	
您认为下列主体在矛盾纠纷化解中是否有效发挥作用？——社区业委会	有效	1218	50.75	100	67.92
	一般	824	34.33	50	
	无效	144	6.00	0	
	未参与	214	8.92	0	
您认为下列主体在矛盾纠纷化解中是否有效发挥作用？——物业公司	有效	1102	45.92	100	63.77
	一般	857	35.71	50	
	无效	196	8.17	0	
	未参与	245	10.21	0	
您认为下列主体在矛盾纠纷化解中是否有效发挥作用？——治安志愿者	有效	1140	47.50	100	65.98
	一般	887	36.96	50	
	无效	160	6.67	0	
	未参与	213	8.88	0	
您认为下列主体在矛盾纠纷化解中是否有效发挥作用？——相关社区（村）居民	有效	1126	46.92	100	65.79
	一般	906	37.75	50	
	无效	174	7.25	0	
	未参与	194	8.08	0	

问卷调查 B19 题为“您认为下列主体在矛盾纠纷化解中是否有效发挥作用”，对该问题的回答反映出矛盾纠纷化解力量在群众认知中的效度。从问卷调查来看，社区（村）民警以及社区居委会（村委会）在基层矛盾纠纷处置中发挥着重要职能，能够满足绝大多数群众的矛盾纠纷化解需求。如果将基层各类矛盾纠纷化解力量看作一个整体，整体效度便能反映出群众对矛盾纠纷化解力量的整体认可程度，也从侧面反映出矛盾纠纷化解力量的覆

盖范围。该题得分为69.53分。

问卷调查C19题为“当您网购商品与商家产生矛盾纠纷时，是否有畅通渠道解决问题”，对该问题的回答反映出人们在实际生活中，尤其是在线上购物遇到问题时是否有解决问题的途径。该题得分77.46分。

上述两题各占50%的权重，综合两题的问卷调查得分，本指标最终得分73.50分。

（七）矛盾纠纷多元调解创新

本指标得分100分，以网络检索为评分依据。

通过网络检索发现，北京市施行了一些矛盾纠纷多元调解的新举措。2022年3月8日，房山区人社局成立“法官工作站”，建立了房山区劳动领域矛盾纠纷调解协议“一站式”司法确认机制。这是北京市法院系统首次将“法官工作站”入驻行政机关，将非诉调解程序与司法确认程序联系起来。2022年7月，西城区劳动人事争议仲裁院在疫情防控期间，为有效化解劳动争议，开通了邮寄立案通道。2022年8月，房山区人民检察院及时响应“接诉即办”要求，创新建立检察服务“e站”，“线下设站点、线上推程序”，利用科技手段打造检察为民综合服务平台。

通过网络检索发现，天津市创建了很多具有地方特色的矛盾纠纷多元调解制度和机制。天津市创建三级社会矛盾纠纷调处化解中心，在组织建构上重点推进行业性、专业性人民调解组织、个人（品牌）调解室建设，同时持续优化队伍结构，建立市、区两级人民调解专家库，培育具有人民调解员身份的“法律明白人”，引导“五老”人员、律师、基层法律服务工作者等专业人士参与人民调解工作，持续推动矛盾纠纷源头化解。天津市武清区司法局与霸州区司法局签订了社会矛盾纠纷联合调处化解协议，建立毗邻地区人民调解组织，配齐、配强人民调解员，加强联合调处化解，有效化解各类跨界纠纷。滨海新区建立一带一路国际商事调解中心，承接法院导入的符合商事调解工作范围的各类矛盾纠纷。

通过网络检索发现，石家庄市打造联合调处模式，集聚行业性、专业性调解机构、仲裁机构、行政调解机构及审判机关的资源，创建行业性、专业性矛盾纠纷多元化解中心。秦皇岛市海警局北戴河工作站创新推进海上综合治理，将一般矛盾纠纷化解机制进一步扩展为“2+2+N+X”联动共治新模式。第一个“2”即2名海警执法员，第二个“2”即两名担任法律顾问的职业律师，“N”即相关涉海职能部门执法人员，“X”即乡村网格力量，包括村“两委”成员、船队队长、行业牵头人、矛盾纠纷调解员、群防群治安保员等。

（八）重大决策社会稳定风险评估机制建设情况

该指标得分为100分，以网络检索内容为评分依据。

通过网络检索发现，北京市于2021年11月26日出台了《北京市法治政府建设实施意见（2021~2025年）》，将加强重大行政决策制定和执行监督列为其中一项任务，强调要健全重大行政决策程序机制，确保所有重大行政决策严格履行合法性审查和风险评估等必经程序，深入开展风险评估，确保风险可控，还要求加强重大行政决策执行情况跟踪反馈和决策后评估，将评估结果作为调整重大行政决策的重要依据。

通过网络检索发现，天津市不断规范完善重大行政决策工作的运行机制与体系。2022年6月24日，天津市人民政府办公厅发布了《天津市重大行政决策公众参与工作规则》《天津市重大行政决策专家论证工作规则》《天津市重大行政决策风险评估工作规则》《天津市重大行政决策合法性审查工作规则》《天津市重大行政决策专家库工作规则》5部重大行政决策程序规定配套文件，推进重大行政决策工作规范开展，《天津市重大行政决策风险评估工作规则》从立法层面直接推进了重大决策社会稳定风险评估机制的建设。

通过网络检索发现，河北省不断提升重大行政决策程序的规范化程度。2021年8月31日，河北省发布了《河北省重大行政决策实施情况跟踪反馈与后评估办法》，开展跟踪反馈与后评估应当全面调查了解重大行政决策的实施情况，运用科学的方法和技术手段收集、分析和评估相关资料，客观全面地做出跟踪反馈和评估。2022 年 2 月 8 日，唐山市召开市政府十六届第十一次常务会议，集体学习了《河北省重大行政决策程序暂行办法》《河北省重大行政决策实施情况跟踪反馈与后评估办法》，会议强调，要严格履行风险评估、合法性审查等法定程序，严把重大决策制定关、审核关、质量关，强化重大行政决策执行落地，全面提升政府治理能力现代化水平。

（九）重大决策社会稳定风险评估的覆盖范围

该指标得分为 100 分，以网络检索内容为评分依据。

通过网络检索发现，北京市及各区分别发布了 2022 年度重大行政决策事项目录。2022 年 4 月 21 日，北京市人民政府办公厅印发《2022 年北京市人民政府重大行政决策事项目录》；2022 年 3 月 31 日，通州区公布《2022 年度通州区人民政府重大行政决策事项目录》；2022 年 3 月 29 日，石景山区公布《2022 年石景山区人民政府重大行政决策事项目录》；2022 年 6 月 11 日，海淀区公布《2022 年度海淀区重大行政决策目录》；2022 年 7 月 27 日，门头沟区公布《2022 年门头沟区政府重大行政决策事项目录》；2022 年 8 月 5 日，大兴区公布《2022 年大兴区人民政府重大行政决策事项目录》。各目录明确要求重大行政决策事项承办单位要严格按照《重大行政决策程序暂行条例》规定认真落实责任，把握时间要求，严格履行包括风险评估在内的法定程序。由此可见，北京市重大决策社会稳定风险评估基本做到了全覆盖。

通过网络检索发现，2022 年 4 月 30 日，天津市人民政府办公厅发布了《天津市人民政府 2022 年度重大行政决策事项目录》，要求列入目录的重大行政决策事项应当履行风险评估等法定程序。

通过网络检索发现，河北省发布《法治河北建设规划(2021~2025 年)》《河北省法治政府建设实施方案(2021~2025 年)》《河北省法治社会建设实施方案(2021~2025 年)》（简称“一规划两方案”）。其中《法治河北建设规划(2021~2025 年)》强调要严格落实重大行政决策程序制度，切实防止违法决策、不当决策、拖延决策；推进重大行政决策事项目录化管理，健全重大行政决策事前评估和事后评价制度。

（十）重大决策社会稳定风险评估是否纳入地方立法情况

该指标得分为 100 分，评分依据为网络检索内容。

通过网络检索发现，2022 年 7 月 5 日，北京市怀柔区人民政府发布了《北京市怀柔区重大行政决策程序实施细则（试行）》，对风险评估环节提出了细化要求。2022 年 7 月 23 日，北京市顺义区人民政府办公室发布了《顺义区重大行政决策公众参与、专家论证、风险评估等程序实施细则》，细化规范了包括风险评估在内的工作流程。

通过网络检索发现，2022 年 6 月 24 日，天津市人民政府办公厅发布了包括《天津市重大行政决策风险评估工作规则》在内的 5 部重大行政决策程序规定配套文件，促进重大行政决策工作规范开展。

通过网络检索发现，2021 年 12 月 2 日，唐山市出台了《唐山市重大行政决策程序实施意见》，规范了公众参与、专家论证、风险评估、合法性审查、集体讨论决定五大法定程序以及相关责任倒查和终身追责机制。

（十一）重大决策社会稳定风险评估落实情况

本指标得分为 56.97 分，以网络检索和问卷调查为评分依据。

针对问卷调查 C27 题“近 5 年，您是否参加过社会稳定风险评估（如涉及居民的环境安全、集体财产安全等）的听证会”，只有 28.29%的人表示参加过，71.71%的人表示没有参加过。因此，问卷调查该项得分为 28.29 分（见表 6）。

表 6　重大决策社会稳定风险评估机制建设情况问卷调查指标得分

相关变量	类别	频数（个）	比例（%）	评分（分）	指标得分（分）
近 5 年，您是否参加过社会稳定风险评估（如涉及居民的环境安全、集体财产安全等）的听证会	是	679	28.29	100	28.29
	否	1721	71.71	0	

通过网络检索发现，北京市按照相应规定对城市项目的风险评估进行招标并予以公告。2022 年 4 月 29 日，顺义区公开城市安全风险评估中标公

告，选定 3 家供应商为顺义区 100 家重点区企业进行安全风险评估。2022 年 7 月 29 日，东城区应急管理局组织商务局进行安全风险评估调研会，夯实 2022 年度安全风险评估基础。

通过网络检索发现，天津市落实重大行政决策实施程序，并制定了规范性文件完善评估制度。2022 年，津南区印发《津南区重大行政决策事项目录管理办法》《津南区行政规范性文件制定和监督管理办法》等文件。因此，网络检索部分得分为 100 分。

通过网络检索发现，河北省落实重大决策社会稳定风险评估。2022 年 5 月 26 日，河北省自然资源厅法规处召开重大行政决策专家论证会。

问卷调查数据与网络检索内容各占 60% 和 40% 的权重，最终该指标得分为 56.97 分。

（十二）信访网络综合服务平台建设情况

本指标得分 100 分，以网络检索内容为评分依据。

通过网络检索发现，北京信访网络综合服务平台建设较为完善，且在不断强化。2022 年北京市信访办推进法治政府建设的主要安排之一便是大力加强网上信访工作，健全网上信访工作制度，充分发挥主渠道作用，深化网上信访平台建设和信访信息系统的应用。北京市信访办不断增强网络信访的作用，其他职能部门根据自身信访情况开通网络受理渠道。北京市信访办开通 4 种网上信访渠道：北京市网上信访平台，在北京市信访办官方网站首页点击“网上信访”即可进入北京市网上信访平台，同时设有各区的网上信访平台，用于反映各区的具体信访问题；手机 App 信访，下载北京市信访办网上信访 App，便可以通过手机提出信访问题；微信信访，关注“北京信访”的微信公众号，便可通过菜单栏目的网上信访平台反映问题；市长信箱，登录首都之窗政民互动的“市长信箱”栏目，便可以反映相关问题。北京市信访办每季度会进行网络自查，每日会对官方网站进行内容检测，确保发布信息的准确性，解决网民留言的问题。各区和各部门也在完善各自的网络信访平台，2021 年 8 月，东城区纪委监委加强检举举报平台建设，建立信访跟踪反馈机制，实现线上全流程闭环。

通过网络检索发现，天津市信访工作会议于2022年3月30日召开，会议强调要坚守网络信访阵地，把握网上信访主导权。具体到实践中，宝坻区开通“绿色通道”，融合手机、网站、微信等多条渠道，方便群众表达民意。同时，完善智慧系统数据平台，做到“一网通办”，使全区信访事项能够通过一个平台完成。

通过网络检索发现，河北省在2022年《信访工作条例》公布之后，着力推进“河北省阳光信访工作平台”建设。全省各级各部门信息联通与共享，打造畅通便利的网上信访渠道，将线上受理与线下办理有机结合。

（十三）逐级上访制度建设情况

本指标得分为100分，评分依据为网络检索内容。

通过网络检索发现，2022年5月，中共中央、国务院发布《信访工作条例》，第二十条明确规定，信访人采用走访形式提出信访事项的，应当到有权处理的本级或者上一级机关、单位设立或者指定的接待场所提出。落实到实践中，石景山区于2022年6月开展《信访工作条例》宣传月活动，引导群众依法有序文明信访。朝阳区43个街乡开展《信访工作条例》宣传活动，引导群众有序信访。由此可见，逐级上访制度逐渐明确和强化。

通过网络检索发现，2021年河北省信访局关于巡视整改进展情况的通报中指出，坚持以“事要解决”为核心，以领导包联信访事项为抓手，以责任落实为保障，制定并层层签订《年度信访工作责任书》，狠抓压力传导，切实压实各级责任，真正形成了“上下联动、齐抓共管”的信访工作大格局。同时，针对网上信访事项问题，严格“首接首办”责任制，加大信访事项跟踪督办力度，完善“阳光信访”信息系统，增加信访事项转（交）办人和责任单位未接收、未办结双向“临期”提醒功能。在2022年6月24日召开的河北省信访工作会议中，进一步提到了要依法规范信访秩序。

通过网络检索发现，2022年5月11日，天津市河东区信访办举办《信访工作条例》集中宣传活动，通过发放宣传资料、悬挂条幅标语，以及邀请信访战线老同志、律师、人民调解员、民警等为群众提供现场咨询服务等形式，向在场群众宣讲《信访工作条例》相关内容，引导群众依法维护权益、理性表达诉求、自觉维护社会秩序。通过集中宣传活动，进一步扩大了《信访工作条例》的覆盖面，强化了依法逐级走访、理性文明上访的观念，浓厚了办事依法、遇事找法、解决问题用法、化解矛盾靠法的氛围。

综上，自 2014 年《关于进一步规范信访事项受理办理程序引导来访人依法逐级走访的办法》印发至 2022 年《信访工作条例》颁布实施，京津冀三地持续推动逐级上访制度建设，因此该项得分为 100 分。

（十四）信访地方性立法情况

本指标得分为 100 分，评分依据为网络检索内容。

通过网络检索发现，北京市对于信访法治化建设较为重视，并在一些规章制度中予以强调。《北京市法治政府建设实施意见（2021～2025 年）》要求推进法治信访建设，明确优先处理法定途径反映的信访事项，引导人民群众通过法定途径反映诉求。2022 年 2 月，中共北京市委办公厅、北京市人民政府办公厅印发《北京市乡镇职责规定》，其中就乡镇负责信访部分的内容予以细化规定，要求落实信访工作责任制，健全信访工作联席会议制度，组织开展领导干部接访、下访、约访和包案。乡镇要预防、排查、化解矛盾纠纷；处理信访请求，引导信访人依照法定途径信访，回应信访诉求，解决信访问题，同时剖析研究信访情况并提出工作建议。

通过网络检索发现，天津市政府对信访工作较为重视，将其内容列在 2022 年 7 月 22 日发布的《天津市人民政府关于进一步加强市政府领导班子自身建设的意见》之中，开展深化集中治理重复信访、化解信访积案专项工作，落实信访包案制度，推动解决涉及群众切身利益、民生痛点、政策落实不到位等信访疑难问题。2022 年 6 月 6 日发布的《天津市“十四五”城乡社区服务体系建设规划》中提出，要完善网格化管理服务机制，集聚党建、政法、民政、城市管理、卫健、信访等资源，做到精细化治理的全方位覆盖。

通过网络检索发现，河北省将信访立法工作作为法治政府建设与法治社会建设的重要组成部分，在《河北省法治社会建设实施方案（2021~2025年)》中进一步提出,要全面落实诉讼与信访分离制度，深入推进依法分类处理信访诉求。同时，河北省深入学习和贯彻落实《信访工作条例》，聚焦信访制度改革。以《信访工作条例》为统领和标尺，贯彻落实《关于进一步加强和改进新时代信访工作的意见》，系统谋划和推进河北信访制度改革，完善配套措施，加快形成健全完备、运转高效、具有河北特色的信访制度体系，推进河北信访工作实现高质量发展。下一步，河北省将对标《信访工作条例》的新规定、新要求，根据国家信访局修订的业务工作规则，统筹推进河北信访工作地方性法规、规范性文件的立改废释工作，做到与《信访工作条例》有机融合、无缝衔接。

综上，基于党中央的决策部署和法治政府、法治社会建设的一体化推进，京津冀三地将信访相关事项的立法工作作为重点工作稳步落实，因此该项得分100分。

四　评估结论

（一）存在的主要问题

基于问卷调查数据、网络检索内容以及个别访谈情况，目前京津冀在矛盾纠纷化解工作方面还存在以下主要问题。

1. 社会矛盾源头预防和排查化解

基层乡镇（街道）和城乡社区治理是基层治理的重要基石，也是实现国家治理体系和治理能力现代化的基础性工程，社会矛盾源头预防和排查化解的关键在基层，能否做到“小事不出村、大事不出乡、问题不上交、人员不上行、风险不外溢”，首先在于社会矛盾能否在基层被及时关注、有效化解。结合本年度调查结果，相较于上年，在群众利益表达渠道这一“解压阀”逐渐畅通的情况下，“是否定期开展矛盾纠纷排查化解”的得分仍处于较低水平。这反映出三个问题；一是基层矛盾纠纷源头预防和排查化解的组织权责失衡；二是基层矛盾纠纷源头预防和排查化解工作人员的意识不足；三是基层矛盾纠纷治理民众组织化程度较低。

在基层矛盾纠纷源头预防和排查化解的组织权责方面，基层社区（村）以及社区民警等基础力量是基层矛盾纠纷源头预防和排查化解的第一道防线，责任重大，能够在处理日常矛盾纠纷中发挥关键作用，但与之相悖的是，基础力量缺少相应权力与资源，尤其是面对复杂、专业、跨行业领域的矛盾纠纷时往往无法进行有效预防与化解，而这容易进一步导致民众对基础力量认可度的降低，形成权责失衡的恶性闭环。在基层矛盾纠纷源头预防和排查化解工作人员的意识方面，基层干部队伍和自治力量往往不关注甚至回避基层民众的“家丑”，对各领域出现的新型矛盾纠纷和跨区域的矛盾纠纷更是关注不足，而被访者指出，基层矛盾纠纷源头预防和排查化解工作人员对所谓“家丑”“小问题”“新事物”等的疏漏往往是恶性事件发生的重要原因之一。在基层矛盾纠纷治理民众组织化程度方面，当前基层矛盾纠纷排查化解工作大多是根据上级部门的部署在重点时期、重要时间节点开展的常态化与动态化的排查化解工作，由民众自发组织形成的基层自治组织主动排查、主动发现、主动调解的社会矛盾纠纷相对较少，组织化程度较低，这也反映出基层社会矛盾纠纷源头预防和排查化解的组织动员力依然不足。

2. 矛盾纠纷多元调解

京津冀三地在过去一年中坚持和发展新时代“枫桥经验”，创新矛盾纠纷多元调解工作，有特色、有品牌、有亮点。但通过本年度的不同调查途径我们发现，在疫情常态化防控阶段，面对新业态、新就业群体的社会矛盾纠纷，多元联动调处工作还略显不足，基层矛盾纠纷调解组织主体覆盖范围还有待扩展。

一方面，在疫情常态化防控阶段，矛盾纠纷呈现发生领域的广泛性和相互之间的强关联性，尤其是随着新业态经济的发展，快递员、外卖送餐员、网约车司机、货车司机、网络带货主播等大量以灵活就业为主的新就业群体迅猛扩张，一旦发生矛盾纠纷，往往涉及新就业群体、消费者、商家、数字平台以及快递公司等多方主体，这在客观上加剧了矛盾纠纷多元调解责任主体之间的协调联动以及应对此类新问题的多元化矛盾纠纷解决机制的建设。另一方面，在基层矛盾纠纷调解组织主体覆盖范围上，如何动员基层调解组织主体、如何让更多的基层基础力量发挥作用以解决更广泛的社会矛盾纠纷，这也是需要解决的重大问题。正如被访者所言，虽然部分矛盾具有专业性，但这并不妨碍社区提供纠纷解决途径上的专业指导。

3. 重大决策社会稳定风险评估

重大决策社会稳定风险评估并不是新问题，但在京津冀协同发展的重大战略安排下，在首都这一超大城市减量发展的背景下，京津冀协同发展过程中的重大决策社会稳定风险评估是今后一个时期亟待解决的重大课题。从年度调研来看，京津冀三地持续推进重大决策社会稳定风险评估机制、覆盖范围等方面的具体工作。然而，京津冀协同发展过程中三地共同的重大决策社会稳定风险评估体系尚未健全，同时在重大决策社会稳定风险评估落实方面亦有待提升。

在京津冀协同发展过程中，交通、生态环境、产业对接等重点领域还未形成有效运转的协同评估机制，三地之间的要素配置尚不统一，存在诸多体制机制障碍。同时，在三地协同发展中，关于重大决策社会稳定风险评估专业人才队伍建设以及公众参与，京津冀三地还应积极探索新路径，创建京津冀协同发展重大决策社会稳定风险评估的“软品牌”。

4. 信访法治化建设

人民群众来信来访是沟通信息、监督领导机关、保持各级政府与群众密切联系的重要渠道和手段。解决信访问题，就是践行党的群众路线、千方百计为群众排忧解难的过程，在全面推进依法治国的今天，坚持依法依规解决信访问题，必须充分树牢法治在信访工作中的权威地位和主体地位，这是治理体系和治理能力现代化的重要标尺，也是法治政府建设的重要指标。从本年度京津冀三地信访法治化建设的指标来看，三地在《信访工作条例》颁布后更加强调法治轨道上的信访精细化治理，但是除行政规章外，适合各地实情、具备当地特色的地方法律条款还尚需进一步修订完善。

目前，京津冀三地为维护信访秩序、依法处理信访事项均已制定各自的信访条例或信访工作规定，但在2022年国家《信访工作条例》颁布实施后，三地目前还处于对中央部署进行宣讲、贯彻层面，尚未根据国家《信访工作条例》对各自信访条例进行重新修订。应当意识到，《信访工作条例》的颁布实施是在新时代对信访工作大格局的新界定，要充分认识到在社会主要矛盾发生历史性变化的前提下，提升新时代信访工作法治化水平、坚持信访法治化建设的重要意义。

（二）完善建议

1. “一网通办”延伸社会矛盾源头预防和排查化解触角

鉴于当前基层社会矛盾源头预防和排查化解工作中出现的权责失衡、人员意识不足、组织化程度较低等问题，结合新时代人工智能、大数据等信息技术，应在加强矛盾纠纷基层基础力量的前提下，更加注重“点阵化、系统化、集成化、多元化、数字化”的社会矛盾源头预防和排查化解“一网通办”触角。

一是通过社会矛盾源头预防小程序、App等，将触角延伸至乡村和城市社区。

二是在前端程序感知的基础上，通过平台后期人工智能研判分析，自主确定社会矛盾风险等级，形成数据平台、矛盾调解中心、专业调解组织、各级矛盾调解工作室、矛盾调解政府部门的一体化融合。同时，在一体化融合平台上，做大做强专业队伍库、专业专家库以及学习资料库和优秀案例库，形成基层联动一体化矛盾纠纷预防和化解平台，借助数字化平台实现“一网通办”的全流程矛盾感知、分流、调处、结案、反馈、评估的跟踪闭环。

三是采取线上积分等方式，适当给予贴近基层文明建设的精神与物质奖励，提升基层力量的组织化程度。真正通过情感动员、精神动员、资源动员、网络动员等方式，动员基层力量做好矛盾纠纷“事前预防”。

2. “一网统管”提升矛盾纠纷多元调解综合机制的智能化水平

在京津冀协同发展的背景下，“一网统管”主要强调两个层面的智能化

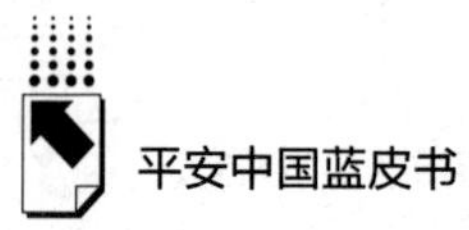

融合覆盖：一是京津冀三地矛盾纠纷多元调解的综合网络平台建设；二是京津冀三地各自矛盾纠纷多元调解的综合网络平台完善。

一方面，面对协调发展过程中涉及的矛盾纠纷或是向首都传导的矛盾纠纷，应在三地部门联动调解的基础上，充分做好顶层设计、整合资源、弥补政策缝隙，形成可视化的京津冀三地矛盾纠纷多元调解综合网络平台，做到矛盾纠纷受理登记、分析研判、流转督办、调解处理、结果反馈等全流程的协同处置，真正实现跨地域、跨部门、跨领域的矛盾纠纷精准调解。另一方面，还要注意打通“入口关、分流关、流转关、处置关、反馈关、评估关”6个关键环节，畅通“诉调对接”“公调对接”“检调对接”“访调对接”等流转路径，破除部门壁垒，以矛盾纠纷化解和人民群众满意为平台建设标尺。

无论是在京津冀三地“一网”还是在各自的“一网”，都要注重矛盾纠纷的新情况与新变化，既要“应包尽包”，覆盖新业态就业群体，也要“充分赋能”，扩大基层力量主体的覆盖范围。

3. “一网共治”不断健全重大决策社会稳定风险评估

在京津冀协同发展中，重大决策的决策主体、评估主体、评估内容、影响群体和风险传导范围等均会产生一系列变化，面对当前京津冀三地在重大决策社会稳定风险评估中的一系列问题，应在做好顶层设计和制度供给的前提下，充分发挥现代信息科技的作用，通过“一网共治”不断健全重大决策社会稳定风险评估。

“一网共治”主要强调，在技术支撑的基础上，实现重大决策社会稳定风险评估的一网监管、智慧协同、智能研判与智能反馈。同时，在现实操作中，“一网共治”更强调了京津冀三地在重大决策社会稳定风险评估上的顶层制度保障网，在顶层制度保障网的统一监管调配下，实现跨地域、跨部门、跨领域、跨群体的责任主体网络、资源共享网络、多元治理网络的融合融通，进而达成重大决策社会稳定风险评估“一网共治”的全流程协同、网格化推进、精准化评估、精细化稳控的目标。

4. “一法衔接”全面推进信访法治化建设

《信访工作条例》是指导做好新时代信访工作的纲领性文件，京津冀三地要充分认识到《信访工作条例》的颁布实施，对坚持和加强党对信访工作的全面领导、理顺信访工作体制机制，以及进一步提升信访工作规范化、法治化、制度化水平的重要意义。要基于法治政府、法治社会建设的大背景和总要求，在实践中因地制宜地做好《信访工作条例》这一法规与各地信访工作、信访法规的衔接。

第一，做好"法"与"阳光信访平台"的系统衔接。依托《信访工作条例》这一纲领性文件对信访网络平台进行全流程的系统集成，进一步明确各级党委、政府信访部门的职责、机构及人员，拓展社会力量参与信访工作的平台途径，依法依规有序推进信访信息系统互联互通。第二，做好"法"与"民众引导"的有机衔接。应然状态下的《信访工作条例》施行与民众依法依规提出合理合法诉求之间的实践是双向有机的互动生态系统，人民群众来信来访不仅有多元化诉求，亦有合理化建议，政府各级部门既要引导民众自觉形成规范化信访秩序，来信来访群众也应自觉依法依规逐级上访以反映诉求与建议，形成良性的生态互动。第三，做好"法"与"地方法规"的无缝衔接。根据新条例，结合新形势下的新情况，适时推动各自信访工作地方性法律法规的修订与完善。

参考文献

［1］任建通：《疫情防控常态化背景下矛盾纠纷转型及化解机制研究》，《河北大学学报》（哲学社会科学版）2022 年第 3 期。

［2］褚宸舸：《我国基层社会矛盾纠纷综合治理机制的地方实践及完善路径分析》，《领导科学》2022 年第 7 期。

［3］丁亚琦：《诉源治理视域下诉调衔接机制的完善》，《人民论坛》2022 年第 3 期。

［4］常军、吴春梅：《论新时代农村基层矛盾化解的共治能力建设》，《华中农业大学学报》（社会科学版）2022 年第 4 期。

［5］赵琼、徐建牛：《再组织化：社会治理与国家治理的联结与互动——基于对浙江省社区社会组织调研的思考》，《学术研究》2022 年第 3 期。

B.6
京津冀民生安全调查报告（2022）

刘瑞平　岳诗瑶*

摘　要： 民生安全事关人民群众的切身利益，是平安建设的基石。本报告从食品安全、药品安全、生态环境安全和旅游安全4个二级指标和18个三级指标，通过问卷调查、官方统计、网络检索和专家访谈等多种方法收集相关数据，分析和评估了2022年京津冀地区民生安全的整体状况和内部差异。最终计算所得，京津冀“民生安全”总得分为81.70分，处于“良好”等级。“食品安全”“药品安全”“生态环境安全”“旅游安全”的得分都在80分以上，这4项二级指标均处于“良好”等级。从京津冀地区差异来看，北京、天津和河北的“民生安全”得分分别为82.40分、82.52分、80.19分，造成这种差距的领域主要集中在食品安全宣传教育、药品案件查处、生态环境指数、旅游安全突发事件，京津冀三地民生安全不同领域的短板由此凸显。可见，未来京津冀地区在侧重补齐本地区民生安全短板的同时，更需要加强民生领域的合作，推动公共服务领域共建共享，构建京津冀民生安全优势互补的协同发展治理新格局。

关键词： 民生安全　食品安全　药品安全　生态环境安全　旅游安全

* 刘瑞平，法学博士，中国人民公安大学治安学院讲师，首都社会安全研究基地研究员；岳诗瑶，中国人民公安大学治安学院硕士研究生。

一　指标设置及评估标准

（一）指标设置

2022 年平安京津冀一级评估指标“民生安全”之下设置了 4 个二级指标，分别为食品安全、药品安全、生态环境安全和旅游安全，每项二级指标下设置 4~5 项三级指标，共 18 项。各项指标内容、权重设置如表 1 所示。

在指标得分计算中，每项指标的测量方向都为正向，根据所收集的数据计算各项指标得分，得分越高表示民生安全状况越好。值得注意的是，本报告中每项指标收集数据的方法不完全相同，具体包括官方发布的统计数据、问卷调查、网络检索三种途径，其中问卷调查为主要途径。

表 1　“民生安全”指标设置

一级指标(权重)	二级指标(权重)	三级指标(权重)
民生安全(15%)	食品安全(25%)	食品抽检样品合格率(20%)
		食品安全事故(20%)
		食品安全意识(20%)
		食品安全宣传教育(20%)
		食品安全满意度(20%)
	药品安全(25%)	药品抽检合格率(25%)
		药品案件查处(25%)
		药品安全满意度(25%)
		疫苗接种安全感知(25%)
	生态环境安全(25%)	国家地表水考核断面(20%)
		空气质量达标天数比例(20%)
		生态环境指数(20%)
		生活垃圾无害化处理率(20%)
		突发环境事件(20%)
	旅游安全(25%)	景区安全设施(25%)
		旅游服务质量(25%)
		旅游安全突发事件(25%)
		旅游安全宣传教育(25%)

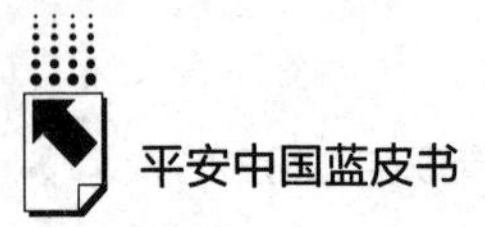

（二）设置依据及评估标准

1. 指标设置依据

“民生安全”的指标设置依据主要源于以往研究成果以及重要法律法规和政策文件。2019 年 1 月，习近平在中央政法工作会议上强调，“平安是老百姓解决温饱后的第一需求，是极重要的民生，也是最基本的发展环境”，可见民生安全事关人民群众的切身利益。随着社会发展和时代变迁，人们对民生安全的需求越来越多样化，要求也越来越高，因此民生安全的概念不断延伸。目前，民生安全的概念不仅包括吃、穿、住、用、行等基础内容，也包括生态环境安全、食品安全、旅游安全等范畴，囊括生活安全、生产安全和公共安全等多个种类①。本报告简化了指标种类，从人们日常生活需求出发，建构了民生安全的 4 个一级指标，即食品安全、药品安全、生态环境安全和旅游安全，从客观和主观两个方面反映京津冀地区民生安全状况。

民以食为天，食以安为先，食品安全是民生安全的基础和保障。本次调查对食品安全主要从企业生产、市场监管和公众参与三个视角进行三级指标设置，分别包括食品抽检样品合格率、食品安全事故、食品安全意识、食品安全宣传教育和食品安全满意度 5 项。指标设置的法律法规政策依据包括《中华人民共和国食品安全法》《中华人民共和国食品安全法实施条例》《中共中央国务院关于深化改革加强食品安全工作的意见》《国民经济和社会发展第十四个五年规划和2035 年远景目标纲要》《“十四五”国民健康规划》《食品安全标准与监测评估“十四五”规划》《北京市食品安全条例》《天津市2022 年食品安全监督管理计划》《河北省食品安全监督管理规定》等。

药品安全是民生和公共安全的基础工程，事关人民群众身体健康和生命安全。药品安全下设药品抽检合格率、药品案件查处、药品安全满意度和疫苗接种安全感知 4 个三级指标。指标设置的法律法规政策依据包括《中华

① 韩喜平、曲海龙：《习近平民生安全思想述论》，《东北师大学报》（哲学社会科学版）2016 年第 4 期。

人民共和国药品管理法》《中华人民共和国药品管理法实施条例》《药品生产监督管理办法》《中华人民共和国疫苗管理法》《关于全面加强药品监管能力建设的实施意见》《中华人民共和国国民经济和社会发展第十四个五年规划和2035年远景目标纲要》《“十四五”国家药品安全及促进高质量发展规划》，以及北京市市场监督管理局印发的《北京市全面加强药品监管能力建设的若干措施》、天津市人民政府办公厅印发的《关于全面加强药品监管能力建设实施方案》、河北省人民政府办公厅印发的《关于全面加强药品监管能力建设的若干措施》等。

生态环境安全是人类赖以生存的基本前提和条件，是人类从事生产活动、延续发展的物质基础。以往学者对生态环境安全主要从生态系统安全、自然资源安全、生物多样性安全、食物安全、基因安全和人文社会系统安全6个方面来测量①。有学者采用环境指标的PSR模型，从生态环境的压力（pressure）、状态（state）和反应（response）3个方面来评估某一区域的生态环境安全状况②。本报告对生态环境安全的测量借鉴了PSR模型，从压力（包括国家地表水考核断面）、状态（包括空气质量达标天数比例、生态环境指数）和反应（包括生活垃圾无害化处理率、突发环境事件）3个方面共5个指标来测量。指标设置的法律法规政策依据包括《中华人民共和国环境保护法》《中华人民共和国大气污染防治法》《中华人民共和国水污染防治法》《中华人民共和国固体废物污染环境防治法》《中华人民共和国森林法》《中华人民共和国生物安全法》《突发环境事件应急管理办法》《排污许可管理条例》《中共中央、国务院关于深入打好污染防治攻坚战的意见》《“十四五”生态环境保护规划》《关于加强生态保护监管工作的意见》《自然保护地生态环境监管工作暂行办法》《关于构建现代环境治理体系的指导意见》《生态环境保护综合行政执法事项指导目录》《“十四五”国家地表水监测及评价方案（试行）》等。

① 赵元杰、张振锋：《河北省生态环境安全评价研究》，《干旱区资源与环境》2012年第9期。

② 左伟、王桥、王文杰等：《区域生态安全综合评价模型分析》，《地理科学》2005年第2期。

保障旅游安全是维护民众人身、财产安全和促进旅游业健康发展的重要路径。有学者指出旅游安全风险是指旅游者在旅行游览过程中，因自然或社会、组织管理、旅游者个人不当行为等不确定因素而导致的人身或财务损失，并将旅游安全评价指标体系分为环境因素、旅客因素、设施设备因素和管理措施 4 个层次①。从内部子系统的细化指标来看，旅游安全主要有服务满意度、企业事故发生率和应激反应速度、软硬件安全系统建设状况、安全运营状况等②。本报告主要从景区安全设施、旅游服务质量、旅游安全突发事件和旅游安全宣传教育 4 个方面来评估旅游安全。指标设置的法律法规政策依据包括《中华人民共和国旅游法》《中华人民共和国消费者权益保护法》《旅游安全管理办法》《中华人民共和国突发事件应对法》《旅行社条例》《北京市旅游管理条例》《北京市旅游投诉暂行规定》《天津市旅游条例》《天津市旅游业管理办法》《天津市旅游促进条例》《河北省旅游条例》《河北省旅游业管理条例》等。

2. 评估方法

课题组对各个指标的评估主要采用了 4 种方法：一是通过网络检索，根据文字描述和相关数据进行整理并测评；二是通过收集国家统计局、国家药品监督管理局、国家市场监督管理总局及京津冀三地相关部门发布的年度官方统计数据，对相应指标进行评估；三是通过问卷调查获取样本数据，对指标进行评估；四是通过专家访谈，对指标进行评估。通过以上途径对三级指标数据进行收集和计算，然后根据各项指标所占权重，逐步计算出二级和一级指标得分，最终确定京津冀“民生安全”得分。

二　总体评估结果分析

2022 年度平安京津冀建设评估将由“食品安全”“药品安全”“生态环

① 张捷雷、周国忠：《城市旅游安全指标体系的构建及实证研究——以杭州为例》，《中国安全生产科学技术》2015 年第 10 期。

② 王丽华、俞金国：《城市旅游地旅游安全评价指标体系研究》，《安全与环境工程》2010 年第 2 期。

境安全”“旅游安全”4个二级指标构成的一级指标“民生安全”纳入指标体系，不仅体现出食品、药品、生态环境和旅游安全在当前社会环境下对于京津冀地区人民安全感的重要性，也是对安全感这一概念的进一步扩展，体现出建设更加高质量的平安京津冀的美好愿景。如表2所示，在本次评估中，“民生安全”一级指标得分为81.70分，其包含的二级指标得分由高到低分别为“食品安全”（83.68分）、“药品安全”（82.04分）、“生态环境安全”（80.74分）和“旅游安全”（80.34分）。

表2 “民生安全”各项指标得分

一级指标(得分)	二级指标(得分)	三级指标(得分)
民生安全(81.70分)	食品安全(83.68分)	食品抽检样品合格率(98.64分)
		食品安全事故(76.70分)
		食品安全意识(96.25分)
		食品安全宣传教育(70.31分)
		食品安全满意度(76.52分)
	药品安全(82.04分)	药品抽检合格率(99.69分)
		药品案件查处(96.83分)
		药品安全满意度(78.91分)
		疫苗接种安全感知(52.71分)
	生态环境安全(80.74分)	国家地表水考核断面(66.27分)
		空气质量达标天数比例(74.98分)
		生态环境指数(66.13分)
		生活垃圾无害化处理率(100分)
		突发环境事件(96.33分)
	旅游安全(80.34分)	景区安全设施(86.17分)
		旅游服务质量(79.88分)
		旅游安全突发事件(93.33分)
		旅游安全宣传教育(61.97分)

从京津冀地区民生安全内部结构来看，如图1所示，北京、天津和河北的“食品安全”得分均高于本地区的“药品安全”、“生态环境安全”和“旅游安全”得分，其中天津的“食品安全”得分最高，为84.98分，河北的“食品安全”得分最低，为81.94分。北京的4项二级指标得分均在80分以上，其中得分最高的是“食品安全”，得分最低的是“旅游安全”。在低于80

分的二级指标中，天津有 1 项，为“生态环境安全”；河北有 2 项，为“生态环境安全”和“旅游安全”。从地区协调发展角度来看，北京和天津在“食品安全”、“药品安全”和“旅游安全”3 项二级指标的得分差距较小。天津的“食品安全”、“药品安全”和“旅游安全”指标得分略高于北京，“生态环境安全”指标得分低于北京，两地在“生态环境安全”指标的得分差距最大，相差 2.43 分。相比于北京和天津，河北的 4 项二级指标都处于弱势地位。

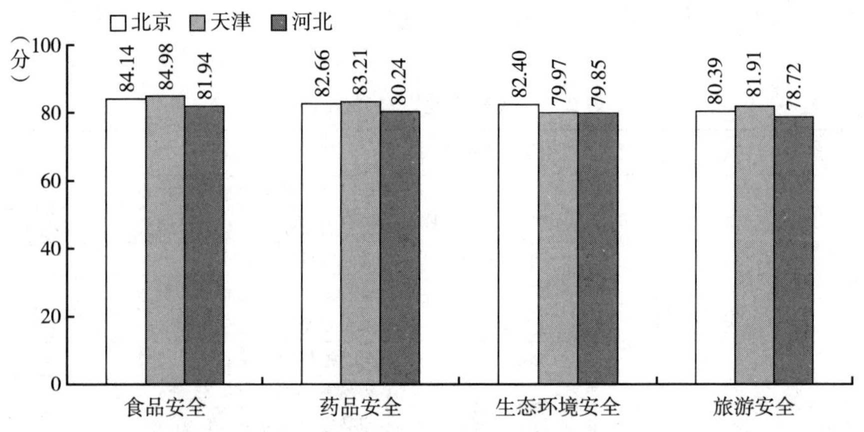

图 1　2022 年京津冀民生安全结构分布

（一）食品安全

二级指标“食品安全”有 5 个三级指标，其得分情况分别为：“食品抽检样品合格率”（98.64 分）、“食品安全事故”（76.70 分）、“食品安全意识”（96.25 分）、“食品安全宣传教育”（70.31 分）以及“食品安全满意度”（76.52 分）。从图 2 可以清晰地看出，京津冀食品抽检样品合格率保持在较高水准，其他 4 项指标中“食品安全宣传教育”指标得分最低，与其他指标得分差距较大，拉低了“食品安全”总体的指标得分。这反映出京津冀地区对食品安全知识的宣传力度不够，相关部门在继续保持高水平的食品监督抽检工作成效的同时，也应对上述 4 个方面予以重视，重点补齐食品安全宣传教育领域的短板，从而实现食品安全管理全面发展。

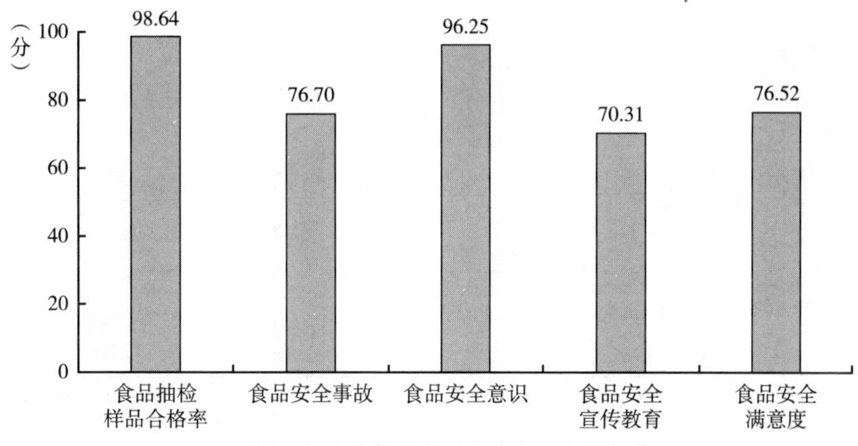

图 2　2022 年京津冀“食品安全”三级指标得分

（二）药品安全

二级指标“药品安全”有 4 个三级指标，其得分情况分别为：“药品抽检合格率”（99.69 分）、“药品案件查处”（96.83 分）、“药品安全满意度”（78.91 分）、“疫苗接种安全感知”（52.71 分）。可以看出，京津冀地区的药品安全管理保持在较高的水准，但民众对药品安全和疫苗接种安全的主观感知水平相对较低。如图 3 所示，京津冀“药品安全”的各个三级指标得分之间存在较大差距，其中“药品抽检合格率”和“药品案件查处”两项指标得分较高，可见 2021 年京津冀地区在药品抽检与药品案件查处工作中取得了良好成效；“疫苗接种安全感知”指标得分偏低，体现出京津冀居民对接种疫苗的安全感不高，这为相关部门提高京津冀居民对疫苗接种的安全感与认可度指明了新的工作方向。

（三）生态环境安全

二级指标“生态环境安全”有 5 个三级指标，其得分情况分别为：“国家地表水考核断面”（66.27 分）、“空气质量达标天数比例”（74.98 分）、“生态环境指数”（66.13 分）、“生活垃圾无害化处理率”（100 分）以及“突发环境事件”（96.33 分）。从图 4 可以看出，“生态环境安全”各三级

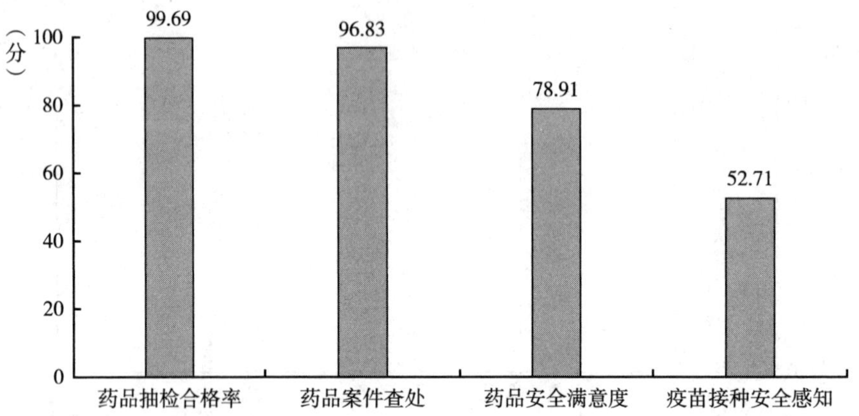

图 3　2022 年京津冀“药品安全”三级指标得分

指标的得分差异性较大，其中“生活垃圾无害化处理率”与“突发环境事件”指标得分达到了“优秀”等级，展现出京津冀地区对生活垃圾处理工作的严格落实与对突发环境事件较强的处置能力。但在其他方面存在明显的短板，如“国家地表水考核断面”“生态环境指数”指标得分偏低，远低于其所属“生态环境安全”二级指标的得分，严重拉低了“生态环境安全”指标的总体得分，可见亟须对京津冀地区水环境质量偏低的问题进行探讨，并研究如何提高京津冀居民的用水安全感。

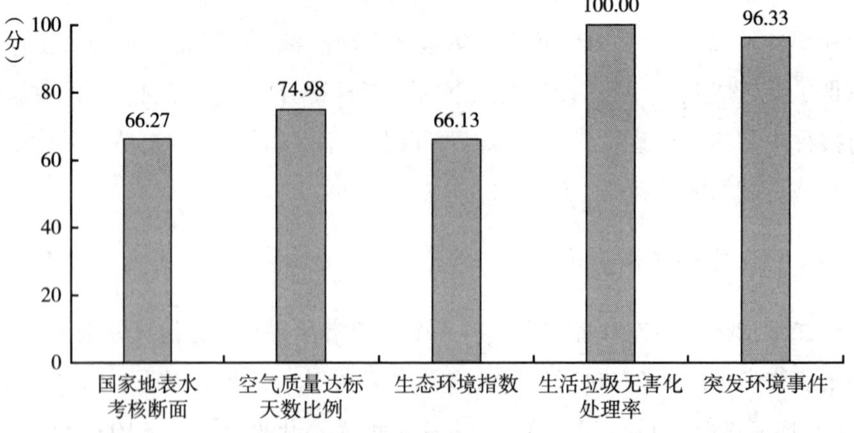

图 4　2022 年京津冀“生态环境安全”三级指标得分

（四）旅游安全

二级指标“旅游安全”有 4 个三级指标，其得分情况分别为：“景区安全设施”（86. 17 分）、“旅游服务质量”（79. 88 分）、“旅游安全突发事件”（93. 33 分）以及“旅游安全宣传教育”（61. 97 分）。从图 5 可以看出，京津冀“旅游安全”内部三级指标得分也存在较大差异，其中“旅游安全突发事件”得分最高，“旅游安全宣传教育”得分最低。总体而言，从上述得分中可以看出，京津冀旅游安全工作取得了显著成效，尤其是在完善景区安全设施以及对旅游安全突发事件的防范方面取得了良好的成绩，但旅游服务质量和旅游安全宣传教育工作仍有一定的提升空间，尤其是旅游安全宣传教育的短板亟待补齐。

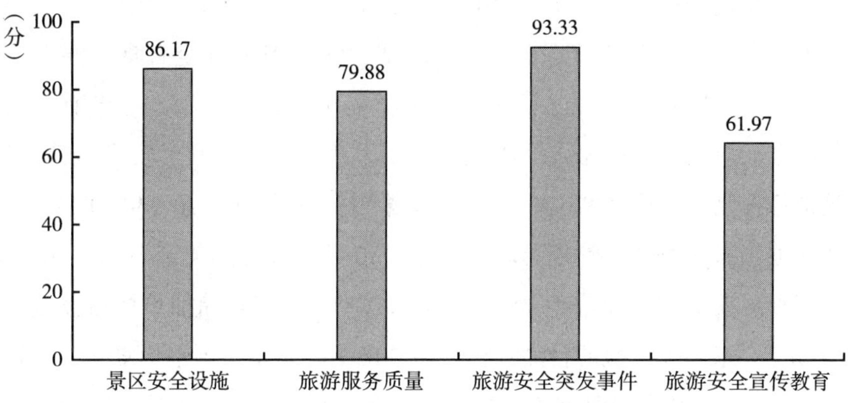

图 5　2022 年京津冀“旅游安全”三级指标得分

三　指标评估结果分析

（一）食品抽检样品合格率

本指标得分为 98. 64 分。

针对本项指标，课题组采用统计数据赋分方式确定得分。具体赋分方式为：北京市/天津市/河北省2021年度食品抽检样品合格率×100。满分为100分，食品抽检样品合格率越高，得分越高。

课题组在北京市市场监督管理局网站检索到《北京市市场监督管理局消费者权益保护状况报告》[①]。数据显示，2021年北京市共抽检监测34大类食品样本，合格率达98.52%，食品抽检样品合格率保持在较高的水准，食品安全城市建设取得优秀成果。本项指标中，北京市得分为98.52分。

课题组在天津市市场监督管理委员会网站检索到天津市市场监督管理委员会2021年第1~41期食品安全监督抽检信息[②]。通过计算2021年41期抽检合格率的平均值可得，天津市食品抽检样品合格率达99.33%。针对抽检不合格的情况，天津市市场监督管理委员会已要求对应区市场监督管理局和执法部门及时对相关生产经营者依法查处，并将有关情况记入食品生产经营者食品安全信用记录。本项指标中，天津市得分为99.33分。

课题组在河北省市场监督管理局网站检索到报道《全省食安办主任暨全省食品安全监管工作会议召开》[③]。数据显示，2021年河北省各级市场监管部门全面落实"四个最严"的要求，统筹疫情防控和食品安全监管工作，食品抽检样品合格率达98.06%。本项指标中，河北省得分为98.06分。

根据国家市场监督管理总局发布的《市场监管总局关于2021年市场监管部门食品安全监督抽检情况的通告》，2021年我国食品抽检样品合格率为97.31%[④]。京津冀三地的食品抽检样品合格率均高于全国平均水平，都处于"优秀"等级，其中天津市的合格率最高。由此可见，京津冀三地做到了严把食品合格关，对食品安全风险的严格控制取得了优异成绩。

---

① 《北京市市场监督管理局消费者权益保护状况报告》，http：//scjgj. beijing. gov. cn/zwxx/scjgdt/202203/t20220314_ 2629680. html，2022年3月14日。

② 天津市市场监督管理委员会2021年第1~41期食品安全监督抽检信息，https：//scjg. tj. gov. cn/tjsscjdglwyh_ 52651/xwdt/gs/spcjxx/cjgg/index. html，2021年1月11日至12月31日。

③ 《全省食安办主任暨全省食品安全监管工作会议召开》，http：//scjg. hebei. gov. cn/info/79114，2022年1月24日。

④ 《市场监管总局关于2021年市场监管部门食品安全监督抽检情况的通告》，https：//www. samr. gov. cn/samrgkml/nsjg/spcjs/202205/t20220506_ 344700. html，2022年5月6日。

（二）食品安全事故

本指标得分为76.70分。

针对本项指标，课题组通过问卷调查和网络检索两种方式获得数据，并最终确定得分。

问卷调查数据从遭遇食品安全问题这一变量（问题为“您在现居住地遇到过食品安全问题吗”）获得，变量类型为是/否二分类变量，选项“是”赋值为0分，选项“否”赋值为100分。根据该变量分布结果测算得分，具体见表3。问卷调查数据显示，京津冀地区约有29%的民众曾遭遇过食品安全问题，京津冀地区“食品安全事故”指标的问卷调查部分得分为71.17分，其中北京市得分为72.00分，天津市得分为71.38分，河北省得分为70.13分。通过问卷调查结果可以看出，三地民众对本地食品安全事故发生情况的总体感受良好，但该指标得分总体还有很大的提升空间。

表3　京津冀地区“食品安全事故”指标问卷调查得分

相关变量	类别	评分	比例(%)	指标得分(分)
是否遭遇食品安全问题	是	0	28.83	71.17
	否	100	71.17	

针对本项指标，课题组也进行了网络检索，通过新闻报道，获得2021~2022年北京、天津、河北食品安全事故情况，并以此确定本项指标网络检索部分得分。

根据网络检索发现，北京市通报多起食品安全事件。北京市市场监督管理局发布的《全市餐饮业大检查情况通报》显示，2021年8月30日至12月13日，北京地区华莱士餐厅因安全问题共计被通报24次。2022年2月28日，北京市朝阳区和丰台区市场监督管理局通报了37项餐饮业食品安全问题，其中庆丰包子铺、紫光园、东来顺等餐厅被点名。2022年6月，北京市丰台区的一家蜜雪冰城门店被检查发现，其使用的冷冻荔枝汁已开盖并超过 2 天保质期。2022 年 7 月 20 日，北京必胜客和谐广场店和魏公村店后厨被曝存在篡改有效期标签、使用过期食材、长期不更换烹炸用油等严重食品安全问题。作为餐饮企业密度较高的地区，北京市多次出现食品安全问题，对本地居民的用餐安全感产生了一定的负面影响。综合评定，北京市本项指标得分 85 分。

根据网络检索发现，天津市通报多起食品安全事件。2022 年 2 月 6 日，河西区市场监督管理局对某餐饮管理有限公司进行检查发现，其部分进口冷链食品未注册录入天津市冷链食品追溯平台，且存在各功能间混乱等问题。2022 年 3 月 5 日，有网友曝光为天津市多所学校提供配餐服务的天津欣程达营养配餐公司存在加工环境脏乱、餐具清洗不彻底等问题。2022 年 3 月 14 日，天津市滨海新区鹿鸣华德福幼儿园有限责任公司因未按要求对食品进行留样而受到行政处罚。2022 年 3 月 29 日，天津麦田餐饮服务有限公司滨海新区分公司被曝使用超过保质期的原料生产食品。2022 年 4 月 27 日，天津市滨海新区川香辣饭店因在未取得冷食类食品制售资质的情况下从事冷荤菜制售，并未按要求在网络餐饮服务第三方平台公示其食品经营许可证而受到行政处罚。综合评定，天津市本项指标得分 85 分。

根据网络检索发现，河北省通报多起食品安全事件。2021 年 3 月 15 日，中央广播电视总台在“3・15”晚会上曝光号称“养羊大县”的河北省青县的养羊产业中存在使用瘦肉精的问题。2022 年 6 月，河北省市场监督管理局公布第四批全省民生领域“铁拳”行动的典型案例，包括石家庄市桥西区八天超市经营超过保质期食品案、河北慧厨餐饮服务有限公司使用不合格餐具案等。综合评定，河北省本项指标得分 85 分。

通过网络检索和问卷调查数据综合计算，京津冀“食品安全事故”指标总体得分为 76.70 分，其中北京市 77.20 分，天津市 76.83 分，河北省 76.08 分。

（三）食品安全意识

本指标得分为 96.25 分。

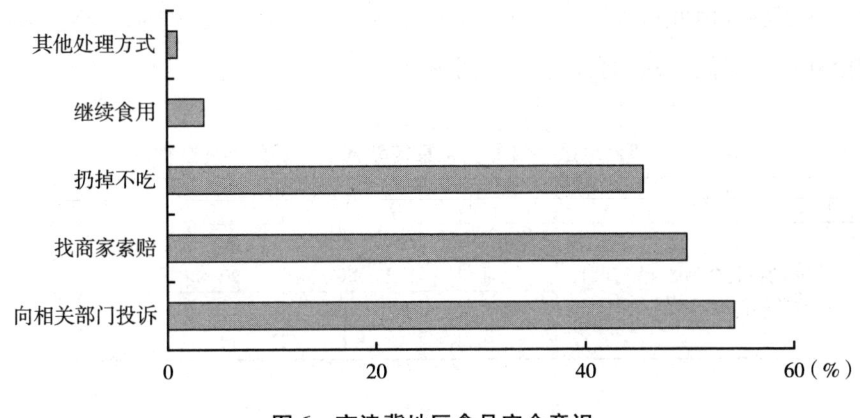

图 6　京津冀地区食品安全意识

问卷调查结果显示，当购买到有问题的食品时，大部分京津冀居民会选择“向相关部门投诉”“找商家索赔”及“扔掉不吃”等相对安全的做法，仅有少数居民选择“继续食用”（见图6），说明大部分京津冀居民具备较强的食品安全意识。关于食品安全投诉的问卷调查数据显示，有过半的居民表示会选择向相关部门投诉，说明一定比例的京津冀居民已经形成了较强的食品安全维权意识，相关部门应当通过加强宣传食品安全相关法律法规、畅通投诉渠道等多种方式，进一步鼓励更多的居民通过合法方式维护自身食品安全权益。综合计算，京津冀地区居民“食品安全意识”的整体得分为96.25分。

（四）食品安全宣传教育

本指标得分为70.31分。

针对本项指标，课题组通过问卷调查的方式获得数据并最终确定得分。调查数据从问卷中消费者对所购买的包装食品的生产日期、保质期等信息的关注情况这一变量（问题为“您购买包装食品时，是否会关注生产日期、保质期等信息”）获得，变量类型为四分类变量，选项“每次都会”赋值100分，选项“经常会”赋值50分，选项“偶尔会”赋值0分，选项“完全不会”赋值0分。根据该变量的分布结果测算得分，具体见表4。在京津冀地区，仍有19.38%的民众对所购买的包装食品的生产日期、保质期等信息关注不够。由此可以看出，还应进一步加强食品安全宣传教育，普及食品安全知识，提高民众的食品安全关注程度。

表 4　京津冀地区“食品安全宣传教育”指标问卷调查得分

相关变量	类别	评分(分)	比例(%)	指标得分(分)
对所购买的包装食品的生产日期、保质期等信息的关注情况	每次都会	100	60.00	70.31
	经常会	50	20.62	
	偶尔会	0	13.75	
	完全不会	0	5.63	

比较京津冀三地的内部差异，从图 7 可以看出，天津市居民每次购买包装食品时每次都会关注生产日期、保质期等信息的占比最高，为 64.8%，其次是北京市居民，比例为 60.38%，河北省居民每次都会关注的占比最低，为 54.88%。数据显示，京津冀地区仍有 5%及以上的居民在购买包装食品时完全不会看生产日期、保质期等信息，具体比例分别为北京市 5.63%、天津市 6.3%、河北省 5%。整体而言，河北省居民的食品安全意识相对较为薄弱，需要进一步加大食品安全宣传教育力度。

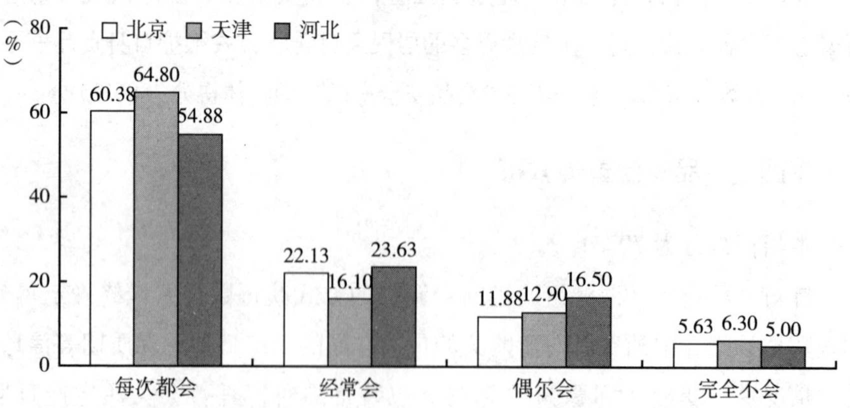

图 7　京津冀三地对所购买的包装食品的生产日期、保质期等信息的关注情况

（五）食品安全满意度

本指标得分为 76.52 分。

针对本项指标，课题组通过问卷调查的方式获得数据并最终确定得分。调查数据从问卷中受访者的食品安全感知状况这一变量（问题为“您觉得现居住地的食品安全程度如何”）获得，变量类型为六分类变量，选项“很安全”赋值100分，选项“比较安全”赋值75分，选项“一般”赋值50分，选项“不太安全”赋值25分，选项“很不安全”赋值0分，选项“不好说”赋值0分。通过计算，在本项指标中，京津冀总体得分为76.52分，其中北京市得分为76.93分，天津市得分为79.42分，二者均高于京津冀总体得分；河北省得分为73.22分，低于京津冀总体得分。

由问卷调查可知，天津市居民的食品安全满意度最高，其认为当地食品安全的比例（认为“很安全”和“比较安全”的比例之和）为79.0%，北京市居民的此比例为76.0%，而河北省居民的此比例最低，为70.8%，与天津相差约8个百分点。在对食品感到不安全的选项情况中，河北省居民所占的比例最高，为5.8%；其次为北京市，为4.6%；最低的为天津市，为2.3%。

总体而言，京津冀地区多数居民认为本地食品属于“比较安全”及以上的水平，对现居住地食品安全的满意度较高，其中天津市居民的满意度最高，对本地食品安全不满意的比例最低，北京市次之，而河北省得分最低，还有较大的进步空间。

（六）药品抽检合格率

本指标得分为99.69分。

针对本项指标，课题组采用统计数据赋分的方式确定得分。具体赋分方式为：北京市/天津市/河北省2021年度药品抽检合格率×100。满分为100分。药品抽检合格率越高，得分越高。

课题组在北京市药品监督管理局网站检索到《北京重点食品抽检合格率98.69%，药品抽检合格率达99.8%》[①]。报道显示，2021年北京市全市药品抽检合格率达99.8%，未发生区域性、系统性药品安全风险。北京市

① 《北京重点食品抽检合格率98.69%，药品抽检合格率达99.8%》，http://yjj.beijing.gov.cn/yjj/zwgk20/mtjj16/10998577/index.html，2021年5月28日。

贯彻“四个最严”要求，严守安全底线，药品安全形势总体稳定向好。本项指标中，北京市得分为99.80分。

课题组在天津市药品监督管理局网站检索到《天津市药品监督管理统计年度报告(2021年)》①。结果显示，2021年天津市地方药品共抽检1454批次，药品抽检合格率达99.35%。本项指标中，天津市得分为99.35分。

河北省缺少2021年数据，课题组在河北省药品监督管理局网站检索到《河北省药品监督管理统计年度报告(2020年)》②。结果显示，2020年河北省共检验药品1216批次，不合格1批次，合格率为99.92%。本项指标中，河北省得分为99.92分。

药品安全事关居民生命健康，向来受到全国人民的高度关注，我国对药品抽检合格率也有着较高的要求。京津冀三地的药品抽检合格率均较高，居民的用药安全得到了可靠的保障。

（七）药品案件查处

本指标得分为96.83分。

针对本项指标，课题组采用统计数据赋分方式确定得分。具体赋分方式为，根据北京市/天津市/河北省年度药品案件查处数量确定得分，满分为100分。药品案件查处数量越少，得分越高。由于河北并未完全公布2021年度关于药品案件查处的数据，因此，为了使京津冀三地具有可比性，这里采用2020年度数据。

课题组在北京市药品监督管理局网站检索到《北京市药品监督管理2020年统计报告》③。如表5所示，北京市全市各级监管机构共检查药品生

① 《天津市药品监督管理统计年度报告(2021年)》，http://scjg.tj.gov.cn/tjsscjdglwyh_52651/tjyj/ZWGK149660/ZFXXGK149668/fdzdgknryjj/TJXX149668/202204/t20220428_5869625.html，2022年4月28日。

② 《河北省药品监督管理统计年度报告(2020年)》，http://yjj.hebei.gov.cn/directory/web/hbpda/xxgk/tjxx/20210518601613649.html，2021年5月18日。

③ 《北京市药品监督管理2020年统计报告》，http://yjj.beijing.gov.cn/yjj/zfxxgkzl17/fdzdgknr80/tjxx74/nb83/325752214/index.html，2021年3月23日。

产企业 1078 家次，发现违法违规生产企业 8 家次；检查零售企业 37926 家次，发现违法违规的零售企业 199 家次；检查批发企业 411 家次，发现违法违规的批发企业 94 家次。通过计算可得，北京市 2020 年无违法违规企业占比为 99.24%。本项指标中，北京市得分为 99.24 分。

课题组在天津市药品监督管理局网站检索到《天津市药品监督管理统计年度报告(2020 年)》①。数据显示，2020 年天津市共检查药品企业 104688 家次，其中查处违法违规的药品生产企业 24 家次，违法违规的经营企业 898 家次。通过计算可得，天津市 2020 年无违法违规企业占比为 99.12%。本项指标中，天津市得分为 99.12 分。

课题组在河北省药品监督管理局检索到《河北省药品监督管理统计年度报告(2020 年)》②。数据显示，2020 年河北省共检查药品企业 93743 家次，其中查处违法违规的药品生产企业 184 家次，违法违规的经营企业 7203 家次。通过计算可得，河北省 2020 年无违法违规企业占比为 92.12%。本项指标中，河北省得分为 92.12 分。

表 5　2020 年京津冀三地药品日常监管情况

单位：家次，%

药品企业		北京		天津		河北	
		总数	违法违规数量	总数	违法违规数量	总数	违法违规数量
生产企业		1078	8	597	24	1044	184
经营企业	批发企业	411	94	515	61	887	302
	零售企业	37926	199	103576	837	91812	6901
合计		39415	301	104688	922	93743	7387
无违法违规占比		99.24		99.12		92.12	

资料来源：根据北京、天津、河北药品监督管理局公布的 2020 年药品监督管理统计报告中的数据整理所得。

① 《天津市药品监督管理统计年度报告（2020 年）》，https：//scjg. tj. gov. cn/tjsscjdglwyh_52651/tjyj/ZWGK149660/ZFXXGK149668/fdzdgknryjj/TJXX149668/，2021 年 5 月 6 日。

② 《河北省药品监督管理统计年度报告（2020 年）》，http：//yjj. hebei. gov. cn/directory/web/hbpda/xxgk/tjxx/20210518601613649. html，2021 年 5 月 18 日。

（八）药品安全满意度

本指标得分为78.91分。

针对本项指标，课题组通过问卷调查的方式获得数据并最终确定得分。调查数据从问卷中受访者对药品安全的感知状况这一变量（问题为“您觉得现居住地的药品安全程度如何”）获得，变量类型为六分类变量，选项“很安全”赋值100分，选项“比较安全”赋值75分，选项“一般”赋值50分，选项“不太安全”赋值25分，选项“很不安全”赋值0分，选项“不好说”赋值0分。从表6可知，京津冀地区大多数居民的药品安全感知状况较好，满意度较高，认为“很安全”和“比较安全”的比例为78.96%；认为药品“不太安全”和“很不安全”的比例相对较低，为2.64%；此外，18.41%的居民的药品安全感知度一般。根据数据计算所得，京津冀药品安全满意度总体得分为78.91分。

表6　京津冀地区“药品安全满意度”指标问卷调查得分

相关变量	类别	评分(分)	比例(%)	指标得分(分)
药品安全感知状况	很安全	100	39.94	78.91
	比较安全	75	39.02	
	一般	50	18.41	
	不太安全	25	1.98	
	很不安全	0	0.66	
	不好说	0	0	

由问卷调查可知，认为药品“很安全”的比例最高的是北京市，占比为44.4%；其次为天津市，占比为42.8%；河北省最低，占比为32.7%，与天津市相差10.1个百分点。但在“比较安全”的选项中，河北省的比例最高，其次是天津市，最低是北京市。综合来看，北京市和天津市居民认为药品“很安全”和“比较安全”的比例相对较高，分别为81.3%和80.5%，而河北省居民认为药品“很安全”和“比较安全”的比例略低，为79.0%；

北京市、天津市和河北省居民认为药品“不太安全”和“很不安全”的比例分别为1.8%、2.5%和3.5%。

在本项得分中，北京市得分为80.93分，天津市得分为80.00分，河北省得分为75.81分。总体而言，京津冀三地居民的药品安全满意度较高，但都有较大的提升空间。从横向对比来看，相较于北京市和天津市，河北省本项得分略低，其本地居民药品安全满意度还有待提高。药品安全事关群众用药期盼，京津冀地区都应坚定守住药品安全底线、追求药品安全高质量发展高线，进一步提升人民群众的药品安全满意度。

（九）疫苗接种安全感知

本指标得分为52.71分。

针对本项指标，课题组通过问卷调查的方式获得数据并最终确定得分。问卷调查数据从问卷中受访者的疫苗接种安全感知状况这一变量（问题为“接种疫苗时，您是否担心疫苗有不良反应”）获得，变量类型为六分类变量，选项“很担心”赋值0分，选项“担心”赋值为25分，选项“一般”赋值50分，选项“不太担心”赋值75分，选项“完全不担心”赋值100分，选项“不好说”赋值0分。根据该变量的分布结果测算得分，具体见表7。

表7　京津冀地区“疫苗接种安全感知”指标问卷调查得分

相关变量	类别	评分(分)	比例(%)	指标得分(分)
疫苗接种安全感知状况	很担心	0	16.21	52.71
	担心	25	19.80	
	一般	50	21.20	
	不太担心	75	22.56	
	完全不担心	100	20.24	
	不好说	0	0	

在本项得分中，北京市得分为50.66分，天津市得分为54.37分，河北省得分为53.09分。相比于“药品安全”中的其他3个三级指标得分，本

项指标的得分最低，说明京津冀地区人民对接种疫苗的安全感总体不高。从横向对比来看，天津市居民的“疫苗接种安全感知”得分最高，河北省次之，最后是北京市，但三地得分总体差别不大。目前我国的疫苗接种工作稳步推进，但是从调查中可以看出，打不打疫苗仍然困扰着很多人。因此，京津冀地区在今后推进疫苗接种工作的同时，也应多措并举提升人民群众对疫苗接种的认可度与安全感。

（十）国家地表水考核断面

本指标得分为 66. 27 分。

国家地表水考核断面是用于水环境质量评估的一项重要指标。据《人民日报》报道，2022 年上半年，北京市 37 个国家地表水考核断面中，Ⅰ~Ⅲ类的水质断面有 26 个，占 70. 3%，同比增加 16. 2 个百分点，无劣Ⅴ类水质断面[①]，说明北京市水生态质量总体良好，并持续改善。本项指标中，北京市得分 70. 3 分。

课题组在天津市生态环境局网站检索到《2022 年 6 月天津市及各区地表水环境质量状况及经济奖惩情况》[②]。统计数据显示，2022 年 1~6 月，在 36 个国家地表水考核断面中，Ⅰ~Ⅲ类的水质断面有 21 个，占 58. 3%；劣Ⅴ类水质断面 1 个，占 2. 8%。本项指标中，天津市得分 58. 3 分。

课题组在河北省生态环境厅网站检索到 2022 年 1~6 月的《河北省水质状况报告》[③]。通过计算可得，2022 年上半年，河北省国家地表水考核断面中Ⅲ类（优良）及以上的水质断面比例为 70. 2%，无劣Ⅴ类水质断面。本项指标中，河北省得分为 70. 2 分，与北京市得分极为接近。

水是生命之源，水量和水质直接关乎城市运转和居民生活。根据水

① 《北京市水生态环境质量持续改善》，http：//bj. people. com. cn/n2/2022/0824/c82840 - 40093875. html，2022 年 8 月 24 日。

② 《2022 年 6 月天津市及各区地表水环境质量状况及经济奖惩情况》，https：//sthj. tj. gov. cn/YWGZ7406/HJGL7886/SHJGL6302/202208/t20220803_ 5949884. html，2022 年 8 月 3 日。

③ http：//hbepb. hebei. gov. cn/hbhjt/zwgk/fdzdgknr/zdlyxxgk/sthjjc/hjzlzk/.

利部发布的2020年度《中国水资源公报》，2020年我国人均综合用水量为412立方米，远低于国际公认的人均500立方米的“极度缺水标准”。京津冀三地的人均水资源量均远低于全国平均水平，分别位列全国倒数第二、倒数第一和倒数第四。由于降水不均、水污染严重、工农业用水量巨大，加之人口密度大，京津冀城市化发展用水需求与水资源供给之间的矛盾凸显，对当地居民的生态环境安全感产生极大影响。对此，京津冀应当采取措施，加强水资源保护，推进水环境质量治理，多管齐下持续打好碧水保卫战，开源节流，提高人均水资源量，满足居民的用水需求，提升居民的用水安全感。

（十一）空气质量达标天数比例

本指标得分为74.98分。

针对本项指标，课题组采用统计数据赋分方式确定得分。具体赋分方式为，根据北京市/天津市/河北省2021年空气质量达标天数比例×100确定得分，满分为100分。全年空气质量达标天数越多，得分越高。

课题组在北京市生态环境局网站检索到《2021年北京市生态环境状况公报》[①]。结果显示，2021年北京市空气质量达标（优和良）天数为288天，同比增加12天，占比为78.90%；空气重污染天数为8天，同比减少2天，发生率为2.2%。本项指标中，北京市得分为78.90分。

课题组在天津市生态环境局网站检索到《2021年天津市生态环境状况公报》[②]。结果显示，2021年天津市全市PM2.5年均浓度为39微克/立方米，首次进入“30后”；空气质量达标天数比例达到72.33%，首次超过七成。上述数据说明，天津市的空气污染治理取得良好成效。本项指标中，天津市得分为72.33分。

① 《2021年北京市生态环境状况公报》，http：//sthjj.beijing.gov.cn/bjhrb/index/xxgk69/sthjlyzwg/1718880/1718881/1718882/325831146/index.html，2022年5月11日。

② 《2021年天津市生态环境状况公报》，https：//sthj.tj.gov.cn/YWGZ7406/HJZL9827/HJZKGB866/TJSLNHJZKGB6653/202206/t20220606_5896951.html，2022年6月6日。

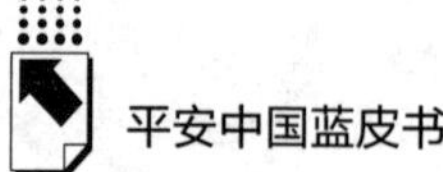

课题组在河北省人民政府网站检索到《〈2021年河北省生态环境状况公报〉发布》①。结果显示，2021年全年河北省空气质量达标天数269天，比2020年增加15天，达标天数比例达到73.70%。本项指标中，河北省得分为73.70分。

根据生态环境部发布的《2021中国生态环境状况公报》，2021年全国339个地级及以上城市平均空气质量达标天数比例为87.5%②，相比之下，京津冀三地均未达到全国平均水平。作为城市化水平和工业化水平较高的三个地区，京津冀三地的空气质量达标天数比例与全国平均水平相比仍有一定差距，可见三地均面临较大的空气污染治理压力。从横向比较来看，北京市本项指标得分最高，天津市与河北省略低，但总体而言，京津冀三地均需要进一步改善空气质量。

（十二）生态环境指数

本指标得分为66.13分。

针对本项指标，课题组采用统计数据赋分方式确定得分。具体赋分方式为，根据北京市/天津市/河北省2021年度生态环境指数×100%确定得分，满分为100分。生态环境指数越高，得分越高。

课题组在北京市生态环境局网站检索到《2021年北京市生态环境状况公报》③。结果显示，2021年北京市生态环境指数为70.80，生态系统质量和稳定性持续提高。首都功能核心区的生态环境指数比上年提高2.9%，中心城区的生态环境指数比上年提高2.6%，平原区的生态环境指数比上年提高2.4%，生态涵养区的生态环境指数比上年提高1.1%。本项指标中，北京市得分为70.80分。

---

① 《〈2021年河北省生态环境状况公报〉发布》，http://www.hebei.gov.cn/hebei/14462058/14471802/14471750/15384752/index.html，2022年6月1日。

② 《〈2021中国生态环境状况公报〉今天发布》，https://www.mee.gov.cn/ywdt/xwfb/202205/t20220526_983540.shtml，2022年5月26日。

③ 《2021年北京市生态环境状况公报》，http://sthjj.beijing.gov.cn/bjhrb/index/xxgk69/sthjlyzwg/1718880/1718881/1718882/325831146/index.html，2022年5月11日。

课题组在天津市生态环境局网站检索到《2021 年天津市生态环境状况公报》①。结果显示，2021 年天津市生态环境指数为 70.23。本项指标中，天津市得分为 70.23 分。

课题组在河北省人民政府网站检索到报道《〈2021 年河北省生态环境状况公报〉发布》②。结果显示，2021 年河北省生态环境指数为 57.35，生态质量连续两年为“良”。本项指标中，河北省得分为 57.35 分。

生态环境指数是反映被评价区域生态环境治理状况的多个指数的综合，其计算方式为：生态环境指数=0.35×生物丰度指数+0.25×植被覆盖指数+0.15×水网密度指数+0.15×（100-土地胁迫指数）+0.1×（100-污染负荷指数）+环境限制指数。根据生态环境指数计分标准，北京市、天津市生态环境指数等级属于“良”，表明北京市和天津市植被覆盖率较高，生态系统较稳定；河北省得分偏低，属于“一般”等级，说明河北省植被覆盖率较低，拉低了京津冀本项指标总体得分。因此，北京市、天津市仍需继续紧抓生态环境治理，河北省在提升本地生态环境质量方面还需要采取更强力有效的措施。

（十三）生活垃圾无害化处理率

本指标得分为 100 分。

针对本项指标，课题组采用统计数据赋分方式确定得分。具体赋分方式为，根据北京市/天津市/河北省 2021 年生活垃圾无害化处理率×100 确定得分，满分为 100 分。生活垃圾无害化处理率越高，得分越高。

课题组在北京市生态环境局网站检索到《北京市生态环境局关于发布北京市 2021 年固体废物污染环境防治信息的通告》③。结果显示，2021 年，北京市生活垃圾清运量为 784.22 万吨，无害化处理量 784.22 万吨，日均

---

① 《2021 年天津市生态环境状况公报》，https：//sthj.tj.gov.cn/YWGZ7406/HJZL9827/HJZKGB866/TJSLNHJZKGB6653/202206/t20220606_5896951.html，2022 年 6 月 6 日。

② 《〈2021 年河北省生态环境状况公报〉发布》，http：//www.hebei.gov.cn/hebei/14462058/14471802/14471750/15384752/index.html，2022 年 6 月 1 日。

③ 《北京市生态环境局关于发布北京市 2021 年固体废物污染环境防治信息的通告》，http：//sthjj.beijing.gov.cn/bjhrb/index/xxgk69/sthjlyzwg/wrygl/325887098/index.html，2022 年 8 月 1 日。

2.15 万吨，全市、城六区及郊区生活垃圾无害化处理率均为 100%。本项指标中，北京市得分为 100 分。

课题组在天津市生态环境局网站检索到《2021 年天津市固体废物污染防治公告》[①]。结果显示，2021 年，天津市在国内率先实现原生生活垃圾“零填埋”，全年生活垃圾产生量为 460 万吨，全部实现无害化处理，无害化处理率 100%。本项指标中，天津市得分为 100 分。

河北省缺少 2021 年数据，根据《中国统计年鉴(2021)》的结果，河北省 2020 年生活垃圾无害化处理率为 100%[②]。本项指标中，河北省得分为 100 分。

根据生态环境部发布的《2021 中国生态环境状况公报》，截至 2021 年底，全国城市垃圾无害化处理能力为 99.49 万吨/日，生活垃圾无害化处理率为 99.9%[③]。由此可见，京津冀三地的生活垃圾无害化处理率略高于全国平均水平。

（十四）突发环境事件

本指标得分为 96.33 分。

针对本项指标，课题组采用统计数据赋分方式确定得分。具体赋分方式为，根据北京市/天津市/河北省年度突发环境事件次数确定得分，满分为 100 分。突发环境事件次数越少，得分越高。

截至当前，各省市 2022 年的统计年鉴尚未公布，因此只能采用 2020 年数据。根据《北京统计年鉴(2021)》，2020 年北京市突发环境事件次数为 8 次，且均属于一般环境事件。本项指标中，北京市得分为 92 分。

根据《天津统计年鉴(2021)》,2020 年天津市突发环境事件次数为 1 次，且属于一般环境事件。本项指标中，天津市得分为 99 分。

---

① 《2021 年天津市固体废物污染防治公告》，https：//sthj.tj.gov.cn/YWGZ7406/HJGL7886/GTFWGL6110/202206/t20220602_5895029.html，2022 年 6 月 1 日。

② 《中国统计年鉴(2021)》，http：//www.stats.gov.cn/tjsj/ndsj/2021/indexch.htm，2021 年 9 月。

③ 《2021 中国生态环境状况公报》，http：//www.gov.cn/xinwen/2022-05/28/content_5692799.htm，2022 年 5 月 28 日。

根据《河北统计年鉴(2021)》，2020 年河北省突发环境事件次数为 2 次，且均属于一般环境事件。本项指标中，河北省得分为 98 分。

《中国统计年鉴(2021)》数据显示，2020 年全国共发生突发环境事件 208 次，其中无特别重大环境事件，重大环境事件 2 次，较大环境事件 8 次，一般环境事件 198 次[①]。从横向比较来看，北京市的突发环境事件次数偏多，在今后的治理工作中要注重提升本地对突发环境事件的预防与处置能力。

（十五）景区安全设施

本指标得分为 86. 17 分。

针对本项指标，课题组通过问卷调查的方式获得数据并最终确定得分。调查数据从问卷中受访者的景区安全设施感知状况这一变量（问题为“当地景区游览区是否设有明显的安全警示标识”）获得，变量类型为二分类变量，选项“是”赋值 100 分，选项“否”赋值 0 分。根据该变量的分布结果测算得分，具体见表 8。

表 8　京津冀地区“景区安全设施”指标问卷调查得分

相关变量	类别	评分(分)	比例(%)	指标得分(分)
景区安全设施感知状况	是	100	86. 17	86. 17
	否	0	13. 83	

在本项指标中，北京市得分为 87. 60 分，天津市得分为 85. 98 分，河北省得分为 84. 94 分。可以看出，三个地区在景区安全设施保障工作中取得一定的成效，但有待进一步完善。景区安全设施是旅游安全的重要硬件保障，完备的安全设施可以有效预防景区各类安全事故的发生。京津冀三地都应进一步强化安全底线和红线意识，扎实做好景区安全设施的各项相关工作，确保广大游客的游览安全。

① 《中国统计年鉴（2021）》，http：//www. stats. gov. cn/tjsj/ndsj/2021/indexch. htm，2021 年 9 月。

（十六）旅游服务质量

本指标得分为79.88分。

针对本项指标，课题组采用网络检索数据和问卷调查数据赋分方式确定得分。其中网络检索部分的具体赋分方式为，根据北京市/天津市/河北省2021年度旅游服务质量投诉件数确定得分，满分为100分。旅游服务质量投诉件数越少，得分越高。

课题组在北京市文化和旅游局网站检索到2021年第一至第四季度北京地区旅游服务质量投诉工作情况，经计算可知，2021年，北京市文化和旅游局共接收各类投诉举报6688件。据此，北京市本项指标的网络检索部分赋值85分。

天津市缺少2021年数据，课题组在天津市文化和旅游局网站检索到《2020年度旅行社服务质量信息公示》①。结果显示，2020年，天津市文化市场行政执法总队共受理旅游投诉3074件。据此，天津市本项指标的网络检索部分赋值90分。

课题组在河北省文化和旅游厅网站检索到《河北省文化和旅游厅2021年法治建设工作情况》②。结果显示，河北省2021年全年各级共受理处置旅游投诉471起，实现100%办结。据此，河北省本项指标的网络检索部分赋值95分。

从网络检索数据可以看出，天津市、河北省的旅游服务质量投诉件数较少，本项得分较高；北京市的旅游服务质量投诉件数较多，本项指标的网络检索部分得分偏低，从而拉低了本地区的旅游服务质量得分。

针对本项指标，课题组同时也开展了问卷调查，共设置导游私自拉客和旅游服务满意度两个方面的问题，且分别设置了3个选项类别和5个选项类

---

① 《2020年度旅行社服务质量信息公示》，http：//whly. tj. gov. cn/WSBSYZXBS4230/ZXBS9097/CXGS1830/202101/t20210112_ 5319717. html，2021年1月12日。

② 《河北省文化和旅游厅2021年法治建设工作情况》，https：//www. hebeitour. gov. cn/c/2022-01-14/562589. html，2022年1月14日。

别，根据选项类别最后的数值测算得分（见表 9）。结果显示，在导游私自拉客行为方面，京津冀得分 66.18 分，远低于旅游服务满意度得分（79.98 分），最终京津冀“旅游服务质量”问卷调查部分得分为 73.08 分。

表 9　京津冀地区总体“旅游服务质量”问卷调查得分

问题	选项	评分（分）	比例（%）	指标得分（分）	总得分（分）
您最近一年在旅游景点附近见到过导游私自拉客行为吗	经常见到	0	21.95	66.18	73.08
	偶尔见到	50	23.76		
	未见到	100	54.30		
您对当地的旅游服务是否满意	很满意	100	44.34	79.98	
	比较满意	75	33.94		
	一般	50	19.23		
	不太满意	25	2.26		
	很不满意	0	0.23		

比较京津冀区域的内部差异，如表 10 所示，在导游私自拉客行为方面，北京市得分最低，为 55.36 分，河北省和天津市的得分相差较小，分别为 71.62 分和 70.51 分。从旅游服务满意度方面来看，北京市得分最高，为 82.86 分，其次为天津市，得分为 81.84 分，河北省得分最低，为 76.62 分。整体来看，北京市“旅游服务质量”的总体得分最低，为 75.47 分，天津市得分为 81.71 分，河北省得分为 82.47 分[①]。相比而言，北京市最终的旅游服务质量得分最低，原因在于北京市旅游服务投诉件数最多，并且在旅游景点附近存在导游私自拉客行为，对其得分影响较大。作为首都和重要旅游城市，北京地区应加强旅游业监管，对私拉游客等情况予以重视。

① 北京市“旅游服务质量”得分的计算公式如下：85×40%+（55.36+82.86）÷2×60%=75.47（分），天津市和河北省的计算同理。表 9 中总得分 73.08 分不等于表 10 中计算得出的 73.14 分［（69.11+76.18+74.12）÷3］，原因在于表 9 中的得分是按照京津冀整体每个选项的占比计算，并不是通过三地分别占比计算，而表 10 中的三地各得分是通过各个地区每个选项的占比得分计算的。由于单个地区的各选项占比平均并不等于总体该选项占比，因此三地平均得分不等于总体得分，总体得分也不能用三地平均值来计算。

表 10　京津冀三地“旅游服务质量”问卷调查得分

单位：分

问题	北京市	天津市	河北省
您最近一年在旅游景点附近见到过导游私自拉客行为吗	55.36	70.51	71.62
您对当地的旅游服务是否满意	82.86	81.84	76.62
总　分	69.11	76.18	74.12

（十七）旅游安全突发事件

本指标得分为 93.33 分。

针对本项指标，课题组进行了网络检索，通过新闻报道，获得北京、天津、河北 2022 年旅游安全突发事件情况，并以此确定得分。

根据网络检索了解到，2022 年 4 月 22 日，北京环球影城一名游客在游玩霸天虎过山车时出现突发状况，送医后不治身亡。本项指标中，北京市得分 95.00 分。

根据网络检索了解到，2022 年 7 月 22 日，一名游客在天津蓟州区九山顶景区玩“步步惊心”项目时突发身体不适导致昏迷坠落，后经抢救无效死亡。本项指标中，天津市得分 95.00 分。

根据网络检索了解到，2022 年 1 月 1 日，在河北省邢台广宗县大牙线核桃园，一辆旅游客车和一辆货车发生碰撞，事故致三人被困、多人受伤。2022 年 7 月 17 日，一女游客从河北保定满城区神泉山庄网红桥上坠落摔伤。2022 年 8 月 1 日，河北驼梁景区墙壁坍塌，两名游客的车辆被砸。本项指标中，河北省得分为 90 分。

在本项指标中，北京和天津的旅游安全突发事件相对较少，得分较高，而河北的旅游安全突发事件相对较多，得分较低。旅游安全突发事件的预防处置难度大，后果严重，京津冀三地都应严防旅游安全突发事件，严格保障游客出游时的生命财产安全。

（十八）旅游安全宣传教育

本指标得分为 61. 97 分。

针对本项指标，课题组通过问卷调查和网络检索两种方式获得数据并最终确定得分。调查数据从问卷中受访者对旅游安全知识宣传的感知状况这一变量（问题为“您是否参加过旅游安全知识宣传的相关活动”）获得,变量类型为二分类变量，选项“是”赋值 100 分，选项“否”赋值 0 分。根据该变量分布结果测算得分，具体见表 11 和图 8。结果显示，京津冀地区“旅游安全宣传教育”调查问卷得分为 41. 04 分，其中北京、天津、河北的得分分别为 42. 5 分、44. 9 分和 35. 8 分。相比于“民生安全”各个三级指标，本项指标得分最低。这说明京津冀地区在旅游安全知识的宣传方面力度和广度不够，民众的参与度不高。

表 11　京津冀地区“旅游安全宣传教育”问卷调查得分

相关变量	类别	评分(分)	比例(%)	指标得分(分)
旅游安全知识宣传活动参与	是	100	41. 04	41. 04
	否	0	58. 96	

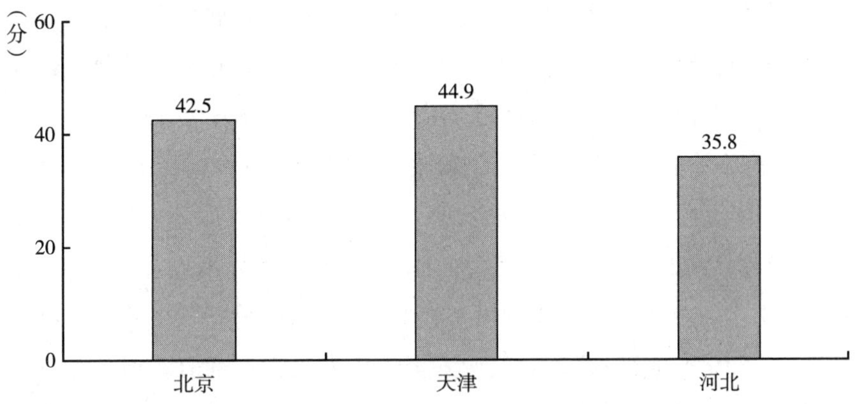

图 8　京津冀三地“旅游安全宣传教育”问卷调查得分

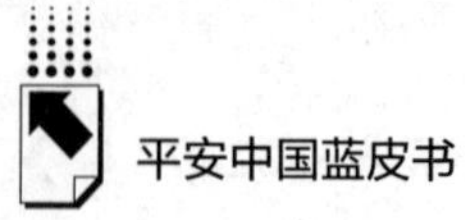

通过网络检索，在北京市文化和旅游局网站可以看到，2021~2022 年，北京市各个区重视节假日疫情防控和旅游安全服务保障工作，突出抓好节假日疫情防控、旅游服务、旅游安全管控和旅游市场秩序整治 4 个关键环节，多次对景区、酒店等疫情防控工作进行实地检查，对消防安全进行专项检查，开展系列宣传活动，通过制作消防安全宣传片、发放宣传页向社会公众普及消防知识、“非遗”法律知识和保护理念等。北京市文化和旅游局召开旅行社规范经营提升服务质量工作会议、北京市等级旅游景区监管工作会议，对旅游安全工作进行部署，多次强调要强化安全意识，全力抓好景区安全管理工作，健全安全责任制度和应急处置机制，制定应急预案并及时开展演练；规范旅游市场秩序，对在线旅游企业进行专项整治，持续提升景区服务意识和服务质量。综合评定，北京市“旅游安全宣传教育”网络检索部分得分为 95 分。

通过网络检索，在天津市文化和旅游局网站可以看到，2021~2022 年，天津市文化和旅游局召开安全生产工作会议，部署旅游安全工作，重视旅游行业安全，建立健全高风险旅游项目安全管理制度，加强消防安全管理，全力排查整治火灾隐患，消除监管盲区，夯实安全生产责任制。多次开展未经许可经营旅行社业务专项整治行动，并发布查处的此类典型案件，充分发挥指导案例的教育示范和警示震慑作用；开展消防灭火演练、防灾减灾宣传周系列活动，组织师生学习防灾减灾知识，开展撤离演练、安全讲座、科普宣传等活动，切实提高师生的应急避险意识和基本技能。综合评定，天津市“旅游安全宣传教育”网络检索部分得分为 95 分。

通过网络检索，在河北省文化和旅游厅网站可以看到，2021~2022 年，河北省召开年度文化和旅游工作会议、文化和旅游公共服务工作会议、文化和旅游产业重点工作调度会、第六届河北省旅游产业发展大会等，印发实施《河北省文化和旅游发展“十四五”规划》，部署驻村帮扶工作，举办多期“河北文化和旅游大讲堂”，对旅游安全工作做出重点部署。但相比于北京和天津，河北省旅游安全设施和知识传播相对薄弱，宣传形式单一。综合评定，河北省“旅游安全宣传教育”网络检索部分得分为 90 分。

通过问卷调查和网络检索数据，综合计算评定京津冀“旅游安全宣传教育”得分为61.97分，其中北京市得分为63.50分，天津市得分为64.94分，河北省得分为57.48分。可以看出，京津冀三地在旅游安全宣传教育成效方面均处于较低水平，都有较大的提升空间。三地都应加大旅游安全宣传教育工作力度，共建安全和谐的京津冀旅游带，实现旅游业协同发展。

四 评估结论

本年度“民生安全”总体得分为81.70分，处于“良好”等级。然而，部分指标得分情况不理想，拉低了总体得分。京津冀地区的食品、药品、生态环境和旅游安全领域还存在较为明显的薄弱之处，亟待补齐短板，全面提升民生安全水平。

（一）存在的主要问题

1. 科普、宣传和教育工作效果不够理想

在民生安全建设工作中，科普、宣传和教育工作是开展社会动员、增强居民安全意识、提升居民幸福感和安全感的重要手段。从以上数据与分析结论中可以发现，京津冀居民“民生安全”指标中的科普、宣传、教育相关指标得分普遍不高，突出表现在面对食品安全问题时选择投诉的比例不高、对食品的保质期等信息关注程度不够、对旅游安全知识宣传活动的参与度低等，说明科普、宣传和教育工作开展的程度不够、成效不佳，亟须对其内容、方法与形式进行反思与改进。

2. 居民对民生安全的满意度亟待提升

在本课题中，民生安全各领域的居民满意度是重点调查研究对象，是衡量民生安全建设成效的重要指标，原因在于：一方面，居民满意度直接反映了京津冀居民对于所在地区民生安全的事前期望与实际感受的相对关系，表达了居民主观上对本地区民生领域建设的认可程度；另一方面，涵盖食品、药品、生态环境以及旅游安全的民生安全直接关乎居民日常生活，居民的满意标准相对较高，也更容易受到影响，是民生安

全乃至社会安全的“风向标”。在本课题中，通过问卷调查与分析可以看出，受到重大民生安全事件、个人亲身经历、身边人群经历等因素影响，京津冀居民对民生安全的满意度不太高，亟须多措并举提升新时期京津冀居民对民生安全的满意度。

3. 在部分领域京津冀存在较大的发展差距

京津冀协同发展是当前三大国家发展战略之一，其核心是将三地作为一个整体协同发展，从而实现目标同向、措施一体、优势互补、互利共赢的发展格局。然而，在京津冀协同发展过程中，难免受到一些不利因素的影响，一旦处理不当，极易导致业已存在的差距进一步拉大，形成“虹吸效应”和“马太效应”。从本研究中可以看出，京津冀在“民生安全”指标中的得分情况分别为：北京市 82.40 分，天津市 82.52 分，河北省 80.19 分。北京和天津的得分相近，而河北与二者存在一定的差距。具体来看，这种差距显著表现在食品安全宣传教育、食品安全满意度、药品案件查处、药品安全满意度、旅游安全突发事件等指标上。京津冀三地在民生安全不同领域各有短板，在部分领域发展水平差距较大，京津冀协同发展水平仍需进一步提升。

4. 民生安全问题呈现与新冠肺炎疫情交织的趋势

新冠肺炎疫情发生以来，社会安全问题呈现诸多新情况、新变化，各种社会现象与新冠肺炎疫情交织叠加后，极易导致原有问题的复杂化，甚至滋生新的矛盾，从而影响京津冀居民生活的获得感、幸福感和安全感。具体到本课题所关注的民生安全领域，新冠肺炎疫情不仅使居民对旅游安全、食品安全等传统领域进行更为审慎的考虑，也催生了疫苗接种是否安全的新问题，对新时期居民民生安全感提升工作提出了新的挑战。

（二）完善建议

1. 转变方法，实现科普、宣传和教育提质增效

围绕京津冀发展新形势，立足民生安全建设现状，及时调整转变方式方法，使民生安全科普、宣传和教育落到实处，提质增效，从而提升居民生活的获得感、幸福感、安全感。在民生安全科普方面，探索开展分级分层的有针对性的科普，注重科普内容精准传递，打造专业化科普工作者队伍。在民生安全宣传方面，既要开展宣传周、宣传月等重点集中的宣传工作，也要做好日常宣传，同时充分发挥以“两微一抖”为代表的新媒体的优势，扩大宣传面，提升影响力。在民生安全教育方面，要善于开展柔性教育，通过组织讲座、展播相关影视作品、发动群众互助互学等方式，提高民生安全教育的质量和效益。

2. 以民为本，提高群众民生安全满意度

民生安全关乎百姓身体健康和生命安全，是衡量居民生活水平的重要标准，也是评价城市综合治理水平的重要指标。民生安全的主观评价能够直接反映公众自身安全体验及对当前民生安全状况的认知、评价，也是安全治理工作评估和改进的重要依据，应当重视并进一步开展民生安全领域的主观评价调查，了解居民对食品、药品、生态环境以及旅游等领域的满意度评价标准，充分挖掘居民满意度关键影响因素，从而对症下药、因地施策。另外，也可以广泛吸收各种社会力量投入民生安全建设，通过信息共享、社会动员、互教互助等方式，鼓励居民发挥自身力量提升民生安全水平，提高居民对民生安全建设的支持度与认同感。

3. 加强协作，促进京津冀三地均衡协同发展

近年来，京津冀协同发展战略的持续推进取得了明显成效，但从本课题研究结果来看，仍存在发展不均衡的问题。面对民生安全领域的不均衡，未来北京、天津、河北在侧重补齐本地区民生安全短板的同时，需从官方和民间双路径发力，加强协作、互助发展，构建京津冀民生安全领域优势互补的协同发展新格局。一方面，三地政府要加强民生安全领域的合作，探索建立合理公平的利益共享机制，如通过跨区域项目合作等方式打造互帮互助的利益协同体系；另一方面，也要充分发挥企业、居民、协会等非官方力量，实现协同发展。

4. 多措并举，防范化解疫情背景下的新风险

在当前疫情防控常态化背景下，我国的社会环境发生了新的变化，民生安全领域的新风险点层出不穷。面对新形势、新挑战，要对民生安全领域可能会转化为社会问题的方面重点关注，注重源头治理，建立完备的风险预测

预警机制，构建灵活的安全识别评估体系，制定严密的突发事件应急预案，多措并举，从疫情防控风险和民生安全风险两端同时发力，使由疫情诱发叠加的民生安全新风险得到有效遏制。

参考文献

[1] 高和荣、周宇：《中国基本型民生发展水平区域差距及影响因素》，《中国人口科学》2022 年第 3 期。

[2] 吴林海、陈宇环、尹世久：《中国食品安全战略：科学内涵、战略目标与实施路径》，《江西社会科学》2022 年第 2 期。

[3] 童星：《中国社会建设话语体系建构——以民生和治理为两翼》，《社会保障评论》2022 年第 2 期。

[4] 徐国冲、李威瑢：《食品安全事件的影响因素及治理路径——基于 REASON 模型的 QCA 分析》，《管理学刊》2021 年第 4 期。

[5] 陈涛、孙利东：《危害药品安全犯罪侦查：问题与进路》，《中国人民公安大学学报》（社会科学版）2022 年第 2 期。

[6] 武晓雯、张龙：《食品、药品监管渎职罪的理解与适用》，《行政管理改革》2022 年第 5 期。

[7] 翁钢民、唐亦博、潘越等：《京津冀旅游—生态—城镇化耦合协调的时空演进与空间差异》，《经济地理》2021 年第 12 期。

[8] 茹少峰、马茹慧：《黄河流域生态环境脆弱性评价、空间分析及预测》，《自然资源学报》2022 年第 7 期。

[9] 张晨、曾坚：《基于生态系统服务的大气安全理论构建与综合评价——以京津冀及周边地区 2+26 城市为例》，《地理研究》2022 年第 4 期。

[10] 陈长坤、孙凤琳、赵冬月等：《基于事故演化网络的旅游安全及风险防控研究》，《中国安全生产科学技术》2022 年第 2 期。

[11] 谢朝武、张江驰：《中国旅游安全行政治理——国家与地方的互动逻辑及其成效》，《旅游学刊》2022 年第 1 期。

[12] 王莉霞、王建龙：《旅游安全的法律秩序建设》，《旅游学刊》2022 年第 7 期。

B.7

平安京津冀建设保障调查报告（2022）

于小川　韩张琛*

摘　要： 平安建设保障是服务平安京津冀建设的重要基石。2022年，京津冀三地在法治保障、科技支撑和宣传教育方面取得了不菲的成绩，但与民众的需求仍存在一定差距。未来，平安京津冀建设应重点关注宣传教育、京津冀一体化建设等领域，将形成的经验成果及时固化为体制机制，不断开创平安建设的新篇章。

关键词： 平安建设保障　社会治理　法治保障

一　指标设置及评估标准

（一）指标设置

2022年“平安建设保障”下设5项二级指标，分别为“法治保障”“人员保障”“财务装备”“科技支撑”“宣传教育”，二级指标下设19项三级指标（见表1），能客观地评估京津冀三地平安建设情况，进而判断整个保障工作能否满足平安京津冀建设的要求。

* 于小川，中国人民公安大学治安学院副教授，首都社会安全研究基地研究员；韩张琛，中国人民公安大学治安学专业硕士研究生。

表 1 “平安建设保障”指标设置

一级指标(权重)	二级指标(权重)	三级指标(权重)
平安建设保障(15%)	法治保障(20%)	平安建设地方性立法情况(30%)
		平安建设规范性文件情况(30%)
		平安建设政府决策、行政执法等容错纠错保障机制建设情况(30%)
		民众对法治保障的感受(10%)
	人员保障(20%)	警力配备情况(35%)
		专业队伍建设情况(25%)
		社会力量参与情况(25%)
		民众对人员保障的感受(15%)
	财务装备(25%)	平安建设经费投入情况(40%)
		平安建设硬件设施建设情况(40%)
		民众对财务装备的感受(20%)
	科技支撑(25%)	公共安全视频监控系统建设情况(20%)
		大数据深度应用(20%)
		信息资源共享融合情况(20%)
		信息化、智能化科技在平安建设中的应用(20%)
		信息安全防护建设(20%)
	宣传教育(10%)	是否将平安建设相关内容纳入领导干部培训(30%)
		是否将平安建设相关内容纳入中小学教育(30%)
		平安建设应急演练开展情况(40%)

（二）设置依据及评估标准

1. 设置依据

二级指标的设置在整体上仍是以党的十九大报告为依据。其中“法治保障”部分三级指标的设置依据主要是《法治政府建设实施纲要（2021～2025年）》《北京市法治政府建设实施意见（2021～2025年）》《天津市法治政府建设实施纲要（2021～2025年）》《河北省法治政府建设实施方案（2021～2025年）》中关于全面推进法治政府建设的宏观指导思想，“人员保障”“财务装备”“科技支撑”“宣传教育”的设置依据主要是《中华人民共和国国民经济和社会发展第十四个五年规划和2035年远景目标纲要》中关于建设更高水平的平安中国的具体要求，以及《“十四五”国家应急体系规划》中关于加强基层治理体系和治理能力现代化建设的实施意见。

2. 测评方法

本年度报告采用的测评方法主要有以下 3 种：一是通过网络检索、官方文件搜集等方式获取近年来相关指标的文字信息与相关数据，并进行纵向比较；二是在搜集资料时，将北京、天津和河北的建设保障情况进行横向比较；三是根据问卷调查获取的数据结果对各项指标进行客观上的测评。

3. 评估标准

评估标准主要是观测调查获取的信息或数据是否符合预设的指标结果。首先，对三级指标的得分情况进行评估；其次，通过三级指标所占权重计算二级指标的得分；最后，根据二级指标所占权重计算一级指标得分。

二　总体评估结果分析

本年度“平安建设保障”总体得分 89.29 分，其中“法治保障”得分为 90.98 分，“人员保障”得分为 87.80 分，“财务装备”得分为 86.38 分，“科技支撑”得分为 91.59 分，“宣传教育”得分为 90.41 分。

（一）法治保障

本指标得分为 90.98 分。

根据网络检索统计，2021 年 8 月至 2022 年 8 月，北京市发布地方性法规、地方政府规章和工作文件等共 3553 项，天津市发布地方性法规、地方政府规章和工作文件等共 2804 项，河北省发布地方性法规、地方政府规章和工作文件等共 2928 项（见表 2 至表 4）[①]。

---

① 法治保障部分截取的法规文件数据主要来源于北京市人民政府（http：//www.beijing.gov.cn/）、天津市人民政府（https：//www.tj.gov.cn/）以及河北省人民政府（http：//www.hebei.gov.cn/）等官方网站上检索到的法条，并参考了北大法宝（https：//home.pkulaw.com/）等相关网站上的数据。

表 2　北京市地方性立法情况统计（2021 年 8 月至 2022 年 8 月）

单位：项

类别	数量
北京市人大(含常委会)地方性法规	28
北京市人大(含常委会)地方规范性文件	0
北京市人大(含常委会)地方工作文件	18
北京市政府规章	17
北京市政府规范性文件	26
北京市政府工作文件	59
北京市其他机构规范性文件	575
北京市其他机构司法文件	27
北京市其他机构工作文件	2803
合　计	3553

表 3　天津市地方性立法情况统计（2021 年 8 月至 2022 年 8 月）

单位：项

类别	数量
天津市人大(含常委会)地方性法规	31
天津市人大(含常委会)地方规范性文件	0
天津市人大(含常委会)地方工作文件	9
天津市政府规章	17
天津市政府规范性文件	39
天津市政府工作文件	107
天津市其他机构规范性文件	345
天津市其他机构司法文件	25
天津市其他机构工作文件	2231
合　计	2804

表 4　河北省地方性立法情况统计（2021 年 8 月至 2022 年 8 月）

单位：项

类别	数量
河北省人大(含常委会)地方性法规	33
河北省人大(含常委会)地方规范性文件	1
河北省人大(含常委会)地方工作文件	3

续表

类别	数量
河北省政府规章	23
河北省政府规范性文件	41
河北省政府工作文件	67
河北省其他机构规范性文件	407
河北省其他机构司法文件	9
河北省其他机构工作文件	2344
合　计	2928

在此之中，北京市、天津市、河北省涉及平安建设的地方性法规、政府规章的数量分别为23项、21项、24项，涉及平安建设的地方规范性文件分别为69项、53项、66项，涵盖了社会治理、矛盾纠纷化解、社会治安防控、应急管理等相关领域。

法治保障是北京、天津、河北三地平安建设的重要依据，也是市域社会治理现代化的前提条件。法治是治国理政的基本方式，是国家治理体系和治理能力的重要依托。唯有依法治理才能有效保障国家治理体系的系统性、规范性、协调性，才能够凝聚社会共识。问卷调查的有效数据显示，84.76%的民众认为当前的法治保障较为完备，能满足平安京津冀建设需求。综合来看，本项指标得分90.98分。

（二）人员保障

本指标得分为87.80分。

2022年，京津冀三地公安系统公开招录人民警察合计1796人，创3年来公开招录人数的新高。与此同时，三地公安机关始终坚持警力资源下沉，将绝大部分新招录的警员下沉到科所队等基层一线。但在专业队伍参与平安建设方面，河北省专业队伍建设与北京市、天津市存有一定差距。问卷结果显示，京津冀三地的警察、专业队伍、社会力量参与平安建设的平均得分均不满80分，说明人员保障方面离群众的期望还存在较大的差距，需要进一步加大保障力度。综合来看，本项指标得分为87.80分。

（三）财务装备

本指标得分为 86.38 分。

2022 年，北京、天津公安机关的预算收入和预算支出相较 2021 年有所减少，河北则有所增加。从平安建设项目来看，三地根据自身实际情况各有侧重。但针对问题“本地政府对平安建设经费是否充足”，问卷调查结果得分仅有 71.88 分，这也是平安建设保障领域问卷调查部分的最低分，说明下一步应加大京津冀三地财务装备保障的倾斜力度，满足更高水平平安建设的需要。综合来看，本指标得分为 86.38 分。

（四）科技支撑

本指标得分为 91.59 分。

在公安机关改革创新浪潮中，科技强警一直是推动现代警务工作提质增效的强大动力。科技赋能，能让科技“触角”延伸至基层治理的“神经末梢”。科学技术的飞速发展对公安机关既是机遇也是挑战。2022 年，智能化、信息化科技在平安京津冀建设中不断得到应用，京津冀三地平安建设的信息数据也在进一步加强融合，这能够有效提升社会治安防控、环境保护、公共交通疏导等方面的治理效能。根据网络检索信息以及民众的感受，本项指标得分为 91.59 分。

（五）宣传教育

本指标得分为 90.41 分。

整体来看，2022 年京津冀三地在平安建设宣传教育方面有所进步。连续多年，京津冀三地都将平安建设作为重要议题进行讨论研究，对领导干部的教育培训也有所拓展，除了会议学习，也会组织沙盘推演、实地演练等。与此同时，京津冀三地协同开展应急演练的次数与内容也有所增加，涉及危化品处置、水域救援、防汛、防火、防疫等多个领域。然而，部分地区的宣传工作仍有待强化，比如，天津市有 44.38%的民众不清楚平安建设经费投入、财务装备等情况，说明宣传教育仍有一定进步空间。综合来看，本项得分为 90.41 分。

三　指标评估结果分析

（一）平安建设地方性立法情况

本指标得分为 90 分。

2020 年 6 月 30 日，深圳市人大常委会审议通过了全国第一部有关平安建设的地方立法《深圳经济特区平安建设条例》，紧接着全国各地都陆续将平安建设治理经验形成地方条例。2022 年 7 月 27 日，天津市人大常委会通过了《天津市平安建设条例》，提出天津市要建立健全与北京、河北的平安建设合作与交流机制，在重大突发事件处置、信息共享、矛盾风险防范与化解等方面加强协作，促进京津冀平安建设协同发展①。这标志着平安建设已经超越了传统社会治理的范畴，其领域更为宽广、内涵更为丰富，地方立法正在对平安建设所形成的治理路径和体制机制进行规范和统一，具有中国特色的平安建设经验和治理规律也正在法治视角下得到系统总结和及时固化。

经网络检索以及文件搜集统计，自 2021 年 8 月 15 日至 2022 年 8 月 15 日，北京市、天津市和河北省分别发布地方性法规以及地方政府规章 45 项、48 项和 56 项，有关平安建设的地方立法分别为 23 项、21 项和 24 项，其中涉及社会治理领域的分别为 15 项、11 项和 14 项，涉及社会治安防控领域的分别为 2 项、3 项和 3 项，涉及应急管理领域的分别为 4 项、4 项和 3 项，涉及民生安全领域的分别为 2 项、2 项和 3 项，涉及矛盾纠纷化解领域的分别为 0 项、1 项和 1 项。京津冀三地平安建设地方法规和政府规章及三地数量比较见表 5 至表 8。

---

① 《天津市平安建设条例》，https：//www. tjrd. gov. cn/flfg/system/2022/07/27/030025609. shtml，2022 年 7 月 27 日。

表5　北京市平安建设地方性法规和政府规章（2021年8月15日至2022年8月15日）

涉及领域	名称
社会治理（15）	《北京市实施〈中华人民共和国矿山安全法〉办法》(2021年修正)
	《北京市道路运输条例》(2021年修正)
	《北京市市容环境卫生条例》(2021年修正)
	《北京市城乡规划条例》(2021年修正)
	《北京市接诉即办工作条例》
	《北京市水污染防治条例》(2021年修正)
	《北京市控制吸烟条例》(2021年修正)
	《北京市机动车停车条例》(2021年修正)
	《北京市国际交往语言环境建设条例》
	《北京市单用途预付卡管理条例》
	《北京市清洁燃料车辆加气站管理规定》(2021年修改)
	《北京市行政处罚听证程序实施办法》(2021年修改)
	《北京市知识产权保护条例》
	《北京中轴线文化遗产保护条例》
	《北京市标准化办法》
社会治安防控（2）	《北京市公安机关警务辅助人员管理办法》
	《北京市住房租赁条例》
应急管理（4）	《北京市献血条例》
	《北京市生产经营单位安全生产主体责任规定》(2021年修改)
	《北京市人民防空工程和普通地下室安全使用管理办法》(2021年修改)
	《北京市安全生产条例》(2022年修订)
民生安全（2）	《北京市人口与计划生育条例》(2021年修正)
	《北京市人民政府关于废止〈北京市社会抚养费征收管理办法〉和〈北京市流动人口计划生育管理规定〉的决定》

表6　天津市平安建设地方性法规和政府规章（2021年8月15日至2022年8月15日）

涉及领域	名称
社会治理（11）	《天津市平安建设条例》
	《天津市物业管理条例》(2021年修正)
	《天津市土地管理条例》(2021年修订)
	《天津市生产经营单位安全生产主体责任规定》
	《天津市行政事业性收费管理规定》(2021年修正)
	《天津市市场主体登记管理若干规定》

续表

涉及领域	名称
社会治理（11）	《天津市绿化条例》(2022 年修正)
	《天津市公共场所室内空气质量管理规定》(2022 年修正)
	《天津市报废机动车回收利用管理办法》(2022 年修正)
	《天津市人民代表大会常务委员会关于加强城市重点区域天际线管控的决定》
	《天津市区人民代表大会常务委员会街道工作委员会工作条例》
社会治安防控（3）	《天津市城市管理相对集中行政处罚权规定》(2021 年修正)
	《天津市道路交通安全责任制规定》
	《天津市铁路安全管理规定》
应急管理（4）	《天津市地震预警管理办法》
	《天津市燃气管理条例》(2021 年修订)
	《天津市石油天然气管道保护条例》
	《天津市消防条例》(2021 年修订)
民生安全（2）	《天津市人民代表大会常务委员会关于开展第八个五年法治宣传教育的决议》
	《天津市人口与计划生育条例》(2021 年修正)
矛盾纠纷化解(1)	《天津市行政调解规定》

表 7　河北省平安建设地方性法规和政府规章（2021 年 8 月 15 日至 2022 年 8 月 15 日）

涉及领域	名称
社会治理（14）	《河北省志愿服务条例》(2021 年修正)
	《河北省实施〈中华人民共和国道路交通安全法〉办法》(2021 年修正)
	《河北省技术市场条例》(2021 年修正)
	《河北省大气污染防治条例》(2021 年修正)
	《河北省土壤污染防治条例》
	《河北省公路条例》(2021)
	《河北省电动自行车管理条例》
	《河北省宗教事务条例》(2022 年修订)
	《河北省内河交通安全管理规定》(2022 年修正)
	《河北省城镇供水用水管理办法》(2022 年修正)
	《河北省城市园林绿化管理办法》(2022 年修正)
	《河北省土地管理条例》(2022 年修订)
	《河北省餐饮服务从业人员佩戴口罩规定》
	《河北省港口污染防治条例》
社会治安防控（3）	《河北省公安机关警务辅助人员管理条例》
	《河北省治理货运车辆超限超载规定》(2022 年修正)
	《河北省高速公路交通安全规定》

续表

涉及领域	名称
应急管理（3）	《塞罕坝森林草原防火条例》
	《河北省建设工程抗震管理条例》（2021 年修正）
	《河北省地震预警管理办法》
民生安全（3）	《河北省人口与计划生育条例》（2021 年修订）
	《河北省城镇住房保障办法（试行）》（2022 年修正）
	《河北省旅游投诉处理办法》（2022 年修正）
矛盾纠纷化解（1）	《河北省医疗纠纷预防和处理条例》

表 8　京津冀三地平安建设地方性立法情况比较（2021 年 8 月 15 日至 2022 年 8 月 15 日）

单位：项

类别	涉及领域	北京	天津	河北
地方性法规与政府规章	社会治理	15	11	14
	社会治安防控	2	3	3
	应急管理	4	4	3
	民生安全	2	2	3
	矛盾纠纷化解	0	1	1
合　计		23	21	24

2022 年，北京市有关社会治理和社会治安防控领域的地方立法数量相较 2021 年有所减少，应急管理领域有所增加，矛盾纠纷化解领域仍为 0，民生安全领域有所突破。

2022 年 1 月 15~16 日，中央政法工作会议在北京召开。会议指出，要坚定不移发挥法治的引领、规范、保障作用，以高质量法治服务经济社会高质量发展，为建设更高水平的平安中国、法治中国提供有力保障①。法治是平安建设的基本实现路径，在平安京津冀建设过程中，三地始终牢牢发挥法治的引领、规范和保障作用。2022 年，在平安建设方面，从立法实践来看，

① 《中央政法工作会议召开》，https：//baijiahao. baidu. com/s？ id = 1722140155408536950&wfr = spider&for=pc，2022 年 1 月 17 日。

北京市地方性法规和政府规章立法趋势平稳，天津市有关社会治理领域的立法较为薄弱，河北省立法中围绕污染防治方面的较多，但涉及面相对较窄。今后，京津冀三地应当继续坚持立法问题导向型模式，实现平安建设法治上的未雨绸缪，以法治思维预防化解平安建设中可能出现的各种问题。综合分析，本指标得分为 90 分。

（二）平安建设规范性文件情况

本指标得分为 95 分。

地方规范性文件相较地方工作文件通过的流程更为严谨复杂，且需要地方人大备案审查，因此，本年度平安建设保障着重以京津冀地方规范性文件的出台为依据进行评定。经网络检索统计，自 2021 年 8 月 15 日至 2022 年 8 月 15 日，北京市、天津市和河北省发布地方规范性文件数量分别为 601 项、384 项和 449 项，涉及平安建设的分别为 69 项、53 项和 66 项，其中社会治理领域分别为 35 项、29 项和 43 项，社会治安防控领域分别为 5 项、4 项和 5 项，应急管理领域分别为 15 项、8 项和 11 项，民生安全领域分别为 12 项、11 项和 5 项，矛盾纠纷化解领域分别为 2 项、1 项、2 项。京津冀三地地方规范性文件及三地数量比较见表 9 至表 12。

表 9　北京市平安建设地方规范性文件（2021 年 8 月 15 日至 2022 年 8 月 15 日）

涉及领域	名称
社会治理（35）	《北京市民族宗教事务委员会关于印发〈北京市民族宗教事务委员会关于规范行政处罚自由裁量权的若干规定〉的通知》（2021 年修订）
	《北京市民政局关于印发〈北京市民政局行政处罚简易程序规定〉的通知》（2021）
	《北京银保监局办公室关于专项整治北京地区互联网保险营销宣传有关问题的通知》
	《北京市大兴区体育局关于进一步开展游泳场所专项治理工作的通知》
	《北京市财政局、北京市发展和改革委员会关于降低本市部分城市基础设施建设费收费标准的通知》
	《北京市发展和改革委员会关于印发支持首都功能核心区利用简易楼腾退建设绿地或公益性设施实施办法的通知》
	《国家税务总局北京市税务局、国家税务总局天津市税务局、国家税务总局河北省税务局关于发布〈京津冀税务行政处罚裁量基准〉的公告》

续表

涉及领域	名称
社会治理（35）	《北京银保监局关于印发北京保险机构销售人员处罚信息登记管理办法的通知》
	《北京市住房和城乡建设委员会关于做好城镇老旧小区改造施工管理增强人民群众获得感幸福感安全感的意见》
	《北京市城市管理综合行政执法局关于废止〈关于进一步加强施工工地和建筑垃圾运输车辆治理工作的通告〉的通知》
	《北京市延庆区人民政府关于印发〈北京市延庆区重大行政决策程序实施细则〉的通知》
	《北京市大兴区住房和城乡建设委员会关于进一步加强住建系统安全生产工作的通知》
	《北京市平谷区人民政府关于印发〈平谷区人民政府重大行政决策程序规定〉的通知》
	《北京市人民政府关于由部分重点功能区管理机构和区政府有关部门行使一批市级行政权力等事项的决定》
	《北京市城市管理委员会关于印发〈北京市供热行业生产安全事故隐患排查治理暂行办法〉的通知》
	《北京市住房和城乡建设委员会关于印发〈北京市房屋建筑和市政基础设施工程施工安全风险分级管控和隐患排查治理暂行办法〉的通知》（2021 年修订）
	《北京市住房和城乡建设委员会、北京市应急管理局关于印发〈北京市建设工程施工现场生产安全事故及重大隐患处理规定〉的通知》（2021 年修订）
	《北京市住房和城乡建设委员会、北京市城市管理委员会、北京市城市管理综合行政执法局等关于进一步加强建筑垃圾治理工作的通知》（2021 年修订）
	《北京市住房和城乡建设委员会关于修订〈北京市房屋建筑和市政基础设施工程施工安全监督实施办法〉的通知》（2021）
	《北京市住房和城乡建设委员会关于调整〈北京市住房城乡建设系统行政处罚裁量基准〉部分条款的通知》（2021 年修订）
	《北京市科学技术委员会、中关村科技园区管理委员会关于印发〈北京市科技行政处罚裁量权适用规定〉的通知》
	《中共北京市委、北京市人民政府关于印发〈北京市法治政府建设实施意见（2021～2025 年）〉的通知》
	《北京市公安局关于不再执行典当业特种行业许可证核发的通知》
	《北京市市场监督管理局、北京市财政局关于印发〈北京市市场监管领域违法行为举报有功人员奖励暂行办法〉的通知》
	《北京市卫生健康委员会关于印发〈北京市卫生健康行政处罚裁量细则〉的通知》（2022 年 6 月修订）
	《北京市交通委员会关于调整道路停车费催缴及行政处罚工作的意见》
	《中共北京市委贯彻〈中共中央关于加强新时代检察机关法律监督工作的意见〉的实施意见》

续表

涉及领域	名称
社会治理（35）	《北京市药品监督管理局、北京市市场监管综合执法总队关于印发〈北京市化妆品行政处罚裁量基准〉的通知》
	《北京市生态环境局关于印发〈北京市生态环境行政处罚裁量基准(2022 年修订版)〉的通知》
	《北京市城市管理委员会关于印发〈北京市城市地下综合管廊运行安全和风险防控管理规范(试行)〉的通知》
	《中共北京市委、北京市人民政府关于深入打好北京市污染防治攻坚战的实施意见》
	《北京市交通委员会关于印发〈北京市城市道路桥下空间使用管理办法〉的通知》
	《北京市市场监督管理局、北京市发展和改革委员会印发〈关于新冠肺炎疫情防控期间认定哄抬价格违法行为的指导意见〉的通知》
	《北京市人民政府关于由区级以上人民政府统一行使行政复议职责的通告》
	《北京市水务局关于印发〈北京市水事违法行为举报奖励办法(试行)〉的通知》
社会治安防控（5）	《北京市城市管理综合行政执法局关于印发〈北京市城市管理综合执法分类分级执法工作管理规定(试行)〉的通知》
	《北京市人民政府办公厅关于印发〈北京市行政执法公示办法〉〈北京市行政执法全过程记录办法〉〈北京市重大行政执法决定法制审核办法〉的通知》
	《北京市交通委员会、北京市商务局、北京市市场监督管理局、北京市公安局公安交通管理局关于发布〈北京市二手小客车交易周转指标管理办法(试行)〉的通告》
	《北京市公安局关于印发办理犯罪记录查询工作实施细则的通知》
	《北京市市场监督管理局、北京市公安局公安交通管理局、北京市生态环境局关于发布北京市电动自行车产品目录编制规程的公告》
应急管理（15）	《北京市城市管理委员会关于燃气供应安全生产约谈制度(暂行)的通知》
	《北京市城市管理委员会关于印发〈北京市燃气设施隐患排查治理工作暂行管理办法〉的通知》(2021 年修订)
	《北京市住房和城乡建设委员会关于进一步加强施工现场消防安全管理工作的通知》
	《北京市昌平区住房和城乡建设委员会关于转发〈北京市住房和城乡建设委员会关于进一步强化施工现场疫情防控工作的通知〉的通知》
	《北京市体育局关于进一步加强近期体育健身场所疫情防控工作的通知》
	《北京市应急管理局、北京市财政局关于印发〈北京市自然灾害生活救助指导标准(试行)〉的通知》
	《北京市大兴区人民政府关于印发〈大兴区火灾事故延伸调查实施办法(试行)〉的通知》
	《北京市应急管理局关于印发〈北京市应急管理行政违法行为分类目录(2022 年修订版)〉的通知》

续表

涉及领域	名称
应急管理(15)	《北京市住房和城乡建设委员会关于进一步加强施工现场消防安全隐患排查治理工作的紧急通知》
	《北京市经济和信息化局关于做好近期工业领域疫情防控工作的通知》
	《北京市文化和旅游局关于进一步做好 2022 年“五一”假期全市文化和旅游场所疫情防控工作的通知》
	《北京市地方金融监督管理局、中国人民银行营业管理部、中国银行保险监督管理委员会北京监管局、中国证券监督管理委员会北京监管局关于进一步加强疫情防控工作的通知》
	《北京市住房和城乡建设委员会关于进一步加强住宅物业服务项目疫情防控中从业人员防护的通知》
	《北京市大兴区人力资源和社会保障局关于进一步做好当前劳务派遣领域新冠肺炎疫情防控有关工作的通知》
	《北京市东城区人民政府关于印发〈北京市东城区关于落实《北京市统筹疫情防控和稳定经济增长的实施方案》的实施细则〉的通知》
民生安全(12)	《北京市体育局关于进一步做好老年人游泳健身服务保障工作的通知》
	《北京市大兴区人力资源和社会保障局、北京市大兴区财政局、北京市大兴区科学技术委员会关于印发大兴区落实〈北京市促进创业带动就业三年行动计划(2021~2023 年)〉工作方案若干细则(试行)的通知》
	《北京市财政局、国家税务总局北京市税务局、北京市民政局关于明确北京市城市维护建设税纳税人所在地具体地点的通知》
	《北京市发展和改革委员会、北京市城市管理委员会关于调整本市非居民厨余垃圾处理费有关事项的通知》
	《北京银保监局关于规范人身险销售人员自保件和互保件管理的通知》
	《北京市住房和城乡建设委员会关于做好住宅区电动车充电桩安装及后期秩序维护工作的意见》
	《北京市民政局、北京市发展和改革委员会、北京市财政局等关于印发〈北京市社区养老服务驿站运营扶持办法〉的通知》(2021 年修订)
	《北京市医疗保障局、北京市财政局关于明确 2022 年城乡居民基本医疗保险筹资标准的通知》
	《国家税务总局北京市税务局关于调整〈办税事项“全市通办”清单〉的公告》
	《中共北京市委、北京市人民政府印发〈关于优化生育政策促进人口长期均衡发展的实施方案〉的通知》
	《中共北京市委办公厅、北京市人民政府办公厅印发〈关于加强新时代关心下一代工作委员会工作的实施意见〉的通知》
	《北京市人力资源和社会保障局、北京市财政局关于 2022 年调整本市退休人员基本养老金的通知》

续表

涉及领域	名称
矛盾纠纷化解（2）	《中共北京市委、北京市人民政府关于加强基层治理体系和治理能力现代化建设的实施意见》
	《中共北京市委办公厅、北京市人民政府办公厅关于印发〈北京市乡镇职责规定〉的通知》

表10　天津市平安建设地方规范性文件（2021年8月15日至2022年8月15日）

涉及领域	名称
社会治理（29）	《天津市港航管理局关于印发〈天津市港航管理局重大行政处罚案件集体讨论办法〉的通知》
	《天津市住房和城乡建设委员会关于进一步加强地下管线保护工作的通知》
	《天津市药品监督管理局关于修订局行政执法公示制度的通知》
	《天津市交通运输委员会关于印发〈天津市交通运输领域轻微违法行为免于处罚实施办法〉的通知》
	《天津市交通运输委员会关于印发〈严格交通运输行政执法工作规定〉的通知》
	《天津市人社局关于贯彻落实〈天津市重大行政决策程序规定〉有关问题的通知》
	《天津市住房城乡建设委关于印发〈天津市公共租赁住房管理实施细则〉的通知》
	《天津市交通运输委员会关于印发〈天津市交通运输行政处罚自由裁量基准（2021版）〉的通知》
	《天津市人民政府办公厅关于促进和规范民宿发展的实施意见》
	《天津市人社局关于进一步规范劳动保障监察案件管辖的通知》
	《天津市人社局关于进一步加强对街道（乡镇）执法工作指导的通知》
	《天津市机关事务管理局关于印发〈天津市机关事务管理局行政规范性文件管理办法〉的通知》
	《天津市医疗保障局关于印发〈规范天津市医疗保障行政处罚裁量权实施办法〉的通知》
	《天津市司法局关于印发〈天津市司法行政机关律师类行政处罚自由裁量基准（含免罚事项清单）〉的通知》
	《天津市医保局关于印发〈天津市医疗保障局深入贯彻落实法治宣传教育的第八个五年规划的实施意见〉的通知》
	《天津市交通运输委员会关于印发〈市交通运输委生产安全事故应急预案备案登记制度〉的通知》
	《天津市市场监管委关于印发〈天津市食品生产风险分级管理规范〉的通知》
	《天津市应急管理局关于进一步加强安全评价机构监管工作的通知》
	《天津市交通运输委员会关于印发〈2022年落实交通运输执法规范化长效机制重点工作〉的通知》

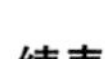
续表

涉及领域	名称
社会治理（29）	《天津市道路运输管理局关于进一步加强网络平台道路货物运输经营管理工作的通知》
	《天津市道路运输管理局关于印发〈天津市道路运输管理局安全生产约谈制度〉的通知》
	《天津市药品监督管理局关于印发〈2022 年普法依法治理工作实施意见〉的通知》
	《天津市粮食和物资储备局关于印发〈天津市粮食行政处罚裁量基准制度（试行）〉的通知》
	《天津市住房城乡建设委关于进一步做好当前住建领域安全生产工作的通知》
	《天津市市场监管委关于印发〈2022 年推进普法依法治理工作实施意见〉的通知》
	《天津市药品监督管理局关于修订〈重大执法决定法制审核制度〉的通知》
	《天津市知识产权局关于印发〈2022 年推进普法依法治理工作实施意见〉的通知》
	《天津市市场监管委关于特种设备行政许可有关事项的指导意见》
	《天津市应急管理局关于印发〈天津市安全培训机构管理规定（试行）〉的通知》
社会治安防控（4）	《天津市公安局关于加强疫情防控期间社会面管控的通告》
	《天津市交通运输委、天津市工业和信息化局、天津市公安局关于印发〈天津市智能网联汽车道路测试与示范应用实施细则（试行）〉的通知》
	《天津市港航管理局关于印发〈查处港口无证经营违法行为的工作意见〉的通知》
	《天津市人民政府办公厅关于转发市交通运输委等六部门拟定的〈天津市网络预约出租汽车经营服务管理办法〉的通知》
应急管理（8）	《天津市文化和旅游局关于印发〈关于进一步做好文化和旅游行业疫情防控工作方案〉的通知》
	《天津市地震局关于进一步加强地震安全性评价从业单位管理的通知》
	《天津市地震局关于进一步规范地震安全性评价管理相关工作的通知》
	《天津市文化和旅游局关于印发〈全市文化和旅游系统冬春火灾防控百日行动实施方案〉的通知》
	《天津市医保局关于疫情防控期间做好药品医疗保障有关问题的通知》
	《天津市住房城乡建设委关于进一步统筹做好疫情防控和复工复产有关工作的通知》
	《天津市应急管理局关于印发〈天津市应急管理局专家管理暂行办法〉的通知》
	《天津市应急局关于进一步深化非法违法"小化工"整治工作的通知》
民生安全（11）	《国家税务总局天津市和平区税务局关于对小规模纳税人相关优惠政策退税工作中暂无法联系纳税人的公告》
	《天津市医保中心关于印发〈天津市医疗保障协议管理经办意见（试行）〉的通知》
	《天津市财政局、国家税务总局天津市税务局关于明确城市维护建设税纳税人所在地具体地点的通知》
	《天津市医保局关于印发〈天津市医疗保障政务服务承诺制事项事中事后监管实施办法〉的通知》
	《天津市财政局、天津市民政局关于印发〈天津市困难群众救助补助资金管理办法〉的通知》

续表

涉及领域	名称
民生安全（11）	《天津市人社局关于简化企业职工基本养老保险退休手续有关问题的通知》
	《天津市人社局、天津市住房城乡建设委、天津市应急局等关于深入做好我市建筑业工伤保险工作有关问题的通知》
	《天津市人民政府关于印发〈天津市居住证管理办法〉的通知》（2021）
	《天津市人力资源和社会保障局关于印发〈天津市居住证积分管理实施细则〉的通知》
	《天津市民政局关于印发〈天津市特困人员认定管理办法〉的通知》
	《天津市发展改革委关于印发天津市信用服务机构监督管理办法的通知》
矛盾纠纷化解（1）	《天津市人民政府办公厅关于印发天津市重大行政决策公众参与工作规则等五个重大行政决策程序规定配套文件的通知》

表 11　河北省平安建设地方规范性文件（2021 年 8 月 15 日至 2022 年 8 月 15 日）

涉及领域	名称
社会治理（43）	《河北省人民政府办公厅关于进一步规范各级政务服务大厅审批服务的实施意见》
	《河北省人民政府办公厅关于印发〈河北省重大行政决策实施情况跟踪反馈与后评估办法〉的通知》
	《河北省人力资源和社会保障厅关于修订印发〈河北省劳动保障监察行政处罚自由裁量权适用规则〉和〈河北省劳动保障监察行政处罚自由裁量权细化标准〉的通知》
	《河北省农业农村厅关于印发〈河北省农业行政处罚自由裁量权基准细则（2021 年版）〉的通知》
	《河北省人民政府办公厅关于鼓励和支持社会资本参与生态保护修复的实施意见》
	《河北省人民政府关于印发扎实稳定全省经济运行的一揽子措施及配套政策的通知》
	《河北省卫生健康委关于印发〈河北省公共场所卫生许可管理办法〉的通知》
	《邯郸市人民政府关于进一步加强散煤治理的通告》
	《河北省发展和改革委员会关于规范有轨电车项目管理工作的通知》
	《河北省住房和城乡建设厅等印发〈关于持续整治规范房地产市场秩序专项行动方案〉的通知》
	《河北省住房和城乡建设厅关于印发〈河北省住房城乡建设领域违法行为举报管理实施办法〉的通知》
	《河北省人力资源和社会保障厅关于修改〈河北省人力资源社会保障行政执法程序规定〉的通知》
	《关于落实国家发展和改革委国家能源局进一步加强电力安全风险分级管控和隐患排查治理工作的通知》
	《唐山市人民政府办公室关于印发〈唐山市进一步规范生态环境保护综合行政执法工作实施方案〉的通知》

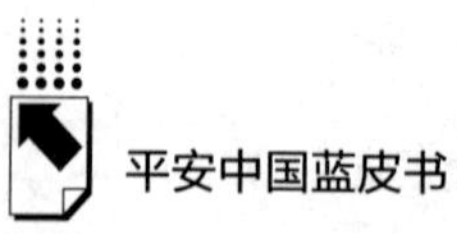

续表

涉及领域	名称
社会治理（43）	《河北省财政厅关于印发〈资产评估行业专项整治工作实施方案〉的通知》
	《河北省住房和城乡建设厅关于公开征集全省住房城乡建设领域“八五”普法规划编制意见和建议的公告》
	《河北省人民政府办公厅关于〈河北省综合立体交通网规划纲要〉的实施意见》
	《廊坊市人民政府办公室关于印发〈廊坊市进一步规范生态环境保护综合行政执法工作实施方案〉的通知》
	《唐山市人民政府办公室关于印发〈唐山市病媒生物防制管理办法〉的通知》
	《邯郸市地方金融监督管理局关于印发〈地方金融监管行政执法程序规定〉等5项制度的通知》
	《石家庄市人大常委会关于加强电动车规范管理的决定》
	《唐山市人民政府办公室印发〈关于加强城市居住社区非经营性公共设施规划建设管理工作的意见〉的通知》
	《河北省司法厅关于加强乡镇和街道与县级行政执法部门行政执法案件移送及协调协作工作的指导意见》
	《河北省财政厅、河北省生态环境厅关于印发〈河北省农村环境整治资金使用管理实施细则〉的通知》
	《唐山市人民政府办公室关于进一步弘扬塞罕坝精神深入推进唐山市生态文明建设的落实意见》
	《河北省市场监督管理局关于印发〈河北省食品经营风险分级管理工作规范〉的通知》
	《河北省市场监督管理局关于印发〈河北省网络交易平台经营者履行社会责任指引〉的通知》
	《河北省市场监督管理局关于印发〈河北省市场监督管理领域首次轻微违法行为免罚清单〉的通知》
	《河北省住房和城乡建设厅关于进一步加强施工扬尘污染防治工作的通知》
	《河北省药品监督管理局关于印发〈河北省化妆品行政处罚裁量适用情形〉〈河北省化妆品行政处罚裁量基准〉的通知》
	《河北省文物局关于转发〈河北省人民政府办公厅印发关于规范行政事业性收费管理若干措施的通知〉的通知》
	《河北省住房和城乡建设厅关于印发〈河北省建筑市场主体严重失信名单管理暂行办法〉的通知》
	《河北省人大常委会关于加强优化营商环境监督工作的意见》
	《河北省粮食和物资储备局关于印发〈河北省粮食行政处罚自由裁量权基准制度〉的通知》
	《河北省市场监督管理局、省财政厅关于印发〈河北省市场监管领域违法行为举报奖励暂行办法〉的通知》

续表

涉及领域	名称
社会治理（43）	《河北省医疗保障局关于印发〈河北省医疗保障基金使用监督管理行政处罚裁量基准适用办法（试行）〉的通知》
	《邯郸市水利局关于进一步加强饮用水水源地保护有关工作的通知》
	《张家口市人民政府办公室印发〈关于进一步加强城市停车设施规划建设管理工作的实施方案〉的通知》
	《河北省自然资源厅印发〈关于加强自然资源法治建设的实施意见〉的通知》
	《秦皇岛市人民政府办公室关于贯彻落实〈河北省电动自行车管理条例〉的实施意见》
	《河北省自然资源厅关于印发〈河北省自然资源行政处罚裁量办法〉〈河北省自然资源行政处罚裁量基准〉的通知》
	《河北省药品监督管理局关于印发〈河北省药品领域轻微违法行为包容免罚清单〉的通知》
	《河北省生态环境厅、河北省住房和城乡建设厅、河北省自然资源厅等关于印发〈河北省重点扬尘污染源名录管理办法（试行）〉的通知》
社会治安防控（5）	《河北省人民政府办公厅转发省交通运输厅等单位关于加强铁路沿线安全环境治理工作实施意见的通知》
	《河北省人民政府办公厅关于印发〈河北省贯彻落实中国反对拐卖人口行动计划（2021~2030年）实施细则〉的通知》
	《邢台市人民政府办公室关于印发〈邢台市贯彻落实中国反对拐卖人口行动计划（2021~2030年）实施意见〉的通知》
	《唐山市人民政府办公室关于印发〈唐山市贯彻落实中国反对拐卖人口行动计划（2021~2030年）实施意见〉的通知》
	《河北省人民政府办公厅关于贯彻实施〈河北省电动自行车管理条例〉的通知》
应急管理（11）	《河北省应急管理厅、河北银保监局、河北省财政厅关于印发〈河北省安全生产责任保险实施细则〉的通知》
	《河北省自然资源厅关于印发〈河北省土地征收社会稳定风险评估办法（试行）〉的通知》
	《河北省教育厅关于进一步加强校外培训机构疫情防控工作的紧急通知》
	《秦皇岛市人民政府办公室关于印发〈秦皇岛市海绵城市建设管理办法〉的通知》
	《河北省应急管理厅关于进一步加强汛期非煤矿山安全生产工作的紧急通知》
	《河北省住房和城乡建设厅、河北省气代煤电代煤工作领导小组办公室关于印发〈河北省城乡燃气行业监管信息系统建设方案〉的通知》
	《河北省人民政府办公厅关于印发〈河北省非煤矿山安全监察工作办法〉的通知》
	《河北省爱国卫生运动委员会关于深入开展春季爱国卫生运动积极助力疫情防控的通知》

续表

涉及领域	名称
应急管理（11）	《唐山市人民政府关于印发〈唐山市火灾事故调查处理规定〉的通知》
	《秦皇岛市人民政府办公室关于印发〈秦皇岛市市级重要物资储备管理办法〉的通知》
	《河北省文物局关于转发国家文物局〈关于进一步做好当前文物博物馆单位疫情防控工作的通知〉的通知》
民生安全（5）	《河北省财政厅、国家税务总局河北省税务局关于确定城市维护建设税纳税人所在地有关事项的通知》
	《河北省人民政府办公厅印发〈关于建立健全职工基本医疗保险门诊共济保障机制实施办法〉的通知》
	《河北省发展和改革委员会等 13 部门印发〈关于适应人口流动趋势拉动消费增长的若干意见〉的通知》
	《河北省人民政府办公厅关于健全重特大疾病医疗保险和救助制度的实施意见》
	《河北省财政厅关于印发〈河北省农业转移人口市民化奖励资金管理办法〉的通知》
矛盾纠纷化解（2）	《河北省市场监督管理局印发〈关于技术调查官参与专利侵权纠纷行政裁决办案的实施办法〉的通知》
	《河北省市场监督管理局关于印发〈河北省专利侵权纠纷行政裁决若干规定（试行）〉的通知》

表 12　京津冀三地平安建设地方规范性文件出台情况比较
（2021 年 8 月 15 日至 2022 年 8 月 15 日）

单位：项

类　别	涉及领域	北京	天津	河北
地方规范性文件	社会治理	35	29	43
	社会治安防控	5	4	5
	应急管理	15	8	11
	矛盾纠纷化解	2	1	2
	民生安全	12	11	5
合　计		69	53	66

地方规范性文件虽然不属于法的渊源，却是各级政府机关、部门组织所制发的各类文件中最主要的一类，具有约束和规范人们行为的作用①。法治

① 吴祖谋：《法学概论》（第 14 版），法律出版社，2021。

是推进国家治理体系和治理能力现代化的基本形式和最优路径，平安是人民幸福安康和经济发展的必要因素和题中之义。在建设更高水平的平安中国、法治中国的大背景下，京津冀三地应当继续把法治放在平安建设保障中的首要位置，进一步推进法治在平安建设中的基础性作用和引领性作用，促进政治效果、法律效果和社会效果的有机统一。综合以上，本项指标得分 95 分。

（三）平安建设政府决策、行政执法等容错纠错保障机制建设情况

本指标得分为 90 分。

2022 年，京津冀三地在省级层面尚未专门出台容错纠错机制等平安建设保障相关文件，但以往北京在省级层面、天津在区级层面、河北在市级层面都出台过类似的文件作为干部干事创业容错纠错的制度支撑，其容错纠错保障体制在其他文件中也有所体现。2022 年 3 月，北京市人大常委会审议通过《中国（北京）自由贸易试验区条例》，指出如果制度创新未能实现预期目标，但符合改革方向和有关决策程序的，依照国家和本市有关规定免予追究责任或者从轻、减轻追究责任①。《天津国家自主创新示范区条例（2021 修正）》《河北省人民政府关于印发扎实稳定全省经济运行的一揽子措施及配套政策的通知》等文件对容错纠错机制也有所说明。

同时，京津冀三地基于自身的改革创新经验，探索建立了轻微首次违法行为容错纠错机制。2022 年 7 月，北京市人力资源和社会保障局修订发布了《轻微违法行为不予行政处罚清单》（第二版）；2022 年 5 月，北京市市场监管局在 2020 年《北京市市场监管轻微违法行为容错纠错清单（试行）》的基础上，根据《北京市优化营商环境条例》等规定，发布了《北京市市场监督管理局不予实施行政强制措施清单》；2021 年 8 月，天津正式实施《天津市人力资源和社会保障轻微违法行为不予行政处罚清单（第一版）》；

① 《中国（北京）自由贸易试验区条例》，http://www.beijing.gov.cn/zhengce/dfxfg/202204/t20220414_2676476.html，2022 年 3 月 31 日。

2022 年 6 月，天津印发《天津市市场监管委关于印发不予实施行政强制措施清单的通知》；2022 年 6 月，河北省在农业农村、环保、市场监管、商务等领域出台了轻微违法行为免罚清单，对企业初次违法且危害后果轻微并及时改正的，不再予以行政处罚，教育、督促、指导企业及时整改。这是平安京津冀建设保障下社会治理领域柔性执法的一大进步，体现了平安建设法治保障的温度和力度。综合考虑，本项指标得分为 90 分。

（四）民众对法治保障的感受

本指标得分为 84.76 分。

平安不仅是社会进步的基石，也是百姓民生的福祉。平安京津冀建设的价值追求与实现路径应当是人民群众广泛参与的共建共治共享。人民群众不仅是平安建设的参与者、受益者，也应当是其评判者。问卷调查结果显示，民众对平安京津冀建设法治保障的感受综合得分为 84.76 分。民众对北京市平安建设法治保障的评价相较上年有所提高，在我们抽取的河北省问卷样本中，石家庄市、保定市和廊坊市的得分均在 80 分以上，而唐山市的得分仅为 61.17 分，拉低了河北的整体得分。

同时，对比近 3 年来北京、天津、河北关于平安建设的立法情况，并进一步综合民众对平安建设法治保障的感受，最终“法治保障”二级指标得分为 90.98 分。

（五）警力配备情况

本指标得分为 90 分。

警力资源是警务活动得以开展的动力和源泉，警力资源的科学配备不仅关系着公安机关内部的组织氛围和运转效率，也直接反映社会治安状况和人民满意度、安全感，对平安建设具有深远意义。课题组通过 2022 年京津冀三地新警招录计划得知，除少部分技术警种外，三地公安机关将绝大部分新招录的警员下沉到科所队等基层一线，筑牢公安工作的根基，以激发现有警力最大的治安效能。2022 年，京津冀三地公安系统公开招录人民警察合计 1796 人，创 3 年来公开招录人数的新高（见表 13）。另外，问卷调查结果显示，京津冀三地约 53.67%的居民认为公安机关现有警员人数充足。综合近三年疫情影响下三地公安机关人民警察的历年招录人数、京津冀三地警力资源配比，最终本指标得分 90 分。

表 13　2020~2022 年京津冀三地公安系统公开招录人数统计

单位：人

种类	北京市			天津市			河北省		
	2022 年	2021 年	2020 年	2022 年	2021 年	2020 年	2022 年	2021 年	2020 年
人民警察	484	477	585	650	410	235	662	895	189
文职辅警	336	340	34	538	988	3552	—	—	—

资料来源：北京市公安局、天津市公安局、河北省公安厅关于招录人民警察、文职辅警的公告。

（六）专业队伍建设情况

本指标得分为 85 分。

专业队伍是进行社会治安防控、应对突发事件和自然灾害的重要支撑力量，在保障城市安全运行、维护社会和谐稳定方面发挥着重要作用。自北京市重点行业领域专业应急救援队伍建设规范团体标准发布实施后，北京市经官方认证的专业队伍已达 117 支，涵盖燃气、电力、危化、通信、森林防火等 12 个重点行业领域。2022 年 8 月初，北京市应急管理局组织专业技术人员前往 24 支市级专业应急救援队伍开展装备清点维护以及队伍信息普查等相关工作，服务专业队伍建设。相较北京而言，天津市专业队伍建设较为薄弱，其应急救援人员一般为兼职。河北省目前组建起省市县三级森林草原消防专业队伍 101 支共 7900 余人①，涉及范围相对较窄。综合京津冀三地专业队伍发展建设情况，本项指标得分为 85 分。

① 《101 支消防队伍守护森林草原安全》，http：//yzdsb. hebnews. cn/pc/paper/c/202206/29/content_ 141774. html，2022 年 6 月 29 日。

（七）社会力量参与情况

本指标得分为 95 分。

平安是人民群众在解决温饱后最重要的需求，平安建设不仅是发展的前提要件，也是最基础的民生保障。平安建设与政府招商引资、投资开发截然不同，不应是政府或公安机关的“独角戏”，而是需要社会力量的广泛参与，人民群众是推进平安建设最深厚的力量源泉。表 14 至表 16 为社会力量参与平安京津冀建设的部分情况。

表 14　2022 年北京市社会力量参与平安建设情况

参与领域	具体内容
垃圾分类	北京通过“团员回社区报到”机制，在 6747 个社区（村）发布垃圾分类桶前值守项目和其他志愿服务，招募志愿者 36 万余人，志愿时长 678 万余小时
疫情防控	2022 年 5 月 11 日，北京市委社会工委、市民政局印发了《北京市新冠肺炎疫情社区防控社会工作服务指引》，号召志愿者共同筑牢疫情防控社会防线。北京青年汇 500 余名社工踊跃报名参与，主动下沉防疫一线
地铁交通服务	2022 年 2 月，神州创新志愿服务总队在地铁环球度假区站开展“平安地铁”保障志愿服务活动，帮助开展排队安检、购票、安全巡查、手捡拾垃圾、提醒佩戴口罩等志愿活动
“五员”志愿服务推动社区治理	北京市组织 2 万余名志愿者，担任门前“三包”保洁员、文明城市宣传员、文明实践网格员、文明交通引导员、创城实地测评员，在街面、社区、商店等地，针对社区治理短板弱项开展特定服务

表 15　2022 年天津市社会力量参与平安建设情况

参与领域	具体内容
疫情防控	2022 年 5 月，急救联盟天津分队参与提供街道核酸采样、身份录入、物资转运、秩序维护等相关服务
交通服务	共 1000 余名交通志愿者在工作日的早晚高峰时段，协助交警进行路口疏导，对闯灯、逆行、不佩戴安全头盔的人进行劝导
禁毒宣传	2022 年 6 月 26 日，天津市公安机关 18 支巾帼志愿服务队共 200 余名巾帼志愿服务队员在全市同步开展“健康人生　绿色无毒”全民禁毒主题宣传活动，累计发放禁毒宣传手册 8000 余份，现场解答群众咨询 6500 余人次
治安巡逻、矛盾调解	河西平安志愿者团队成立以来，担任晚间“巡逻员”、矛盾“调解员”、安全防范的“宣传员”、不文明行为“劝解员”，积极参与到化解矛盾纠纷、维护社会秩序、治理突出问题等平安建设工作中

表 16　2022 年河北省社会力量参与平安建设情况

参与领域	具体内容
疫情防控	2022 年 4 月，邯郸市委统筹 5800 余名志愿者，参与乡镇、社区（村）的核酸检测、流调排查、卡口值守、物资运送等疫情防控工作
卫生整治	河北涉县组织 75 个县直单位开展“文明创建我参与　洁净护城我先行”志愿服务活动，对城区 37 条主次干道进行环境整治
解决群众“急难愁盼”问题	邯郸市志愿者开展“弘扬志愿精神　服务人民群众”主题活动，组织 1000 余名志愿者深入辖区，开展以“居家帮扶”为主要内容的慰问、亲情陪伴、家政服务、事务代办、疫苗接种等活动，切切实实让居民群众感受到党的关怀与温暖

目前，北京、天津、河北三地都出台了地方性法规《志愿服务条例》。北京市各区均已组建应急志愿支队，150 多个街道（乡镇）已组建大队，30 余支社会队已就近纳入各区支队，分布全面、专兼结合的应急志愿服务网络基本形成[①]。在政府、市场、社会三重体系参与社会治理日臻完善的背景下，以政府或市场为主的单一社会治理模式已无法满足经济社会的发展需求，社会力量参与的多元主体共同治理的共治模式逐渐趋于成熟[②]。社会力量是平安建设队伍中最为重要的根基，只有根基坚固，才能枝繁叶茂、硕果累累。进一步提升平安建设的基础防范水平，必须坚持群众路线，全面发动群防群治力量，形成“人人有责、人人担责、共治共享”的社会治理综合共同体。

（八）民众对人员保障的感受

本指标得分为 75.30 分。

问卷调查结果显示，京津冀三地民众认为警察、专业队伍以及社会力量充足的平均比例分别为 53.67%、47.83%和 47.92%，认为力量不足的比例分别为 18.25%、20.63%和 20.42%，认为力量过剩的比例分别为 11.04%、10.33%和

① 《北京市应急志愿服务网络基本形成》，http：//www.legaldaily.com.cn/index/content/2022-08/12/content_8767505.htm，2022 年 8 月 12 日。

② 王名、蔡志鸿、王春婷：《社会共治：多元主体共同治理的实践探索与制度创新》，《中国行政管理》2014 年第 12 期。

10.46%，其余受访者则不了解人员保障情况。本项指标中，京津冀三地的平均得分分别为78.00分、74.09分和73.82分。从京津冀整体来看，2022年民众对人员保障的感受的得分相较2021年有所下降，其中，河北省得分最低，这主要是由于河北警民比例相对北京和天津而言较低，基层公安机关压力大、任务重。

（九）平安建设经费投入情况

本指标得分为85分。表17至表22为北京市公安局、天津市公安局、河北省公安厅2020~2022年预算收入情况汇总。

表17　北京市公安局2020~2022年预算收入总体情况

单位：万元

项目	2020年	2021年	2022年	备注
收入预算	719658.12	762583.42	754651.02	
财政拨款	706740.18	754931.26	699996.69	一是按照在职人数和工资政策进行测算,经费预算有所减少;二是北京警察学院改制为全额拨款事业单位,作为独立的二级预算单位进行核算
统筹使用事业基金安排预算	168.67	280.59	—	—
其他资金	12749.26	7371.57	1018.16	—

资料来源：北京市公安局2020~2022年财政预算信息。

表18　北京市公安局2020~2022年预算支出总体情况

单位：万元

项目	2020年	2021年	2022年	备注
基本支出预算	521286.04	585319.44	532236.14	一是按照在职人数和工资政策进行测算,经费预算有所减少;二是北京警察学院改制为全额拨款事业单位,作为独立的二级预算单位进行核算,导致部门本级经费预算减少
项目支出预算	256444.96	194698.84	222414.89	继续使用的财政性结转项目经费较上年有所增加

资料来源：北京市公安局2020~2022年财政预算信息。

表 19　天津市公安局 2020～2022 年预算收入总体情况

单位：万元

项目	2020 年	2021 年	2022 年
收入预算	386950.938521	454693.5	336888.0
财政拨款	346485.822852	421493.1	278181.5
事业收入	346485.822852	20065.7	38182.0
其他资金	14062.165864	9328.7	17287.3

资料来源：天津市公安局 2020～2022 年财政预算信息。

表 20　天津市公安局 2020～2022 年预算支出总体情况

单位：万元

项目	2020 年	2021 年	2022 年	备注
基本支出预算	415137.713068	454693.5	336888.0	—
项目支出预算	125861.8307	47195.8	39195.3	按“真过紧日子、过真紧日子”要求，实施零基预算管理，大力压减一般性公务支出

资料来源：天津市公安局 2020～2022 年财政预算信息。

表 21　河北省公安厅 2020～2022 年预算收入总体情况

单位：万元

项目	2020 年	2021 年	2022 年
收入预算	126175.6	126193.26	139235.83
财政拨款	123830.03	101660.49	125347.89
事业收入	2314.57	803.71	651.24
其他资金	31.00	82.50	1315.00

资料来源：河北省公安厅 2020～2022 年财政预算信息。

表 22　河北省公安厅 2020～2022 年预算支出总体情况

单位：万元

项目	2020 年	2021 年	2022 年	备注
基本支出预算	126175.6	126193.26	139235.83	主要原因是人员经费支出增加
项目支出预算	75836.33	74417.88	76969.08	主要原因是基建项目增加

资料来源：河北省公安厅 2020～2022 年财政预算信息。

课题组在引用预算收入、支出的数据时均参考了当年的收入、支出预算，而并非第二年预算情况说明中所体现的实际收入、支出情况。2022年，北京、天津的预算收入和预算支出都有所下降，河北有所提高。2022年的政府工作报告以及2021年末中央经济工作会议都指出，党政机关要坚持过紧日子，更好地节用裕民①。综合来看，本项指标得分85分。

（十）平安建设硬件设施建设情况

本指标得分为95分。

表23至表25展示了京津冀三地有关平安建设的硬件设施建设情况，可以看出2022年三地建设方向根据自身实际情况各有侧重。北京市以道路视频监控以及警务装备为主，天津市以智慧平安社区建设为主，河北省则主抓监控平台等信息化大数据平台建设。综合来看，本项指标得分95分。

表23　2022年北京市平安建设硬件设施建设情况

单位：万元

序号	项目	采购人	合同金额
1	公安局业务装备购置项目	北京市公安局	331.7472
2	禁毒科技中心实验室耗材购置项目	北京市禁毒科技中心	848.45
3	马坡地区增设违法停车监控、龙塘路增设违法行为监控	北京市公安局顺义分局	239.318089
4	京承高速、顺于路等重点路段增设交通违法监控设备25套	北京市公安局顺义分局	256.129577
5	北京市公安局怀柔分局头盔、盾牌等防护装备购置项目	北京市公安局怀柔分局	137
6	大兴区综合出入境服务大厅辅助人员项目	北京市公安局大兴分局	843.6
7	北京市公安局顺义分局2022年度警辅人员服装采购项目	北京市公安局顺义分局	394.419345
8	北京市公安局西城分局采购专业警用通信、重大活动通信指挥警情上报800兆电台200部	北京市公安局西城分局	142
9	顺义分局视频电视电话会议系统维护项目	北京市公安局顺义分局	142.373486

① 《中央经济工作会议在北京举行》，https：//www.12371.cn/2021/12/10/ARTI1639136209677195.shtml，2021年12月10日。

表 24　2022 年天津市平安建设硬件设施建设情况

单位：万元

序号	项目	采购人	合同金额
1	天津市公安局新 110 接处警系统（联通）链路项目	天津市公安局科技信息化总队	27.5
2	2022 年度静海区智慧平安社区建设项目	天津市公安局静海分局	1653.3134
3	天津市公安局南开分局 2021 年智慧平安社区项目机柜租赁项目	天津市公安局南开分局	33.60
4	天津市公安局公务用车项目	天津市公安局	1157.0
5	天津市公安局河北分局检验鉴定项目	天津市公安局河北分局	29.25
6	天津市宝坻区 2022 年智慧平安社区建设项目	天津市公安局宝坻分局	1592.9
7	天津市公安局津南分局 2022 年津南区交通安全民心工程项目	天津市公安局津南分局	2926.238602
8	公安武清分局执法记录仪采集站购置项目	天津市公安局武清分局	42.315
9	特警北辰支队组建轻装快反小队采购装备项目	天津市公安局北辰分局	13.095
10	静海区道路交通科技设施全面提升建设项目	天津市公安局静海分局	14.87
11	2022 年南开区智慧平安社区建设项目	天津市公安局南开分局	2819.8269
12	武清分局 2021 年智慧平安社区建设项目	天津市公安局武清分局	1998.996
13	北辰区交通设施维护项目监理服务项目	天津市公安局北辰分局	44.68

表 25　2022 年河北省平安建设硬件设施建设情况

单位：万元

序号	项目	采购人	合同金额
1	2022 年河北省公安厅特勤局警卫执勤装备采购项目	河北省公安厅特勤局	876.00
2	石家庄市公安局制证所制证系统数据库维护	石家庄市公安局	24.125
3	警务实战演练	石家庄市公安局	279.0820
4	石家庄市公安局新华分局智能枪弹柜采购	石家庄市公安局新华分局	23.20
5	石家庄市公安局裕华分局派出所执法办案区设备	石家庄市公安局裕华分局	53.0692

续表

序号	项目	采购人	合同金额
6	石家庄市公安局公安大数据中心资源扩容项目(含公安局虚拟化平台资源扩容项目)(二次)	石家庄市公安局	770.3980
7	2022年度市本级警卫路线及部分市局自建视频监控点位运行维护项目	唐山市公安局	83.3587
8	唐山市公安局指挥系统设备维保服务项目	唐山市公安局	65.1845
9	暑期铁路沿线视频安全建设项目	唐山市公安局	370.0140
10	三级网视频会议系统高清化改造项目(二期)	唐山市公安局	306.4430
11	人脸测温系统实施健康码与身份证绑定查验项目	唐山市公安局	483.5212
12	保定市公安局交通警察支队2022年采购骑行服、骑行靴、执勤帽项目	保定市公安局	136.9498
13	保定市公安局DNA实验室案件检验试剂耗材项目	保定市公安局	67.9700
14	保定市公安局交通警察支队驾驶人考试车载设备及监管平台扩容升级项目	保定市公安局	253.9360

（十一）民众对财务装备的感受

本指标得分为71.88分。

根据问卷调查，34.88%的民众认为平安京津冀建设财务装备的经费保障充足。从北京市情况来看，认为北京市投入经费不足的占16.63%，认为经费保障过剩的占7.63%，还有大量民众不了解平安建设保障中财务装备的投入情况。天津市各公安分局2021年、2022年在智慧平安社区建设上投入了大量资金，该项目作为2022年天津20项民心工程之一，与人民群众的工作、生活息息相关，但天津市有44.38%的民众不清楚平安建设经费投入、财务装备等情况，这也从侧面说明政府在平安建设的宣传层面需要进一步加强。从三地整体情况来看，本项指标的完成度一般，未来还需进一步加大平安建设财务装备升级更新的宣传力度，并采取有关措施予以改进。

（十二）公共安全视频监控系统建设情况

本指标得分为 82.95 分。

近年来“雪亮工程”建设将重点放在了县、乡、村，在全国各地不断下沉到基层一线，融入市域社会治理现代化进程。据中国安防网的不完全统计，仅 2022 年 6 月、7 月两个月，千万级以上“雪亮工程”项目就达 23 个之多[①]，“雪亮工程”作为平安京津冀建设的重要组成部分，不断持续推进。

北京市顺义区“雪亮工程”二期项目建设完成后，其前端点位增加至 4404 个，视频监控 11395 路，并搭建起“3+22+N”系统，实现公共场所重要点位监控全覆盖。与此同时，融合接入了区教委、区卫健委、智慧平安小区等其他领域视频监控 6000 路，实现顺义区公共安全视频监控建设“全网共享、全时可用、全程可控、全域覆盖”的目标[②]。2022 年 5 月 13 日，天津市召开视频监控网建设工作会议，总结 2021 年工作，部署 2022 年任务[③]。2022 年，河北省水利厅会同网信办，建立了全省全覆盖、全天候、智能化河湖智能视频监控系统[④]。公共安全视频监控系统建设是“雪亮工程”的基础环节。问卷调查结果显示，39.67%和 30.13%的民众认为公共安全视频监控系统“非常有效”和“比较有效”，民众对公共安全视频监控系统评价的平均得分为 74.92 分，说明公共安全视频监控系统建设仍需进一步推进，宣传要进一步加强。综合来看，本项指标得分 82.95 分。

（十三）大数据深度应用

本指标得分为 95 分。

---

① 《千万级以上项目密集招标，“雪亮工程”又来袭?》，https://baijiahao.baidu.com/s?id=1740919468866289813&wfr=spider&for=pc，2022 年 8 月 12 日。

② 《区经信局高标准推进“雪亮工程”建设，全方位助力全区高质量发展》，https://www.sohu.com/a/576314604_121106842，2022 年 8 月 12 日。

③ 《天津市召开视频监控网建设工作会议》，https://www.tj.gov.cn/sy/zwdt/bmdt/202205/t20220516_5881561.html，2022 年 5 月 16 日。

④ 《河北建立河湖智能视频监控系统　“一张网”守护河湖安澜》，https://baijiahao.baidu.com/s?id=1740276017407524606&wfr=spider&for=pc，2022 年 8 月 5 日。

2022 年 7 月 25 日，在中宣部举办的“中国这十年”新闻发布会上，公安部党委委员孙茂利指出，要毫不动摇地将完善社会治安防控体系作为平安中国建设的重要支撑，以深化大数据智能化建设应用为支撑，涵盖圈层查控、单元防控、要素管控的社会治安防控体系“四梁八柱”基本建成①。在信息化时代，数据已成为“新石油”，从表 26 至表 28 中可以看到京津冀地区高度重视大数据等信息化手段在平安建设中的应用。大数据在平安京津冀建设中的精准赋能，可以有效使公安机关服务更便民、识别更精准、研判更迅速、办案更高效，对于平安建设意义重大。综合来看，本项指标得分 95 分。

表 26　2022 年北京市大数据深度应用情况

项目	简介
网络安全和大数据服务采购项目	近年来，北京市采购大数据服务项目的次数不断增加，如北京市公安局西城分局及丰台分局网络安全和大数据服务采购项目，为全市各个部门及网络系统数据专区的目录上链运行、核验、同步与管控以及数据共享等提供技术支撑
2022 北京大数据技能大赛	大赛鼓励高新技术企业、高校、科研机构等积极参与大数据实践与革新，通过竞赛的方式促进大数据产业与国家治理、社会经济发展的紧密结合
北京大数据协会于 2022 年 4 月 2 日发布团体标准《大数据企业认定规范》	《大数据企业认定规范》共分为五个部分，分别是范围、规范性引用文件、认定原则、术语和定义以及大数据企业的能力要求，是规范大数据开发的又一里程碑

表 27　2022 年天津市大数据深度应用情况

项目	简介
天津市大数据协会与市公安局人口管理总队开展工作交流会	本次交流会涉及交通管控、便民服务、数据治理、国产化道路信号控制器试点应用等，促进了大数据在交通行业的应用
大数据查车系统，精准识别不合规网约车	天津通过手机 App、车载摄像头等软硬件，打造了“慧治网约车”数字化治理场景。大数据系统将多次违法违规的车辆及驾驶员列入黑名单，并精准识别不合规网约车

① 《中国这十年：国际社会普遍认为中国是世界上最安全的国家之一》，https：//legal. gmw. cn/2022-07/25/content_ 35907783. htm，2022 年 7 月 25 日。

续表

项目	简介
天津市采购平安建设大数据应用项目	2022 年，天津市公安局采购了天津市高危人员大数据监测预警管控系统、天津公安大数据基座专用服务项目等相关项目，不断促进大数据在平安建设中的应用
天津市大数据协会组织开展天津市“交通知堵治堵”研讨会	天津市大数据协会组织开展了“交通知堵治堵”研讨会，为大数据在交通治堵工作中如何发挥作用献言献策

表 28　2022 年河北省大数据深度应用情况

项目	简介
河北发布春运交通安全大数据分析	河北省公安厅通过大数据分析梳理了 2022 年以来全省各城市的交通事故，并发布事故原因和主要受伤人群，警示全省车辆驾驶人员
河北省公安厅做出服务基层大数据实战应用十项承诺	河北省公安厅组建专家团队对基层重特大案件侦办工作提供“云指导”，通过科技信息化手段整合报表、共享数据，促进信息系统资源权限下沉
国家发展改革委等四部门发布《关于同意京津冀地区启动建设全国一体化算力网络国家枢纽节点的复函》	复函强调，要在京津冀地区建立张家口数据中心集群，推动京津冀地区数据共享交流
启动河北省各地各部门大数据机构设置、基础设施、数据资源等数据要素情况摸底登记工作	河北大数据中心着重加强电子政务、行业组织、第三方社会秩序等数据的整合汇聚、共享开放，努力向全社会提供精准的大数据服务

（十四）信息资源共享融合情况

本指标得分为 90 分。

京津冀协同发展是当前三大国家战略之一，信息资源的共享融合是其中重要一环。基于新一代信息技术建设智慧城市群，已成为京津冀协同发展的重要方向。让数据“多跑腿”，扩大数据共享的广度，提升数据共享的深度，不仅能更好地服务群众需求，也能优化资源配置、避免资源浪费。整体来看，京津冀三地关于平安建设的信息资源共享融合正在平稳推进（见表 29），本项指标得分 90 分。

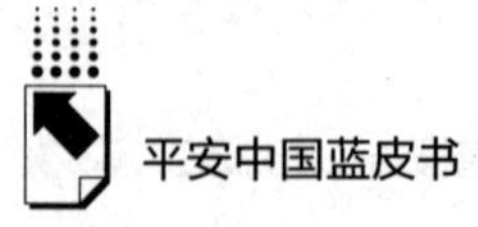

表 29　2022 年京津冀信息资源共享融合情况

项目	简介
基于新一代信息技术建设智慧城市群，促进京津冀协同发展	疫情防控期间，京津冀已在多方面建立了联防、联控、联动工作机制。比如，北京与三河、大厂、香河等环京 6 个区县通过“一信、一卡、一证”等方式，保障跨省通勤工作人员的出入便利，致力于防疫举措更为精细化
京津冀警务协同发展领导小组第十四次会议召开	会议总结了 2021 年以来京津冀警务合作机制工作情况，审议通过了《关于建立京津冀三地公安特警警务合作工作机制的意见》等 6 项文件，共同推进京津冀三地的信息共用、资源共享、联动共建

（十五）信息化、智能化科技在平安建设中的应用

本指标得分 95 分。

2022 年 7 月，北京城市副中心智慧城市产业联盟成立，由 50 家企业组成，涵盖城市治理、民生服务、智慧文旅、智慧政务、生态环保以及其他智慧应用等领域，为副中心数字治理、数字经济、数字生活、数字双碳等领域的管理变革与应用创新提供技术支撑。2022 年 4 月，河北省委网信委印发《河北省“十四五”信息化规划》，提出要加快信息基础设施优化升级，统筹推进“云、网、数”等信息基础设施建设，推动融合与创新基础设施建设，加快培育数据要素市场，促进数据要素融通，推动数据应用场景创新，激活释放数据生产要素的核心价值，提升数据开发利用水平。智慧平安社区建设是天津市 20 项民心工程中连续 5 年实施的项目。截至目前，天津已建成并投入使用的智慧平安社区有 4305 个，2022 年 10 月前将实现城镇地区 100%全覆盖。据统计，2021 年新建成的智慧平安社区投入使用后，仅半个月时间，发案数量就同比下降 53.72%①。

信息化、智能化科技在平安京津冀建设中不断得到应用，能够有效提升社会治安防控、环境治理保护、公共交通疏导、风险预测监测、应急事件处置等各领域的精细化治理水平，促进实现社会治理的现代化，打造集多职能

① 《天津公安坚持人民至上奋力书写平安答卷》，http：//wap. chinafxj. cn/n2334/c799347/content. html，2022 年 6 月 21 日。

于一体的数字化、信息化、智能化社会治理“城市大脑”。综合来看，本项指标得分95分。

（十六）信息安全防护建设

本指标得分为95分。

2022年是《网络安全法》施行五周年，中央网信办副主任、国家网信办副主任、新闻发言人牛一兵在“中国这十年”新闻发布会上指出，党的十八大以来，党对网信工作的集中统一领导有力加强。北京、天津、河北在网络安全工作中进一步明确和落实党委（党组）领导班子、领导干部的网络安全责任制度，在各级党委（党组）的领导下，京津冀三地的网络信息安全防护工作不断推进（见表30至表32），本项指标得分95分。

表30　2022年北京市信息安全防护建设情况

事件	具体内容
2022年北京网络安全大会	本届大会以“零事故之路”为主题，指出在人工智能、5G通信技术等新一代技术正在与实体经济深度融合的背景下，社会各界需要协同共治网络安全风险
北京市国家网络安全宣传周活动	本次宣传周以“网络安全为人民　网络安全靠人民”“聚力冬奥保障　共筑网络安全”为活动主题，从多方面营造全社会防范网络安全风险的氛围
北京市教育委员会关于印发《2022年北京市教育信息化和网络安全工作要点》的通知	文件指出各区、各高校要做好信息系统定级备案与等级保护测评，开展全方位安全自查、全覆盖现场检查、全领域动态监测，彻底清除“双非”“僵尸”网站，及时消除安全漏洞
2022安全运营建设峰会成功在北京召开	峰会对中国攻击面管理技术、经典案例进行了深度分析，并对此项技术的未来发展趋势进行预测

表31　2022年天津市信息安全防护建设情况

事件	具体内容
天津市卫生健康行业年度网络安全攻防演练	本次演练设置了14家攻击单位和84家防守单位。本次实战演练有效提升了各单位的网络防范能力及网络应急事件处理水平
开通天津市网络数据安全和个人信息投诉举报平台	为贯彻落实《中华人民共和国数据安全法》等法律法规，天津市委网信办开通了天津市网络数据安全和个人信息投诉举报平台，专门用于收集此类事件的违规违法举报线索

续表

事件	具体内容
天津市国家网络安全宣传周活动	此项目首次落实“三级确保、建设四级、多级完善”的工作体系，围绕个人信息保护、电信诈骗等社会热点，通过直播秀、网络互动等方式进行专题宣传
天津河西警方为企业开展网络安全检查服务	天津市公安局河西分局网络安全保卫支队主动深入辖区互联网单位，针对互联网企业安全管理组织制度及安全防范技术等开展了检查，并现场教授如何正确审核信息发布和进行公安备案

表 32　2022 年河北省信息安全防护建设情况

事件	具体内容
2021 年河北省网络安全技术高峰论坛	本次论坛根据目前网络安全工作的实时情况分为三场专题论坛，分别是关键信息基础设施和云服务安全保护、数据安全和个人信息保护、新技术新应用安全防护。多名专家在场分享网络安全的最新技术理念
河北各地“清朗 · 燕赵净网”专项行动	2022 年 7 月，全省网信系统清理违法和不良信息 25236 条。其中，赌博诈骗类 2141 条，网络谣言类 1685 条，涉未成年人类 356 条，流量造假、黑公关、网络水军类 151 条等。受理全网违法和不良信息举报 15.24 万件
2022 年国家网络安全宣传周河北活动网络安全博览会	本次博览会将展示全国网信办企业新技术产品的应用，并以多种方式进行网络安全知识宣传，提高网络安全防护技能
河北省委网信办发布《网络安全常用标准手册》	手册着重从已发行的 268 项网络安全国家标准中挑选了有关网络系统运维和新技术新应用安全防护等方面的 87 项标准进行进一步的解析和介绍

（十七）是否将平安建设相关内容纳入领导干部培训

本指标得分为 90 分。

从表 33 至表 35 中可以看到，京津冀地区的各级党委政府领导高度重视平安建设，对下一阶段平安京津冀建设的推进大有裨益。与此同时，领导出席观摩相关应急演练活动相较往年有所增加。领导干部切身参与到应急演练中，一方面，能检查应急预案的科学性和有效性，同时对应急预案中存在的问题提出解决方法，并充实应急到预案中；另一方面，针对演练中发现的问题，能及时调动有效资源予以解决，增强各部门、机构、人员之间的协调性，增强风险意识。综合来看，本指标得分为 90 分。

表 33　北京市将平安建设相关内容纳入领导干部培训相关情况

会议	内容
北京市委平安北京建设领导小组全体(扩大)会议	2022 年 3 月，北京市委专门召开平安北京建设领导小组全体(扩大)会议，组织领导干部开展平安建设专项学习
区委平安西城建设领导小组全体(扩大)会议	2022 年 4 月 1 日，区委平安西城建设领导小组 2022 年全体(扩大)会议召开，审议通过了《关于建议调整增补领导小组领导成员的意见》《2021 年平安西城建设工作情况》《2022 年平安西城建设工作要点》《西城区市域社会治理现代化试点工作指引(第二版)》
区委平安通州建设领导小组全体(扩大)会议	2022 年 3 月 17 日上午，区委平安通州建设领导小组召开 2022 年全体(扩大)会议。会议传达了平安中国建设表彰大会和平安北京建设领导小组全体(扩大)会议精神，听取和审议了《2021 年平安通州建设工作报告》《2022 年平安通州建设工作要点》，研究部署今年平安通州建设相关工作
北京市委政法工作会议召开	2022 年 1 月 20 日，北京市委政法工作会议召开，会议学习传达了习近平总书记对政法工作做出的重要指示

表 34　天津市将平安建设相关内容纳入领导干部培训相关情况

会议	内容
2022 年平安天津建设新闻发布会	2022 年 3 月 1 日，天津举行 2022 年平安天津建设新闻发布会，介绍平安天津建设有关情况，并回答记者提问
市委平安建设领导小组办公室主任(扩大)会议	2022 年 4 月 18 日，市委平安建设领导小组办公室召开主任(扩大)会议，深入学习贯彻习近平总书记关于平安建设的重要论述，并分析当前形势，部署推进工作
全市应对极端强降雨防汛应急工作部署会	2022 年 5 月 18 日，天津市委书记李鸿忠调研检查防汛工作并主持召开全市应对极端强降雨防汛应急工作部署会，对天津市可能遭遇的山洪、风暴、暴雨等极端天气进行了防汛抗灾工作全面推演，进一步强化指挥体系、深化各方面配合、增强实战能力
天津市委政法工作会议暨全市政法队伍教育整顿总结会议	2022 年 2 月 18 日，天津市委书记李鸿忠出席并讲话，强调要深入学习贯彻习近平法治思想，巩固深化政法队伍教育整顿成果，扎实推进天津市政法工作取得新成效，坚决筑牢首都政治“护城河”

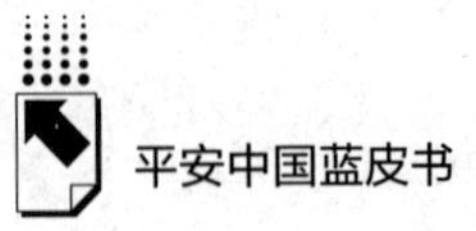

表 35　河北省将平安建设相关内容纳入领导干部培训相关情况

会议	内容
平安河北建设表彰大会暨河北省政法队伍教育整顿总结会	2022 年 1 月 28 日，河北省委书记、省人大常委会主任王东峰在会议上强调，着力推进平安河北建设，为党的二十大胜利召开营造安全稳定的社会环境
河北省平安建设领导小组第二次会议	2022 年 1 月 22 日，河北省委书记、省平安建设领导小组组长王东峰主持召开省平安建设领导小组第二次会议，传达学习贯彻平安中国建设表彰大会精神，总结 2021 年工作，部署 2022 年任务

（十八）是否将平安建设相关内容纳入中小学教育

本指标得分为 91.37 分。

平安校园建设对于保护未成年人权益、预防未成年人犯罪、弘扬社会主义法治思想起到了基础性作用。2021 年底，北京各区教委联合区委政法委、区公安分局、区消防救援支队开展了平安校园建设验收工作。天津市教委明确学校要将安全教育纳入教育教学内容，中小学每月、幼儿园每季度开展一次疏散演练，并要求法治宣传教育、预防欺凌教育、安全教育的培训受教育率达到 100%。天津市在全国范围内率先完成中小学专职保安员配备率、学校封闭化管理率、一键式紧急报警和视频监控系统达标率、学校“护学岗”配备率达到“四个 100%”的任务要求。另外，天津市利用线上直播、专题讲座等方式，重点围绕消防、新安法、防溺水、交通安全、防范网络电信诈骗、预防校园欺凌等主题，进行法治安全教育。2022 年，河北省各级部门组织“开学安全第一课”“燃气安全进校园”“国家法治宣传教育进校园”“国家网络安全宣传周校园日”等多项平安校园建设宣传教育活动，内容涵盖防溺水、防火、燃气使用、交通、地震逃生等安全知识。问卷调查结果显示，京津冀三地平均 92.28%的中小学生所在学校开展过安全教育。其中，北京占比最高，天津次之，河北占比最低，说明河北省在中小学平安建设教育方面需要进一步加强。综合来看，本项指标为 91.37 分。

（十九）平安建设应急演练开展情况

本指标得分为 90 分。

从表 36 中可以看出，2022 年，京津冀地区联合应急演练数量有所增多，且内容日趋丰富，涉及森林防火、水域救援、危化品处置等场景。《北京市突发事件总体应急预案（2021 年修订）》中着重提到要推动京津冀地区联合开展应急演练，实现信息共享、应急资源合作、重大应急策略和措施联动。天津、河北拱卫首都安全的责任重大，在演练中围绕筑牢首都政治“护城河”功能，促进平安京津冀建设再上新台阶。综合来看，2022 年京津冀三地涉及平安建设领域的应急演练取得了较为不错的成果，本项指标得分为 90 分。

表 36　2022 年京津冀三地平安建设应急演练开展情况

主办单位	演练项目	演练内容
北京市应急管理局、市消防救援总队、昌平区人民政府	危化品事故应急演练	本次演练模拟北京某气体公司库房气瓶泄漏并起火引发爆炸。市区相关部门，消防救援队伍，以及金隅红树林、燕山石化、化工职防院三支市级危化品专业应急救援队伍等共计 60 余人参练，出动各类应急救援车辆 20 余辆
北京市应急管理局、大兴区应急管理局、市应急志愿服务总队、大兴区应急志愿服务支队	水域救援共训共练活动	北京市 6 支应急志愿者队伍代表参与了 6 个科目的训练演练，模拟了人员溺水、重要物品沉没、群众被困等救援现场，还原了应急志愿者参与水域救援的重要场景
北京市公安局公交总队	轨交建设工程防汛防灾应急演练	演练通过“线下演练、线上观摩”形式，模拟了施工现场突发基坑局部滑塌，影响周边道路与管线安全，相关各方展开应急抢险处置，最终消除险情的整个过程
京津冀三地森防队伍	京津冀联合处置综合应急演练	本次演练预设在北京延庆与河北怀来交界处和北京平谷与天津蓟州交界处同时发生 2 起森林火灾。京津冀三地森防队伍按照“六必到”原则空地协同，联合开展灭火工作
中国红十字总会、中国红十字基金会以及京津冀三地红十字会	水域救援演练	在演练现场，5 艘救援冲锋舟分别按照 O 型、S 型线路行驶，随后进行浆板救援与翻舟自救，最后是活饵救援

续表

主办单位	演练项目	演练内容
交通运输部,北京市政府,天津市、河北省、山西省、内蒙古自治区交通部门	极端天气交通运输应急联动综合保障演练	本次演练设置了涉奥公路地质灾害处置、铲冰除雪、冬奥公路交通事故救援、公共交通应急服务保障四大板块共22个科目,涉及7个演练场地。40余家单位参加演练,共投入参演力量近600人
京津冀卫生健康委	京津冀卫生应急综合演练	本次演练以2022年北京冬奥会卫生应急保障为核心内容,主要包含涉冬奥的传染病疫情防控、涉冬奥的水污染事件应急处置、城市面重大交通事故紧急医学救援3个演练场景
天津市政府、河北省中石油管道应急抢险中心队伍、北京市燕山石化消防支队	特别重大危化品事故综合应急演练	此次演练着重检验京津冀预案启动、应急响应、现场指挥部组建、抢救抢险、信息互通等相关处置内容和协调联动环节
北京市生态环境局、天津市生态环境局、河北省生态环境厅	突发环境事件综合研究性演练	此次演练模拟了矿库垮塌造成水质污染、危险化学品流入河流危及水库、氨泄漏3起突发环境事故,检验和提升了京津冀三地的联合应急管理能力

四　评估结论

平安建设保障是平安京津冀建设的重要基石。2022年，京津冀三地在“法治保障”“科技支撑”“宣传教育”方面取得了不俗成绩，“平安建设保障”总体得分89.29分。

（一）存在的主要问题

综合来看，2022年“法治保障”“人员保障”“财务装备”“科技支撑”的得分相较2021年有所回落，“宣传教育”得分有所上升，但距离平安建设所需要达到的目标仍有一定距离，以下为本次评估中平安京津冀建设暴露出来的薄弱环节。

第一，平安建设成果宣传力度有待加大。近年来，平安建设取得诸多历史性突破和进展，但在调研中发现有很多民众对平安建设的成果、政策不了解、不清楚。例如，天津市智慧平安社区建设项目作为天津连续5年的民心工程之一，与人民群众的工作、生活息息相关，但问卷结果显示天津市有44.38%的民众不清楚平安建设经费投入、财务装备等情况，说明平安建设工作仍存在“干得多，说得少”的情况，平安建设的文化浸润还不够充分。另外，平安建设宣传工作一般都是“谁建设，谁宣传”，涉及宣传工作的责任主体众多，没有形成宣传合力，存在“各自为政”的现象，使得宣传工作的效果大打折扣。

第二，平安京津冀建设一体化推进程度不足。目前来看，平安京津冀建设仍存在不平衡。例如，河北省受制于当地经济发展状况，警民比例相对北京、天津较低。另外，北京、天津、河北在2022年都投入了大量资金在平安建设相关项目上，往年也曾出台过多项京津冀联通联动的机制方案，但在平安建设的硬件设施方面，很少出现京津冀三地一体规划、一体管理、一体使用的项目设备，三地在科技支撑、信息资源方面的共享融合程度有待进一步提升。

第三，平安建设的机制没有得到及时固化。近年来，平安建设在维护国家政治安全、扫黑除恶专项斗争、社会矛盾防范化解等方面取得历史性、开创性、标志性成就①。调研发现，平安京津冀建设不乏亮点和成就，但其往往是“因人而施”，没有及时固化为常态化运转的机制路径。如果社会力量参与平安建设缺乏长效的制度规范和固定的责任机制，也没有科学合理的标准来评判社会力量参与平安建设的具体实效，而仅仅依靠短期“运动式”的行动方案，那么无疑会使社会力量参与平安建设的积极性受到打击，也会使民众摸不到头脑。因此，平安京津冀建设应进行长远系统的顶层规划，健全常态化的联动融合机制。

---

① 《平安中国建设表彰大会会议精神解读》，http：//www.chinapeace.gov.cn/chinapeace/c100007/2021-12/18/content_ 12572368.shtml，2021年12月18日。

（二）完善建议

平安是最基本的民生问题，也是人民群众解决温饱后最基本的需求。平安已经从传统意义上的生命财产安全，上升到安业、安居、安康、安心等各方面，涵盖国家政治安全、经济安全、文化安全、社会安全、生态安全等各领域，内涵外延不断拓展，标准要求更新更高①。未来，平安京津冀建设保障领域应重点关注以下几个方面。

第一，高度重视宣传教育，打造新媒体宣传矩阵。加强平安建设的宣传教育，不仅有利于民众了解平安建设的累累硕果，培养民众的安全防范意识，也能使其理解平安建设的相关举措，提高其参与平安建设的主观能动性，有利于下一步平安建设工作的开展。平安建设宣传部门在实践中应改变传统做法，适应新闻媒体传播的新变化，不断整合宣传资源，主动在微信公众号、视频号、抖音、快手、微博等民众喜闻乐见的平台上占领舆论高地，进而形成平安建设宣传的强大合力。另外，也可以建立激励机制，号召民众、企业等社会力量自发宣传平安建设，努力搭建官方与社会力量之间沟通协调的桥梁，不断提高平安建设宣传工作的效率。

第二，补齐落后地区的短板，服务平安建设一体推进。平安京津冀建设最终呈现的综合实力不仅取决于它的优势，还取决于其劣势。因此，对于本次评估中暴露的平安建设保障的不平衡问题，应加快采取措施加以解决。另外，平安京津冀建设工作量大、涉及面广、难度系数高，应加快建立健全平安京津冀建设的跨区域合作机制，比如，跨区域的会商制度、情况通报制度、奖惩和责任追究制度、督导检查制度等，解决平安京津冀建设一体推进过程中力量分散、资源不均、效果不彰的问题，形成京津冀协同发展的平安建设合力。

第三，及时固化经验、成果，开创平安建设的新篇章。推进更高水平的

---

① 《郭声琨在人民日报撰文：建设更高水平的平安中国》，https：//baijiahao. baidu. com/s？id=1684920890759224549&wfr=spider&for=pc，2020 年 12 月 2 日。

平安建设是一项系统化的长期工程，需要在顶层设计层面形成超前谋划、落在当下的制度性安排。将平安建设形成的经验、成果及时固化，有利于实现社会治理重心从“突击整治”“运动式治理”向“源头治理”“常态化治理”转变。应在工作谋划上发挥制度优势，建立定期研究平安建设工作制度、定期监督督查制度、定期考评工作制度，将矛盾纠纷化解、安全风险防范、法治宣传教育、突发性事件处置等平安建设形成的先进经验固化为制度，不断推动实现从“小治安”到“大平安”的质的飞跃。

参考文献

[1] 黄文艺：《“平安中国”的政法哲学阐释》，《法制与社会发展》2022 年第 4 期。
[2] 胡登良：《新时代平安中国建设的成功经验》，《理论视野》2022 年第 5 期。
[3] 游路：《政府部门信息共享的现实难题与法治保障》，《行政管理改革》2022 年第 8 期。
[4] 黄晓斌、张明鑫：《面向重大突发事件的智库应急情报保障研究》，《情报学报》2022 年第 1 期。
[5] 单勇、王熠：《“建设更高水平的平安中国”的新展开——犯罪热点稳定性的再验证及其启示》，《河南社会科学》2021 年第 9 期。
[6] 唐晓嵩：《论新媒体时代如何讲好警察故事——评〈新媒体时代的公安宣传〉》，《中国科技论文》2021 年第 9 期。
[7] 张小明、张欣：《建设“更高水平的平安中国”测评模型的框架和要素分析——基于 60 个综治评比公示案例的文本分析》，《中国应急管理科学》2021 年第 12 期。
[8] 王名、蔡志鸿、王春婷：《社会共治：多元主体共同治理的实践探索与制度创新》，《中国行政管理》2014 年第 12 期。
[9] 吴祖谋：《法学概论》（第 14 版），法律出版社，2021。

B.8
京津冀居民安全感调查报告（2022）

姜 峰　赵 芸　高梦溪*

摘　要： 2022年，京津冀居民安全感评估得分为80.43分，总体表现良好。得分最低的二级指标是“公共场所安全感”，得分最高的二级指标是“校园安全感”。从地域比较来看，天津居民的总体安全感最高，北京居民的总体安全感次之，河北居民的总体安全感最低。与同期相比，北京居民的安全感略微降低，但不同方面的变化存在差异。此外，不同特征与安全感之间的相关关系较上一年度发生了一定变化。本报告建议：将安全感作为京津冀地区社会治理的组成部分；发挥市域社会治理的优势；注重城市发展中的空间治理；尊重多元化的安全感需求。

关键词： 京津冀　安全感　列联分析

一　引言

居民安全感是居民对于本地区安全状况的群体感知和风险预期。安全感研究受到公安学、犯罪学、法学等学科的持续关注，研究发现，个人经历、新闻报道、社会环境等因素对居民安全感有显著影响，居民安全感评估也成为学界热点议题。与此同时，居民安全感作为衡量社会安全状况和社会治理成效的重要指标，也受到政府、社会的共同关注，提升人民群众

* 姜峰，中国人民公安大学治安学院讲师，首都社会安全研究基地研究员；赵芸，清华大学公共管理学院博士后，助理研究员；高梦溪，中国人民公安大学治安学院硕士研究生。

安全感对于推进社会治理创新、建设更高水平的平安中国具有重要现实价值。

近年来，课题组持续追踪北京市居民安全感状况，对居民总体安全感，以及校园、社区、单位、公共场所等场所的居民安全感进行分析。在此过程中我们发现，网络秩序状况和区域社会治安环境对居民安全感的影响日益增大。2015 年 4 月 30 日，中央政治局审议通过《京津冀协同发展规划纲要》，明确了京津冀协同发展战略的时代背景，因此本年度居民安全感调查将分析对象扩展为京津冀地区居民安全感。

京津冀协同发展的整体定位是打造“以首都为核心的世界级城市群、区域整体协同发展改革引领区、全国创新驱动经济增长新引擎、生态修复环境改善示范区”。作为我国未来经济社会发展的重点之一，尽管京津冀地区具有地缘接近、合作紧密、产业互补等天然优势，拥有较为发达的网络设施和浓厚的公众参与政治氛围，国家层面的高位推动更为协同战略的有序推进提供了强大保障，但同时也应看到，京津冀三地经济社会发展水平（特别是公共服务水平）存在显著差异，京津冀协同发展中机遇与风险并存。特别是在经济社会发展新常态下，社会稳定风险突出，信息技术的普及和快速迭代导致网络舆情等社会稳定风险显著增多，管理难度加大。

京津冀协同发展过程中的机遇和风险都可能成为影响居民安全感的新的变量。课题组一方面持续追踪北京地区居民安全感状况与变化趋势，另一方面重点关注信息技术发展加速社会互动、重大决策加速地区社会流动的背景下公众对重大决策的社会风险感知状况、居民安全感的整体状况以及地区特征，兼而关注区域协同发展对居民安全风险感受和秩序预期的影响。

二 指标设置及评估标准

（一）指标设置

2022 年平安京津冀建设“安全感”一级指标下，以空间划分为主要标准，设置了“总体安全感”“公共场所安全感”“单位安全感”“社区安全感”“校园安全感”5个二级指标（见表1）。

表1　“安全感”指标设置

一级指标（权重）	二级指标（权重）	三级指标（权重）
安全感（10%）	总体安全感（40%）	公众对京津冀安全状况的总体感受（100%）
	公共场所安全感（15%）	公众对车站、广场、公园、商场等公共场所安全状况的主观感受（100%）
	单位安全感（15%）	公众对所在工作单位安全状况的主观感受（100%）
	社区安全感（15%）	公众对所居住社区安全状况的主观感受（100%）
	校园安全感（15%）	公众对中小学校园安全状况的主观感受（100%）

二级指标“总体安全感”测量的是居民对所在地区的整体安全感受。

二级指标“公共场所安全感”测量的是居民对车站、广场、公园、商场等公共场所的安全感。具体问题的设置，既包括居民在以上场所的受害经历（如手机、钱包是否在公共场所被盗）、独行体验（夜晚独行是否感到害怕），也包括对防护力量的感受（如能否见到佩戴明显标识的志愿者、能否见到警车和警察，以及医院、交通场站的安防力量是否充足），还包括对警察表现的评价（如警察态度是否和善、110能否及时赶到现场处理问题、是否受到警察执法的公正对待）等。

二级指标“单位安全感”测量的是居民对工作单位安全状况的主观感受。具体问题的设置，包括安防设施、安全事故、应急演练、安全投诉、安全检查和警示等方面。

二级指标“社区安全感”测量的是居民对所居住社区安全状况的主观感受。具体问题的设置，包括所在社区的违法犯罪、治安志愿者、夜晚独行体验、安防设施、居民熟悉度、居委会和民警联系程度等方面。同时，近年的问卷中还增加了食品安全、药品安全、疫苗安全等民生方面的问题。

二级指标“校园安全感”测量的是居民对校园安全状况的主观感受。具体问题的设置，包括校园中存在的各类安全问题、安全教育开展状况等。

（二）评分过程和分析方法

通过德尔菲专家打分法，确定“总体安全感”二级指标占40%的权重，其余二级指标各占15%的权重。对问卷涉及的问题选项进行赋分，根据被调查者的选择计算每个题目的得分。计算各个题目的分数后，对数据进行横向和纵向对比，其中横向对比既包括京津冀三地的对比，也包括不同分类的组别对比，纵向对比主要是将北京的数据与上年进行比较。

三 总体评估结果分析

（一）京津冀总体结果

从表2可知，2022年京津冀“安全感”一级指标的得分为80.43分；“单位安全感”“社区安全感”2项二级指标的得分均略低于一级指标的得分，分别为78.90分和80.82分；得分最低的二级指标是“公共场所安全感”，为68.94分，与一级指标、其他二级指标得分差距较大。

表2 2022年京津冀居民安全感评估结果

一级指标			二级指标			三级指标		
指标名称	指标权重（%）	指标得分（分）	指标名称	指标权重（%）	指标得分（分）	指标名称	指标权重（%）	指标得分（分）
安全感	10	80.43	总体安全感	40	80.71	公众对京津冀安全状况的总体感受	100	80.71
			公共场所安全感	15	68.94	公众对车站、广场、公园、商场等公共场所安全状况的主观感受	100	68.94
			单位安全感	15	78.90	公众对所在工作单位安全状况的主观感受	100	78.90
			社区安全感	15	80.82	公众对所居住社区安全状况的主观感受	100	80.82
			校园安全感	15	92.34	公众对中小学校园安全状况的主观感受	100	92.34

（二）北京市安全感整体情况

2022 年北京市居民“安全感”一级指标的得分为 81.86 分（见表 3），比 2021 年降低了 2.83 分。从二级指标得分来看，“总体安全感”得分为 82.41 分，比 2021 年降低 3.47 分。“校园安全感”的得分最高，为 92.53 分，比 2021 年略有提升，再次表明北京市校园的安全工作要明显好于公共场所、社区和单位的安全工作。

“公共场所安全感”“单位安全感”2 项二级指标的得分均低于一级指标的得分，分别为 69.96 分和 81.42 分。其中，“公共场所安全感”得分较 2021 年大幅下降，显示出北京公共场所的安全防控工作有待加强。

表 3　2022 年北京市居民安全感评估结果

一级指标			二级指标			三级指标		
指标名称	指标权重（%）	指标得分（分）	指标名称	指标权重（%）	指标得分（分）	指标名称	指标权重（%）	指标得分（分）
安全感	10	81.86	总体安全感	40	82.41	公众对北京市安全状况的总体感受	100	82.41
			公共场所安全感	15	69.96	公众对车站、广场、公园、商场等公共场所安全状况的主观感受	100	69.96
			单位安全感	15	81.42	公众对所在工作单位安全状况的主观感受	100	81.42
			社区安全感	15	82.05	公众对所居住社区安全状况的主观感受	100	82.05
			校园安全感	15	92.53	公众对中小学校园安全状况的主观感受	100	92.53

（三）天津市安全感整体情况

从表 4 可知，2022 年天津市居民“安全感”一级指标的得分为 81.89

分。从二级指标得分可以看出，“总体安全感”得分为 82.72 分。“校园安全感”的得分最高，为 93.27 分，表明天津市校园的安全工作要明显好于公共场所、社区和单位的安全工作。

“公共场所安全感”“单位安全感”2 项二级指标的得分均低于一级指标的得分，分别为 71.77 分和 77.68 分。得分最低的二级指标是“公共场所安全感”，与“安全感”一级指标的得分差距较大，因此，应当更加重视公共场所的安全防控工作。

表 4　2022 年天津市居民安全感评估结果

一级指标			二级指标			三级指标		
指标名称	指标权重（%）	指标得分（分）	指标名称	指标权重（%）	指标得分（分）	指标名称	指标权重（%）	指标得分（分）
安全感	10	81.89	总体安全感	40	82.72	公众对天津市安全状况的总体感受	100	82.72
			公共场所安全感	15	71.77	公众对车站、广场、公园、商场等公共场所安全状况的主观感受	100	71.77
			单位安全感	15	77.68	公众对所在工作单位安全状况的主观感受	100	77.68
			社区安全感	15	82.63	公众对所居住社区安全状况的主观感受	100	82.63
			校园安全感	15	93.27	公众对中小学校园安全状况的主观感受	100	93.27

（四）河北省安全感整体情况

从表 5 可知，2022 年河北省居民“安全感”一级指标的得分为 76.73 分。从二级指标得分可以看出，“总体安全感”得分为 77 分。“校园安全感”的得分最高，为 91.33 分，表明河北省校园的安全工作要明显好于公共场所、社区和单位的安全工作。

“公共场所安全感”“单位安全感”“社区安全感”3 项二级指标的得分均低于一级指标的得分，分别为 65. 50 分、73. 10 分和 76. 24 分。得分最低的二级指标是“公共场所安全感”，与“安全感”一级指标的得分差距较大，因此，对公共场所的安全防控工作应当予以更多重视。

表 5　2022 年河北省居民安全感评估结果

<table>
<tr><th colspan="3">一级指标</th><th colspan="3">二级指标</th><th colspan="3">三级指标</th></tr>
<tr><th>指标名称</th><th>指标权重（%）</th><th>指标得分（分）</th><th>指标名称</th><th>指标权重（%）</th><th>指标得分（分）</th><th>指标名称</th><th>指标权重（%）</th><th>指标得分（分）</th></tr>
<tr><td rowspan="5">安全感</td><td rowspan="5">10</td><td rowspan="5">76. 73</td><td>总体安全感</td><td>40</td><td>77. 00</td><td>公众对河北省安全状况的总体感受</td><td>100</td><td>77. 00</td></tr>
<tr><td>公共场所安全感</td><td>15</td><td>65. 50</td><td>公众对车站、广场、公园、商场等公共场所安全状况的主观感受</td><td>100</td><td>65. 50</td></tr>
<tr><td>单位安全感</td><td>15</td><td>73. 10</td><td>公众对所在工作单位安全状况的主观感受</td><td>100</td><td>73. 10</td></tr>
<tr><td>社区安全感</td><td>15</td><td>76. 24</td><td>公众对所居住社区安全状况的主观感受</td><td>100</td><td>76. 24</td></tr>
<tr><td>校园安全感</td><td>15</td><td>91. 33</td><td>公众对中小学校园安全状况的主观感受</td><td>100</td><td>91. 33</td></tr>
</table>

四　指标评估结果分析

本报告根据平安京津冀建设发展评估调查的统计数据，运用 SPSS 软件对安全感数据进行描述分析，发现 2022 年京津冀地区居民整体安全感状况较好。

（一）人口学特征与总体安全感之间的关系

第一，本次调研发现，在京津冀地区层面，性别、婚姻状况和受教育程度首次与总体安全感呈现相关关系（见表 6、表 7 和表 8）。

表6　京津冀地区层面性别与总体安全感之间的关系

单位：%

变量	分类	总体安全感		
		非常安全	比较安全	一般及以下
性别	男	50.53	31.05	18.42
	女	44.67	38.95	16.38

注：卡方检验为 Pearson chi^2（2） = 16.343，P=0.000。

表7　京津冀地区层面婚姻状况与总体安全感之间的关系

单位：%

变量	分类	总体安全感		
		非常安全	比较安全	一般及以下
婚姻状况	未婚	46.86	32.27	20.87
	已婚	47.80	37.03	15.17
	离婚	41.67	36.11	22.22
	丧偶	58.33	16.67	25.00

注：卡方检验为 Pearson chi^2（6） = 18.481，P=0.005。

表8　京津冀地区层面受教育程度与总体安全感之间的关系

单位：%

变量	分类	总体安全感		
		非常安全	比较安全	一般及以下
受教育程度	研究生	49.38	25.31	25.31
	大学本科	48.11	37.42	14.47
	大学专科	45.96	34.34	19.70
	高中(中专)	46.38	33.67	19.95
	初　中	49.79	36.21	13.99
	小学及以下	41.30	45.65	13.04

注：卡方检验为 Pearson chi^2（8） = 24.980，P=0.005。

第二，在京津冀地区层面，身体健康状况与总体安全感之间存在相关关系。本报告将身体健康状况分为“很健康”“比较健康”“一般及以下”3个等级，并将其与“总体安全感”变量进行列联分析和卡方检验。从表9

的统计结果来看，P 值等于 0.000，两者存在显著正相关关系，说明身体健康状况越好，总体安全感越高。

表 9　京津冀地区层面身体健康状况与总体安全感之间的关系

单位：%

变量	分类	总体安全感		
		非常安全	比较安全	一般及以下
身体健康状况	很健康	57.83	26.82	15.36
	比较健康	34.18	48.73	17.09
	一般及以下	34.81	38.92	26.27

注：卡方检验为 Pearson chi^2（4）= 153.139，P = 0.000。

第三，在京津冀地区层面，户籍状况与总体安全感之间存在相关关系（见表 10）。

表 10　京津冀地区层面户籍状况与总体安全感之间的关系

单位：%

变量	总体安全感		
	非常安全	比较安全	一般及以下
本地户籍	48.17	35.21	16.63
非本地户籍	40.89	35.63	23.48

注：卡方检验为 Pearson chi^2（2）= 8.489，P = 0.010。

其中，在此次北京市调查样本中，北京户籍的调查对象占 86.25%，非北京户籍的调查对象占 13.75%。将“户籍所在地是否为北京”这一变量与总体安全感进行列联分析与卡方检验，发现 P 值为 0.010<0.05（见表 11），表明户籍状况与总体安全感两者之间存在相关关系，且北京户籍居民比非北京户籍居民的安全感更高。这一结果与 2021 年的统计分析有所区别：2021 年的统计结果为户籍状况与总体安全感之间不存在显著相关关系。

表 11　北京市户籍状况与总体安全感之间的关系

单位：%

变量	总体安全感		
	非常安全	比较安全	一般及以下
北京市户籍	53.77	33.04	13.19
非北京市户籍	42.73	33.64	23.64

注：卡方检验为 Pearson chi^2（2）= 9.305，P=0.010。

第四，在京津冀地区层面，不同房屋性质与总体安全感之间存在相关关系（见表 12）。

表 12　京津冀地区层面不同房屋性质与总体安全感之间的关系

单位：%

变量	分类	总体安全感		
		非常安全	比较安全	一般及以下
房屋性质	自有房屋	49.55	35.08	15.37
	租赁房屋	39.61	38.63	21.76
	单位公房	40.54	25.68	33.78
	其他	46.81	32.62	20.57

注：卡方检验为 Pearson chi^2（6）= 32.224，P=0.000。

第五，在京津冀地区层面，地域类型与总体安全感之间存在相关关系（见表 13）。但是，其中北京市地域类型与总体安全感之间不再存在相关关系（见表 14），这一结果不同于 2021 年：2021 年的统计结果为北京市地域类型与总体安全感之间存在相关关系，郊区或城乡接合部和农村居民的安全感要高于城区和远离郊区的乡镇居民的安全感，安全感最差的是远离郊区的乡镇居民。

第六，在京津冀地区层面，社区类型与总体安全感之间存在相关关系（见表 15）。但是，其中北京市社区类型与总体安全感之间不存在相关关系（见表 16）。将北京市社区类型与总体安全感这两个要素进行列联分析发现，结果不同于 2021 年：2021 年的统计结果为北京市社区类型与总体安全感之间存在相关关系，农村社区居民的总体安全感要高于其他类型社区的居民。

表 13　京津冀地区层面地域类型与总体安全感之间的关系

单位：%

变量	分类	总体安全感		
		非常安全	比较安全	一般及以下
地域类型	城区	50.23	34.48	15.29
	郊区或城乡接合部	43.36	35.78	20.85
	远离郊区的乡镇	35.16	38.46	26.37
	农村	43.02	37.21	19.77

注：卡方检验为 Pearson chi^2（6）= 21.429，P = 0.002。

表 14　北京市地域类型与总体安全感之间的关系

单位：%

变量	分类	总体安全感		
		非常安全	比较安全	一般及以下
地域类型	城区	55.72	32.36	11.92
	郊区或城乡接合部	47.37	34.74	17.89
	远离郊区的乡镇	40.43	36.17	23.40
	农村	52.63	32.24	15.13

注：卡方检验为 Pearson chi^2（6）= 9.409，P = 0.152。

表 15　京津冀地区层面社区类型与总体安全感之间的关系

单位：%

变量	分类	总体安全感		
		非常安全	比较安全	一般及以下
社区类型	商品房社区	50.46	36.06	13.49
	经济适用房社区	47.38	32.92	19.69
	机关事业单位社区	40.30	28.36	31.34
	工矿企业社区	28.57	47.62	23.81
	未经改造的老城区	46.30	28.70	25.00
	经过改造的老城区	42.20	37.61	20.18
	城中村或棚户区	40.48	46.43	13.10
	城乡接合部	42.00	34.00	24.00
	农村社区	43.81	38.67	17.52
	其他	50.91	26.67	22.42

注：卡方检验为 Likelihood Ratio（18）= 47.972，P = 0.000。因有理论次数小于 1 的情况，所以此处采用似然卡方检验。

表 16　北京市社区类型与总体安全感之间的关系

单位：%

变量	分类	总体安全感		
		非常安全	比较安全	一般及以下
社区类型	商品房社区	51.76	36.08	12.16
	经济适用房社区	57.58	28.28	14.14
	机关事业单位社区	30.77	38.46	30.77
	工矿企业社区	44.44	44.44	11.11
	未经改造的老城区	60.47	27.91	11.63
	经过改造的老城区	52.63	34.21	13.16
	城中村或棚户区	42.59	40.74	16.67
	城乡接合部	50.00	26.19	23.81
	农村社区	53.18	31.79	15.03
	其他	57.38	29.51	13.11

注：卡方检验为 Likelihood Ratio（18） = 17.845，P = 0.535。因有理论次数小于 1 的情况，所以此处采用似然卡方检验。

第七，在京津冀地区层面，职业类型与总体安全感之间存在相关关系（见表 17）。但是，其中北京市职业类型与总体安全感之间不存在相关关系（见表 18），此结果与 2021 年不同。

表 17　京津冀地区层面职业类型与总体安全感之间的关系

单位：%

变量	分类	总体安全感		
		非常安全	比较安全	一般及以下
职业	国家机关、党群组织、企业、事业单位负责人	57.76	26.71	15.53
	专业技术人员	37.50	37.50	25.00
	一般公务员、办事人员和有关人员	55.67	35.22	9.11
	商业、服务业人员	44.26	40.37	15.37
	农、林、牧、渔、水利业生产人员	45.54	35.64	18.81
	生产运输设备操作人员及有关人员	56.34	32.39	11.27
	无固定职业人员	42.74	34.04	23.22
	无业人员	44.98	35.87	19.15

注：卡方检验为 Pearson chi^2（14） = 72.601，P = 0.000。

表 18　北京市职业类型与总体安全感之间的关系

单位：%

变量	分类	总体安全感		
		非常安全	比较安全	一般及以下
职业	国家机关、党群组织、企业、事业单位负责人	61.11	21.11	17.78
	专业技术人员	40.26	40.26	19.48
	一般公务员、办事人员和有关人员	50.69	38.89	10.42
	商业、服务业人员	50.00	37.95	12.05
	农、林、牧、渔、水利业生产人员	47.27	34.55	18.18
	生产运输设备操作人员及有关人员	60.87	30.43	8.70
	无固定职业人员	56.39	27.07	16.54
	无业人员	54.46	30.36	15.18

注：卡方检验为 Likelihood Ratio（14）= 20.812，P=0.107。

（二）社区安全感

通过 Wilcoxon 秩和检验分析发现，京津冀三地在社区安全感上存在显著差异，且平均来看，天津居民的社区安全感最高，北京居民的社区安全感次之，河北居民的社区安全感最低（见表 19）。

表 19　2022 年京津冀三地居民社区安全感评估结果

变　量	所在城市	个案数(个)	秩平均值
社区安全感	北京	800	1177.81
	天津	800	1135.34
	河北	800	1288.35

注：秩和检验为 H（2）= 24.568，P=0.000。

第一，在京津冀地区层面，社区（村）中出租房屋的比例与总体安全感之间存在相关关系（见表 20）。

第二，在京津冀地区层面，社区治安状况与总体安全感之间存在相关关系（见表 21）。本研究对两个变量进行了列联分析和卡方检验，从表 21 的统计结果来看，社区治安状况与总体安全感密切相关，对其进行卡方检验，P 值等于 0.000，说明社区治安状况越好，总体安全感越高，两者呈现显著正相关关系。

表 20　京津冀地区层面社区（村）中出租房屋的比例与总体安全感之间的关系

单位：%

变量	分类	总体安全感		
		非常安全	比较安全	一般及以下
社区(村)中出租房屋的比例	很高	53.71	29.95	16.34
	一般	45.63	37.03	17.33
	很低或者没有	40.74	38.89	20.37

注：卡方检验为 Pearson chi^2（4）= 17.535，P = 0.002。

表 21　京津冀地区层面社区治安状况与总体安全感之间的关系

单位：%

变量	分类	总体安全感		
		非常安全	比较安全	一般及以下
社区治安状况	很好	72.87	19.88	7.25
	比较好	28.20	60.98	10.82
	一般及以下	15.80	37.70	46.50

注：卡方检验为 Pearson chi^2（4）= 893.459，P = 0.000。

第三，以北京市为例，社区违法犯罪情况与上年相比略有变化。有关北京市近 5 年社区发生的违法犯罪情况的问卷调查结果见表 22。

表 22　有关北京市近 5 年社区发生的违法犯罪情况的问卷调查结果

单位：%

类　型	是	否	不知道
A 杀人	0.38	73.25	26.38
B 性侵、猥亵	0.75	71.38	27.88
C 入室盗窃	4.38	65.13	30.50
D 一般盗窃	13.13	57.13	29.75
E 抢夺或抢劫	0.50	69.38	30.13
F 电信诈骗	10.88	56.38	32.75
G 非法集资	3.13	62.88	34.00
H 邪教活动	0.50	66.50	33.00
I 传销	2.00	66.00	32.00
J 涉黄行为	1.63	65.75	32.63
K 涉毒行为	0.88	66.50	32.63

续表

类　型	是	否	不知道
L 涉赌行为	2.75	64.00	33.25
M 打架斗殴	5.50	63.50	31.00
N 涉黑行为	1.00	67.50	31.50
O 破坏公私财物	7.63	61.25	31.13

第四，在京津冀地区层面，在社区中看到治安志愿者的频度与总体安全感之间存在相关关系（见表 23）。社区治安志愿者作为社区治安防控体系中人防部分的重要一环，对总体安全感的影响作用不可小觑。对在社区中看到治安志愿者的频度与总体安全感进行卡方检验，得出 P 值等于 0.000，说明在社区中看到治安志愿者的频度越高，总体安全感越高。

表 23　京津冀地区层面在社区中看到治安志愿者的频度与总体安全感之间的关系

单位：%

变量	分类	总体安全感		
		非常安全	比较安全	一般及以下
在社区中看到治安志愿者的频度	经常看到	64.6	27.1	8.3
	偶尔看到	32.8	43.8	23.4
	看不到	28.4	41.6	30.1

注：卡方检验为 Pearson chi^2（4） = 300.952，P = 0.000。

第五，在京津冀地区层面，社区居民对民间社会治安组织的认可度整体较高（见表 24）。

表 24　京津冀地区层面社区居民对民间社会治安组织工作效果的认可度

单位：%

变量	分类	社区居民对民间社会治安组织工作效果的认可度			
		好	一般	不好	没有
民间社会治安组织的工作	巡逻防控	63.96	31.54	1.86	2.64
	提供破案线索	57.28	35.47	2.69	4.56
	矛盾纠纷化解	59.35	33.92	3.26	3.47
	法治宣传	63.96	30.19	2.80	3.06
	帮助弱势人群	62.71	31.07	2.95	3.26

其中，北京市社区居民对民间社会治安组织工作的认可度见表 25。

表 25　北京市社区居民对民间社会治安组织工作效果的认可度

单位：%

变量	分类	社区居民对民间社会治安组织工作效果的认可度			
		好	一般	不好	没有
民间社会治安组织的工作	巡逻防控	65.28	30.71	1.66	2.35
	提供破案线索	58.64	34.58	2.21	4.56
	矛盾纠纷化解	60.30	33.89	2.49	3.32
	法治宣传	63.76	30.57	2.63	3.04
	帮助弱势人群	62.52	31.67	2.90	2.90

民间社会治安组织多数自发形成于社会基层，具有鲜明的地域特点。以北京市为例，我们计算出居民对不同民间社会治安组织的认可度（见表 26），对比上年数据可知，北京六大民间社会治安组织的居民认可度较 2021 年有较大程度的下降。

表 26　北京市社区居民对不同民间社会治安组织的认可度

单位：%

民间社会治安组织	很满意	满意	一般	不满意	很不满意
西城大妈	47.13	25.88	23.88	1.13	2.00
东城守望者	48.50	25.63	22.75	1.13	2.00
丰台劝导队	45.75	25.75	24.13	2.38	2.00
海淀网友	44.88	26.25	25.38	1.50	2.00
朝阳群众	50.50	24.63	21.75	1.38	1.75
石景山老街坊	44.75	26.75	25.38	1.25	1.88
其他	42.38	26.00	27.00	1.38	3.25

第六，在京津冀地区层面，居民对社区视频监控系统运行有效性的感受与总体安全感呈显著正相关关系（见表 27）。

表 27　京津冀地区层面社区视频监控运行有效程度与总体安全感之间的关系

单位：%

变量	分类	总体安全感		
		非常安全	比较安全	一般及以下
社区视频监控系统运行有效程度	非常有效	73.11	19.75	7.14
	比较有效	39.00	47.58	13.42
	一般及以下	22.07	43.31	34.62

注：卡方检验为 Pearson chi^2（4）= 162.585，P=0.000。

其中，北京市居民对社区视频监控系统运行有效性的感受较强，且有效性感受与总体安全感呈正相关关系（见表 28）。

表 28　北京市社区视频监控系统运行有效程度与总体安全感之间的关系

单位：%

变量	分类	总体安全感		
		非常安全	比较安全	一般及以下
社区视频监控系统运行有效程度	非常有效	75.6	17.8	6.6
	比较有效	43.7	45.3	10.9
	一般及以下	26.7	42.5	30.8

注：卡方检验为 Pearson chi^2（4）= 162.585，P=0.000。

第七，在京津冀地区层面，居民对社区负责主体的认识程度较高（见表 29）。

表 29　京津冀地区层面社区负责主体情况

单位：%

社区负责主体	有	没有	不清楚
物业公司	70.75	17.13	12.13
业主委员会	62.17	20.29	17.54
网格长	69.13	14.04	16.83

在调查中发现，北京市受访居民对社区负责主体的认识程度较低（见表 30），受访居民对网格长的认识程度相比 2021 年有大幅提高，而对业主委员会的认识程度仍较低。

表 30　北京市社区负责主体情况

单位：%

社区负责主体	有	没有	不清楚
物业公司	63.88	21.25	14.88
业主委员会	58.75	22.00	19.25
网格长	61.38	17.25	21.38

第八，在京津冀地区层面，社区居民之间的熟悉程度与总体安全感呈正相关关系（见表 31）。

表 31　京津冀地区层面社区居民之间熟悉程度与总体安全感之间的关系

单位：%

变量	分类	总体安全感		
		非常安全	比较安全	一般及以下
社区居民之间的熟悉程度	高	68.75	20.03	11.22
	比较高	46.73	40.19	13.08
	一般及以下	37.76	40.73	21.51

注：卡方检验为 Pearson chi^2（4）= 173.384，P = 0.000。

其中，北京市社区居民之间的熟悉程度相比 2021 年有大幅提升，且与总体安全感呈正相关关系（见表 32）。

表 32　北京市社区居民之间熟悉程度与总体安全感之间的关系

单位：%

变量	分类	总体安全感		
		非常安全	比较安全	一般及以下
社区居民之间的熟悉程度	高	72.0	19.9	8.1
	比较高	47.7	39.1	13.2
	一般及以下	42.6	38.5	18.9

注：卡方检验为 Pearson chi^2（4）= 55.563，P = 0.000。

第九，在京津冀地区层面，社区成员对相关工作人员礼貌程度的评价较高（见表 33）。

表 33　京津冀地区层面社区居民对社区相关人员礼貌程度的评价

单位：%

变量	分类	礼貌程度评价				
		非常礼貌	比较礼貌	一般	不太礼貌	不礼貌
社区相关人员	社区民警	52.21	25.50	20.21	0.79	1.29
	居委会主任	51.42	26.33	19.83	0.96	1.46
	邻居	48.71	30.63	18.96	0.50	1.21

其中，北京市社区成员对相关工作人员礼貌程度的评价较高（见表34），比2021年有所提升。

表 34　北京市社区居民对社区相关人员礼貌程度的评价

单位：%

变量	分类	礼貌程度评价				
		非常礼貌	比较礼貌	一般	不太礼貌	不礼貌
社区相关人员	社区民警	53.25	25.75	18.63	1.13	1.25
	居委会主任	52.63	26.25	18.75	0.88	1.50
	邻居	47.75	30.75	19.63	0.75	1.13

第十，在京津冀地区层面，在社区矛盾纠纷的多元化解主体中，居民认为能否有效化解矛盾纠纷的情况存在一定差异（见表35）。

表 35　京津冀地区层面社区民警等主体化解矛盾纠纷情况

单位：%

变量	分类	矛盾纠纷化解有效程度			
		有效	一般	无效	未参与
主体	社区民警	65.63	27.08	2.92	4.38
	社区居委会	58.67	31.79	4.29	5.25
	社区业委会	50.75	34.33	6.00	8.92
	物业公司	45.92	35.71	8.17	10.21
	治安志愿者	47.50	36.96	6.67	8.88
	相关社区居民	46.92	37.75	7.25	8.08

第十一，在京津冀地区层面，社区居民向社区居委会反映问题渠道畅通程度与总体安全感相关（见表36）。

表 36 京津冀地区层面向社区居委会反映问题渠道畅通程度与总体安全感之间的关系

单位：%

变量	分类	总体安全感		
		非常安全	比较安全	一般及以下
向社区居委会反映问题渠道畅通程度	很畅通	72.04	21.24	6.73
	比较畅通	32.50	53.97	13.53
	一般及以下	18.34	41.31	40.35

注：卡方检验为 Pearson chi^2（4）= 690.103，P=0.000。

第十二，在京津冀地区层面，社区警务室开放频率与总体安全感呈显著相关关系（见表37）。

表 37 京津冀地区层面社区警务室开放频率与总体安全感之间的关系

单位：%

变量	分类	总体安全感		
		非常安全	比较安全	一般及以下
社区警务室开放频率	高	64.94	26.72	8.34
	中	32.06	45.49	22.44
	低	14.68	29.36	55.96
	不清楚	24.35	48.49	27.16

注：卡方检验为 Pearson chi^2（6）= 445.992，P=0.000。

（三）公共场所安全感

第一，居民夜晚独行感受较好。夜晚在户外行走时感到不害怕，是社会治安良好的体现，也是很多外国友人对我国社会治安的印象。当被问及“晚上独自行走在社区外面的街道、广场等地方，您会觉得害怕吗”时，京津冀地区受访者中选择“不害怕”的占42.17%，“不太害怕”的占21.58%，“一般”的占23.17%，“比较害怕”的占7.63%，“非常害怕”的占5.46%。可见，居民在夜晚独行的体验较好。其中，北京市受访者中选择“不害怕”“不太害怕”“一般”“比较害怕”“非常害怕”的分别占44.13%、21.13%、22.63%%、6.88%和5.25%。相比2021年，北京市居民选择“不害怕”的比例大幅降低（2021年为71.50%），选择“非常害怕”的比例有所提升（2021年为0.50%）。

第二，当被问及“在您所居住的乡镇或街道，您会经常看到佩戴明显标识的志愿者吗”时，京津冀地区受访者回答“经常看到”“偶尔看到”“看不到”的比例分别为45.25%、38.67%和16.08%；当被问及“在您所居住的街道或乡镇，您会经常看到警察或警车吗”时，京津冀地区受访者回答“经常看到”“偶尔看到”“看不到”的比例分别为50.29%、39.63%和10.08%。与2021年相比，志愿者、警察、警车的可见度都有所提升。当被问及“您能区分警察、辅警与保安吗”时，京津冀地区受访者回答“能”和“不能”的比例分别为83.50%和16.50%。

第三，对警察现场执法态度、及时性、公平公正的评价较高。警察现场执法是代表国家专业治安机构的民警和公民现场互动的过程。警察执法的态度、方式、及时性和公正性是评价警察为民服务质量的标准。调查发现，有45.71%和29.13%的京津冀地区受访者认为警察“非常和善”和“比较和善”；有42.63%和24.50%的京津冀地区受访者认为警察在接到报警电话后能“非常及时”和“比较及时”到现场处理问题；有41.46%和26.17%的京津冀地区受访者认为自己所接触到的警察执法过程“非常公正”和“比较公正”。总体而言，受访居民对警察的执法评价较高。

公正法治是社会主义核心价值观。为检验京津冀地区居民对警察执法的公平公正感与总体安全感之间的相关关系，笔者进行了列联分析（见表38）。对其进行卡方检验，得出P值等于0.000，表明京津冀地区居民对警察执法的公平公正感与其总体安全感呈显著正相关关系，即警察在执法过程中表现得越公正，居民越会感受到法治的公平正义，相应的安全感就会越高。

表 38　京津冀地区居民对警察执法的公平公正感与总体安全感之间的关系

单位：%

变量	分类	总体安全感		
		非常安全	比较安全	一般及以下
对警察执法的公平公正感	非常公正	75.38	17.69	6.93
	比较公正	32.01	56.53	11.46
	一般	16.67	36.72	46.61
	不太公正	16.28	37.21	46.51
	不公正	11.11	29.63	59.26

注：卡方检验为 Likelihood Ratio（10）= 791.903，P=0.000。

此外，警察态度的和善程度、报警后公安民警赶到现场的及时程度与总体安全感之间均呈显著相关关系（见表 39 和表 40）。

表 39　警察态度的和善程度与总体安全感之间的关系

单位：%

变量	分类	总体安全感		
		非常安全	比较安全	一般及以下
警察态度的和善程度	非常和善	73.38	20.60	6.02
	比较和善	30.76	56.80	12.45
	一般	18.68	40.19	41.13
	不太和善	15.15	30.30	54.55
	不和善	25.81	19.35	54.84

注：卡方检验为 Pearson chi^2（8）= 800.077，P=0.000。

表 40　报警后公安民警赶到现场的及时程度与总体安全感之间的关系

单位：%

变量	分类	总体安全感		
		非常安全	比较安全	一般及以下
报警后公安民警赶到现场的及时程度	非常及时	73.61	20.53	5.87
	比较及时	33.67	52.55	13.78
	一般	13.49	38.49	48.03
	不太及时	11.86	30.51	57.63
	很不及时	12.50	20.83	66.67

注：卡方检验为 Likelihood Ratio（10）= 750.118，P=0.000。

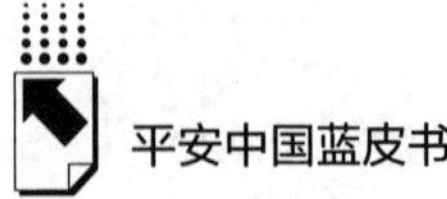

第四，对快递、旅馆等行业的管理仍存在疏漏。以北京市为例，当被问及快递员现场检查邮寄物品情况时，回答“全都会检查”的占 44.29%，相比 2021 年大幅提升，回答“大多数会检查”“检查与不检查比例相当”“偶尔检查”“不检查”的分别占 23.88%、6.00%、9.29%和 6.33%，其他回答“未邮寄”。由此可见，快递物品的现场检查率并不高。当被问及“近一年，您在北京邮寄快递时，快递员是否要求您提供身份证件”时，回答“全都会要求”的占 44.38%，相比 2021 年（36.58%）大幅提升，回答“大多数会要求”“要求与不要求比例相当”“偶尔要求”“不要求”的分别占 20.50%、6.00%、11.88%和 7.50%，其余回答“未邮寄”。由此可见，快递邮寄行业的规范尚未落地，监管力量仍较为薄弱。当被问及旅店是否登记旅客信息情况时，回答“所有入住人员均严格登记”“同行人员一人或少数人登记”“不要求登记”的分别占 59.83%、9.50%、1.88%。

第五，网络空间的交往秩序需要进一步规范。网络购物逐渐成为居民消费的主要方式之一，安全、稳定的网络交易环境会给居民带来更为愉悦的消费体验。统计结果显示，21.63%的网络用户在网购时会与商家产生矛盾，59.21%的用户没有遇到网购矛盾纠纷，其中 77.46%有矛盾的买家表示拥有畅通的渠道来解决问题，但是仍然有 22.54%的用户表示没有畅通的渠道来维护权益、表达诉求。

在数据时代，各种“留痕”使得个人信息遭到大量泄露。当被问及“您最近一年个人信息是否发生过被泄露的情况”时，统计结果显示，京津冀居民反映“经常被泄露”的占 26.54%，“偶尔被泄露”的占 38.83%，“未被泄露”的占 34.63%。由此可见，信息泄露占比高达 65.37%。其中，北京市居民信息泄露占比高达 66.37%，同比下降 9.69 个百分点。

第六，公共服务场所的安全防范体系仍存在短板。当被问及“当您去银行办理汇款业务时，银行工作人员会跟您确认收款人、为何汇款等信息吗”时，填答“都会”“大多数会”“一般”“偶尔会”“不会”“未办理”的比例分别为 54.96%、12.13%、7.17%、3.13%、2.04%和 20.58%。银行作为保护居民交易安全的先锋阵地，应承担起“桥头堡”的守卫作用。

在医院的整体安全防范能力问题上，统计结果显示，认为医院安全防范能力“强”“一般”“弱”的分别占55.21%、40.13%和4.67%。近年来，医闹伤医、伤患的新闻屡见报端。医院作为病患等弱势群体集中的空间场域，更应注重安全防控能力的提升。

第七，居民对网络政务平台的使用率仍偏低。高效便捷的网络政务平台能够给群众办事带来极大方便，从而加强居民对政府服务大众能力的信心。数据显示，选择使用过网络政务平台办理就业、劳动、社会保障、治安管理或医疗卫生等相关业务的受访者占36.33%，没有使用过的受访者占63.67%。

第八，受访者对民生问题的反应较强烈。河北省居民所面临的主要困难为“收入太低”“生意不好做”“买不起房子”“难以找到稳定的工作”“交通拥堵”，分别占30.07%、29.35%、27.54%、21.74%和19.20%，选择“没有困难”的占38.77%。天津市居民所面临的主要困难为“收入太低”“生意不好做”“买不起房子”“难以找到稳定的工作”“交通拥堵”，分别占29.76%、25.95%、23.88%、21.45%和17.30%，选择“没有困难”的占46.71%。对北京市居民所面临的主要困难进行统计分析时发现，选择“没有困难”的占42.90%，选择“买不起房子”的占28.99%，选择“收入太低”的占26.33%，选择“生意不好做”的占21.30%，选择“难以找到稳定的工作”的占18.34%，选择“交通拥堵”的占17.16%（相比于2021年的36.25%有大幅下降），选择“看病难”的占13.91%（相比于2021年的29.75%有大幅下降），选择“子女上学问题”的占10.95%，选择“其他原因”的占7.40%，选择“被本地人看不起”的占5.33%，选择“生活不习惯”的占1.18%。

第九，北京外来人口自身融入感较强。对“我的生活习惯与本地市民存在较大差别”这个问题的统计是对外来人口生活习惯的检验，其中“完全不同意”“不同意”“基本同意”“完全同意”的占比依次为17.07%、34.15%、30.49%和18.29%（见表41）。

表 41　北京外来人口自身融入感描述分析

单位：%

说法	完全不同意	不同意	基本同意	完全同意
A 我喜欢我现在居住的城市/地方	35.98	53.66	5.49	4.88
B 我关注我现在居住城市/地方的变化	39.02	48.78	8.54	3.66
C 我很愿意融入本地人当中,成为其中一员	40.24	46.95	9.76	3.05
D 我觉得本地人愿意接受我成为其中一员	34.76	51.83	8.54	4.88
E 我感觉本地人看不起外地人	19.51	34.76	29.88	15.85
F 我的生活习惯与本地市民存在较大差别	17.07	34.15	30.49	18.29
G 我觉得我已经是本地人了	25.61	35.37	27.44	11.59

第十，交通中转场所的安全防范力量较为充足。统计结果显示，京津冀地区居民认为火车站、地铁站和机场的安防力量最为充足，选择“是”的比例分别为 68.33%、67.08%、63.88%（见表 42）。其中，北京市的统计结果显示，北京市民众认为地铁站、火车站和机场的安防力量较充足，选择“是”的比例分别为 74.63%、70.63%、68.88%（相比于 2021 年的 85.67%、85.08%和 77.17%均有所下降）；北京市公交站与汽车站的安防力量相对较弱，选择“是”的比例分别为 65.38%和 64.50%，更是有 25.25%的北京市民众认为公交站的安防力量不充足，相比于 2021 年的 21.67%有所升高。

表 42　京津冀交通场站安防力量是否充足

单位：%

交通场站类别	是	否	没去过
地铁站	67.08	13.33	19.58
公交站	56.96	28.71	14.33
火车站	68.33	12.33	19.33
汽车站	59.67	19.42	20.92
机场	63.88	11.00	25.13

（四）单位安全感

笔者运用 SPSS 软件对单位安全情况进行了简要的描述分析，通过数据统计发现，本次调查对象中有固定职业单位的占 82.38%。在这 82.38%有固定职业的工作人员中，认为自己所在单位视频监控系统“非常有效”的占 54.22%，“比较有效”的占 21.24%，“一般”的占 19.32%，“不太有效”的占 2.33%，“无效”的占 2.88%；关于自己所在单位过去 5 年是否发生过安全生产事故，回答“是”“否”的比例分别为 9.00%和 49.21%；在填答发生过安全生产事故的被调查对象中，认为相关责任人“被追责”“未被追责”的比例分别为 83.94%和 16.06%；在单位是否组建过专业应急队伍的问题上，有 45.13%的被调查者认为自己所在单位组建了应急队伍，13.58%的被调查者认为自己所在的单位未组建过应急队伍；在单位是否定期对各岗位的安全状况进行检查的问题上，54.88%的被调查者认为单位定期对各岗位的安全状况进行检查，8.58%的被调查者认为单位未定期对各岗位的安全状况进行检查；在单位是否开展过安全警示教育的问题上，55.83%的被调查者认为自己所在单位开展过安全警示教育，9.04%的被调查者认为自己所在单位未开展过安全警示教育。综合以上数据可见，单位对组建应急队伍、定期对各岗位的安全状况进行检查、开展安全警示教育的重视程度有待提升。

（五）校园安全感

校园安全感部分主要围绕两个方面展开：一是对校园安全感状况进行描述分析；二是对校园开展安全教育情况进行分析。

1. 校园安全感状况分析

本次调查中有 54.50%的被调查对象有孩子或有亲戚朋友的孩子在学校上学，其中就读幼儿园的占 31.19%，就读中小学的占 57.57%，就读大学的占 11.24%。京津冀幼儿园、中小学、大学面临的不同安全隐患及存在的差异情况见表 43。

表 43　京津冀幼儿园、中小学、大学校园安全情况

单位：%

学校类别	有无下列校园安全问题	有	无
幼儿园	教师等工作人员虐待学生行为	10.38	89.62
	猥亵儿童行为	9.11	90.89
	校园食品安全问题	12.41	87.59
	校园基础设施安全问题	10.63	89.37
	在上学期间走失	9.37	90.63
中小学	校园斗殴、欺凌行为	11.14	88.86
	教师体罚学生行为	11.85	88.15
	性侵或性骚扰行为	5.06	94.94
	校园周边文化娱乐场所引发的不安全问题	1.73	98.27
	校园盗窃行为	7.19	92.81
	校园欺诈行为	5.99	94.01
	中小学生心理健康危机	2.93	97.07
	校园食品安全问题	11.72	88.28
	校园基础设施安全问题	12.25	87.75
	在上学期间走失	4.79	95.21
大学	校园斗殴、欺凌行为	2.66	97.34
	性侵或性骚扰行为	3.73	96.27
	校园周边文化娱乐场所引发的不安全问题	7.41	92.59
	校园盗窃行为	4.94	95.06
	校园欺诈行为	11.11	88.89
	人际关系危机	15.43	84.57
	大学生心理健康危机	10.49	89.51
	国外敌对势力渗透	14.81	85.19
	涉及邪教问题	19.14	80.86
	传销	2.47	97.53
	大学生涉黄	0.00	100.00
	大学生涉毒	1.23	98.77
	大学生涉赌	4.94	95.06
	校园食品安全问题	3.70	96.30
	校园基础设施安全问题	1.85	98.15

以北京市为例，从表44中可以看出北京市校园整体安全系数较高。其中，幼儿园整体安全状况良好，其面临的最主要安全问题是“校园食品安全问题”，在被调查对象中，有13.97的被调查者认为幼儿园存在食品安全问题，相比于2021年的6.47%有大幅提高；“校园基础设施安全问题”和“猥亵儿童行为”也较为明显，在被调查对象中，分别有10.29%和9.56%的被调查者认为幼儿园存在校园基础设施安全问题和猥亵儿童行为。中小学校园安全存在一定问题，在被调查对象中，认为存在“校园食品安全问题”“校园斗殴、欺凌行为”“校园基础设施安全问题”“教师体罚学生行为”的比例相对较高，占比分别为12.35%、11.76%、10.36%和9.96%。大学校园的安全问题同样较为突出，主要体现在“校园周边文化娱乐场所引发的不安全问题”“人际关系危机”“国外敌对势力渗透”“涉及邪教问题”“校园欺诈行为”方面，占比分别为14.29%、14.29%、14.29%、14.29%和12.24%。可见，大学校园面临的安全隐患的来源、形式更为复杂多样，应成为校园安全治理的重心之一。因此，相关主管部门应对大学校园进行多样化、精细化、源头化的治理，护航高校学生的健康发展。

表44　北京市幼儿园、中小学、大学校园安全情况

单位：%

学校类别	有无下列校园安全问题	有	无
幼儿园	教师等工作人员虐待学生行为	8.82	91.18
	猥亵儿童行为	9.56	90.44
	校园食品安全问题	13.97	86.03
	校园基础设施安全问题	10.29	89.71
	在上学期间走失	8.09	91.91
中小学	校园斗殴、欺凌行为	11.76	88.24
	教师体罚学生行为	9.96	90.04
	性侵或性骚扰行为	4.78	95.22
	校园周边文化娱乐场所引发的不安全问题	2.39	97.61
	校园盗窃行为	6.77	93.23
	校园欺诈行为	5.58	94.42
	中小学心理健康危机	3.59	96.41

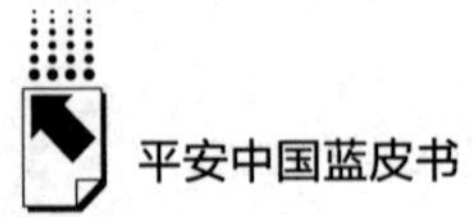

续表

学校类别	有无下列校园安全问题	有	无
中小学	校园食品安全问题	12.35	87.65
	校园基础设施安全问题	10.36	89.64
	在上学期间走失	5.98	94.02
大学	校园斗殴、欺凌行为	3.59	96.41
	性侵或性骚扰行为	4.38	95.62
	校园周边文化娱乐场所引发的不安全问题	14.29	85.71
	校园盗窃行为	8.16	91.84
	校园欺诈行为	12.24	87.76
	人际关系危机	14.29	85.71
	大学生心理健康危机	8.16	91.84
	国外敌对势力渗透	14.29	85.71
	涉及邪教问题	14.29	85.71
	传销	4.08	95.92
	大学生涉黄	0.00	100.00
	大学生涉毒	0.00	100.00
	大学生涉赌	6.12	93.88
	校园食品安全问题	2.04	97.96
	校园基础设施安全问题	2.04	97.96

2. 校园开展安全教育情况分析

校园安全教育是校园安全治理的重要措施，因此校园安全教育的开展情况也应得到相应的重视。笔者对京津冀校园安全教育开展情况进行描述性分析发现，在被调查对象中，92.28%的人认为学校开展过安全教育，7.72%的人认为学校未开展过安全教育。其中，被调查者认为幼儿园开展过安全教育的占比为84.85%，认为幼儿园未开展过安全教育的占比为15.15%；被调查者认为中小学开展过安全教育的占比为97.34%，认为中小学未开展过安全教育的占比为2.66%；被调查者认为大学开展过安全教育的占比为95.92%，认为大学未开展过安全教育的占比为4.08%。可见，校园开展安全教育的情况总体较好，其中幼儿园开展情况最差，中小学开展情况最佳。加大幼儿园安全教育宣讲力度，应成为校园安全教育工作的重点之一。

五　总结与讨论

（一）2022年京津冀居民安全感评估总结

本次调查发现，京津冀居民安全感总体表现良好。5 项二级指标得分之间存在明显差异，京津冀各地居民安全感各指标间虽有差异但差距较小，且各指标仍处于动态变化之中。

1. 京津冀居民安全感总体状况良好

2022 年京津冀居民安全感评估得分为 80.43 分。区域经济协作、区域一体化、大都市圈政策等是中国区域经济治理的重要工具，共同构成中国区域治理政策体系，是当前国家治理现代化的核心要件之一①。京津冀协同自 2014 年上升为国家战略以来，逐渐成为城市治理新理念。2022 年在北京和张家口举行的北京冬季奥运会、2022 年在天津举办的中国网络文明大会，都为京津冀居民的安全感提供了坚实保障。

2. 各安全感指标结果间存在明显差异

2022 年京津冀居民“安全感”一级指标的得分为 80.43 分，“单位安全感”“社区安全感”2 项二级指标的得分均略低于一级指标的得分，得分最低的二级指标是“公共场所安全感”，与“安全感”一级指标的得分差距较大（见图 1），反映出在平安京津冀建设中，“公共场所安全感”成为整体安全建设中的短板。校园安全感得分最高，为 92.34 分，远超安全感总得分 11.91 分。可见校园空间的安全治理能力更获居民认可。

3. 京津冀居民安全感存在地域差异

京津冀三个地区在总体安全感上存在显著差异。笔者通过 Wilcoxon 秩和检验分析发现，平均来看，天津居民的总体安全感最高，北京居民的总体

① 杨卡、霍海涛：《多源流视角下京津冀区域政策的演变逻辑与优化前景》，《管理现代化》2021 年第 6 期。

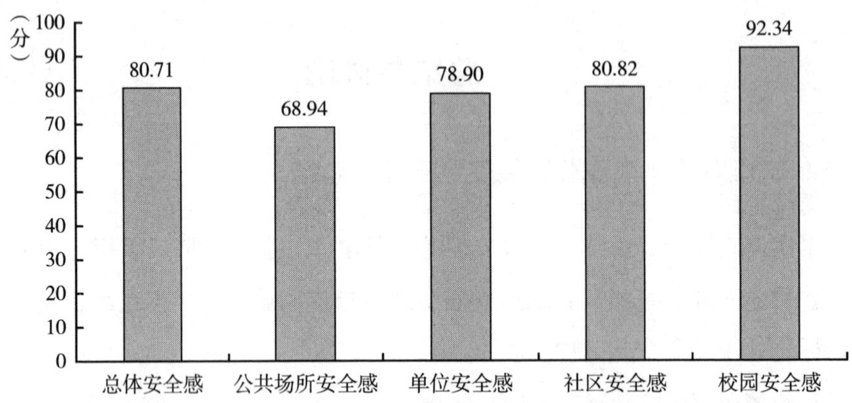

图 1　京津冀地区居民安全感二级指标得分

安全感次之，河北居民的总体安全感最低。

具体来看，总体安全感、公共场所安全感、社区安全感和校园安全感 4 项指标中，天津得分最高；单位安全感北京得分最高；河北 5 项二级指标均排第三名，除校园安全感一项得分与北京、天津较为接近，其余 4 项均与北京、天津存在较大差距（见表 45）。

表 45　京津冀三地安全感二级指标得分

单位：分

二级指标	北京	天津	河北
总体安全感	82.41	82.72	77.00
公共场所安全感	69.96	71.77	65.50
单位安全感	81.42	77.68	73.10
社区安全感	82.05	82.63	76.24
校园安全感	92.53	93.27	91.33

4. 京津冀居民安全感处于动态变化中

以北京市为例，2022 年北京市居民安全感评估得分为 81.86 分，较 2021 年降低了 2.83 分。虽然从总体上看，北京市居民安全感处于稳定趋势，但各部分得分的变化不尽相同。其中，相比于 2021 年，2022 年单位安全感和校园安全感得分有所提升，总体安全感、公共场所安全感和社区安全感得分有所下降，特别是公共场所安全感得分呈大幅下降状态，可见公共场所的安全建设仍是平安建设中的短板（见图 2）。

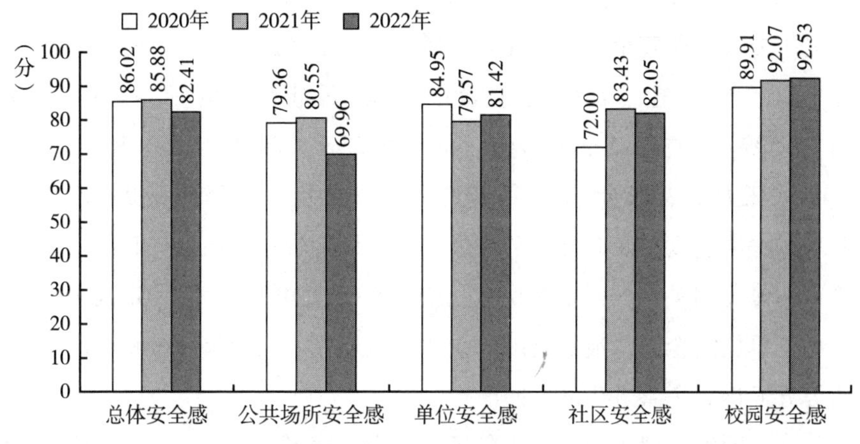

图 2　2020~2022 年北京市居民安全感二级指标得分

身体健康状况、户籍等个人特征仍与总体安全感呈显著相关关系，因此民生工程的各项工作仍应稳步推进，比如医疗、住房、就业等。还应注意到，与 2021 年不同的是，2022 年调查显示，就北京市而言，性别、婚姻状况、受教育程度、户籍状况与总体安全感之间存在相关关系，但职业类型与总体安全感之间不再存在相关关系。

对于社区安全感，一是出租房屋的比例越高，居民的安全感越高。这可能是因为对于出租房屋多的社区，管理部门会给予更多的关注，可见京津冀的出租屋管理工作渐有成效。二是对监控等设施的日常检修仍应给予重视，监控的有效性与总体安全感之间仍存在显著的相关性。三是明确社区负责主体，不仅要在内部实现权、责、利的统一，更要让人民群众知晓分工架构，只有这样，群众在遇到矛盾时，才能知道如何正确选择解决问题的渠道。四是应进一步提升各主体的纠纷化解能力，社区民警、社区居委会、社区业委会在此方面位于前三，纠纷化解有效程度也仅能达到 65.63%、58.67%和 50.75%，有待提升。五是提升社区居委会与社区警务在社区生活中的在场性。社区居民与社区居委会和社区民警互动渠道的畅通程度与总体安全感显著相关。

关于群防群治力量，社区治安状况与总体安全感之间仍存在显著的相关性，因此，对于社区治安维护力量的发展仍应予以充分重视。

关于公共场所安全，一是北京市居民对于走夜路这一情景的安全感体验相比于2021年变差，北京市受访者中选择“不害怕”的占44.13%（2021年为71.50%），选择“非常害怕”的占5.25%（2021年为0.50%）。二是与2021年相比，2022年志愿者、警察、警车的可见度都有所提升。三是对警察现场执法态度、及时性、公平公正性的评价较高，三者与总体安全感之间均存在显著相关性。四是对快递、旅馆等行业的管理存在一定漏洞。

关于单位安全感，追责制度、应急队伍建立、安全警示教育、岗位自查自纠等方面仍有完善进步的空间。

关于校园安全感，校园仍为各场域中安全感得分最高的。这可能与校园内安保工作质量逐年提升，以及心理辅导和安全应急教育开展情况较好有关。

（二）提升京津冀居民安全感的建议

1. 将安全感作为京津冀地区社会治理的组成部分

居民安全感是协同发展成效的重要检验指标，能够为重大决策提供切实依据。京津冀地区居民安全感是一段时间内弥散在整个区域的居民整体的安全感受和社会心态，能够反映人们对社会生态系统运行状态的主观感知。京津冀协同发展重大决策的核心目标是推动区域发展，实现资源的优化配置，根本目标是提高人民的生活水平和满意度。因此，将京津冀地区居民安全感纳入社会稳定风险评价体系，结合地区生产总值、基尼系数等指标，可以更加准确地描述三地的经济与社会发展现状，以及更科学地评估政策效果。

居民安全感也是社会治安环境和秩序的直接反映，不仅可以反映政府社会治理工作的成效，还可以预测影响地区稳定的可能风险，更重要的是，可以为京津冀协同发展这一重大国家战略推进过程中的重大决策提供切实依据。从本年度安全感调查情况来看，公共场所安全感与安全感一级指标的得分差距较大。未来在京津冀协同发展政策的制定、执行过程中，应更加关注地区经济社会发展中的治安防控建设，通过改善治安环境，优化警务资源配置等方式，提升居民场域安全感。同时，也应看到，校园仍为各场域中，安全感得分最高的，这与京津冀地区高度重视校园安全建设和加强校园安全指导和教育有紧密联系。

2. 发挥市域社会治理的优势

由于各地经济发展、城镇化水平不尽相同，人口结构、历史文化等方面存在差异，每个地方基层社会治理面临的环境，以及要解决的问题都各不相同。在京津冀协同发展的背景下，各个地方都有特定的功能定位和发展路径。因此，基层社会治理应当紧密结合实际，因城施策。

当前我国社会治理实践中出现了各种创新举措，遵循以智能化建设和应用为主线、以引导广泛的社会参与为重点的思路，产生了许多社会治理创新实践。这些社会治理成功经验和案例，都是社会治理的地方性知识，指引着社会治理改革的方向，但是相关政策的施行，还要结合各地的实际情况。研究发现，京津冀三地的发展阶段和模式有所不同。京津冀协同发展并不意味着三地要遵从同样的发展模式，而应根据自身的人口、产业、环境等现实情况，发挥各自的优势，充分挖掘本土资源，利用市域层面可调动的资源；坚持分类施策、因地制宜的原则，逐步形成精细的治理模式，提升治理效能；基于本地的现实状况，发现和解决现实的问题，走最适合的发展路径，才能切实提高群众安全感和满意度。

3. 注重城市发展中的空间治理

空间是社会秩序的载体，也是社会治理的对象。社会生活中许多问题以空间的形式表现出来，也是影响居民安全感的重点因素。加强城市空间治理是保障我国社会持续发展、和谐安宁的重要举措。研究发现，不同类型的城市空间，以及不同社区、不同人群的安全感体验存在差异，表明当前社会治理中的空间治理效果存在差异。

城市的空间规划应当充分考虑安全的需要，同时要考虑人们的发展、生活需求，保证个体享有公平合法的空间权利，使城市发展更安全、更有温度。城市发展和治理要以“空间正义”为价值导向，将群众的空间需求作为空间生产与分配的目标，优化公共资源配置，避免空间分异和隔离形成负面效应。促进各类主体有序参与城市空间治理，发动多元社会力量参与不同空间的治理，促进治理过程平等协商，保障弱势群体得到平等的空间权益。同时，利用互联网、大数据等信息技术赋能城市空间治理，为城市空间治理提供决策和支持。

4. 尊重多元化的安全感需求

个体安全感是安全感的最小组成单元，应提高精细化治理水平以提升居民安全感。调查发现，个人特征与总体安全感呈显著相关关系。例如，在对北京市居民的调研中发现，有北京市户籍的被调查者的安全感明显高于没有北京市户籍的被调查者。考虑到民生问题对居民安全感的直接影响，政府应继续加大住房、医疗和子女教育等问题的解决力度，在协同发展进程中推进基本公共服务的均等化，确保基本公共服务能普惠不同类型的居民，增进居民对政府治理的信心。

调研还发现，社区治安状况与总体安全感之间存在正相关关系。这一调查结果提示，除了个人特质和生活境遇外，个人生活感受以及所处环境对安全感的影响是直接且显著的。近年来，京津冀地区社区警务、社区治理现代化建设取得了显著成果，居民社区安全感状况良好。未来，社区管理应当逐步迈向精细化、智能化，关注每一个居民的安全感受，回应居民个性化的安全感需求，提升整体居民安全感。

参考文献

［1］杨卡、霍海涛：《多源流视角下京津冀区域政策的演变逻辑与优化前景》，《管理现代化》2021 年第 6 期。

［2］杨小俊、陈成文、陈建平：《论市域社会治理现代化的资源整合能力——基于合作治理理论的分析视角》，《城市发展研究》2020 年第 6 期。

［3］黄晴、徐雅静：《社区安全感知与居民幸福感研究》，《山东社会科学》2021 年第 6 期。

［4］郑敏睿、郑新奇、李天乐、张路路、吕永强：《京津冀城市群城市功能互动格局与治理策略》：《论乡村空间治理与城乡融合发展》，《地理学报》2020 年第 6 期。

［5］杨君、张煜、蒋佳妮：《构建“共享感”空间：城市社区环境治理的理论基础与实现路径》，《中共福建省委党校（福建行政学院）学报》2022 年第 4 期。

附　　录

Appendices

B.9

附录1　平安京津冀建设发展评估指标体系（2022）

总得分：（85.89 分）

一级指标（权重，得分）	二级指标（权重，得分）	三级指标（权重，得分）
社会治理（15%，89.56 分）	党委领导治理（30%，100 分）	是否建立党委领导责任制（60%，100 分）
		省（市）委常委会会议是否讨论平安建设议题（40%，100 分）
	政府主导治理（20%，100 分）	省级政府在平安建设中的定位是否明确（25%，100 分）
		是否定期召开全省（市）平安建设相关会议（25%，100 分）
		政府相关部门是否公开平安建设相关信息（25%，100 分）
		是否将平安建设纳入年度考核（25%，100 分）
	人民团体、社会组织、企事业单位参与社会治理（20%，81.50 分）	人民团体参与社会治理情况（30%，85 分）
		社会组织参与社会治理情况（40%，80 分）
		企事业单位参与社会治理情况（30%，80 分）
	人民群众参与（30%，77.52 分）	人民群众参与力量情况（40%，74.65 分）
		人民群众参与渠道情况（30%，78.26 分）
		人民群众参与成果情况（30%，80.60 分）

续表

一级指标（权重，得分）	二级指标（权重，得分）	三级指标（权重，得分）
社会治安防控（15%，83.40分）	社会面治安防控（20%，73.99分）	街面巡逻防控情况（40%，67.34分）
		公共交通场所防控情况（30%，73.26分）
		学校、单位、银行、医院防控情况（30%，83.58分）
	重点行业治安防控（10%，83.14分）	旅馆业、印章业、娱乐服务业等行业场所治安管理情况（40%，80.26分）
		物流寄递业安全管理情况（20%，73.65分）
		枪支、管制刀具、危爆物品管理情况（20%，96.54分）
		行业场所智慧化管理情况（20%，85分）
	乡镇（街道）和村（社区）治安防控（10%，68.42分）	网格化管理情况（40%，81.80分）
		综合管理服务平台建设情况（30%，61.80分）
		社区警务实施情况（30%，57.21分）
	机关、企事业单位内部安全防控（10%，86.62分）	单位治保制度建设情况（40%，85分）
		单位视频监控系统普及应用情况（30%，80.40分）
		水电气热等基础设施运营单位安全防范情况（30%，95分）
	信息网络防控（10%，83.35分）	信息网络管理制度建设情况（40%，95分）
		手机网络实名制落实情况（30%，95分）
		个人信息安全保护情况（30%，56.16分）
	外围防控（10%，91.50分）	城市出入查控机制情况（40%，95分）
		城市外围公安检查站覆盖情况（30%，83.32分）
		城市外围防控效果（30%，95分）
	社会治安防控效果（30%，91分）	重大专项整治工作（20%，95分）
		重大案件、事件处置情况（20%，90分）
		刑事警情数量（15%，90分）
		治安警情数量（15%，90分）
		刑事案件数量（15%，90分）
		治安案件数量（15%，90分）
应急管理（15%，87.82分）	应急管理责任制度体系（20%，92.57分）	党委、政府领导责任是否明确（25%，100分）
		部门监管责任是否落实（25%，90分）
		企业主体责任是否落实（25%，89.91分）
		责任追究制度是否落实（25%，90.36分）
	应急管理风险防控体系（20%，92.97分）	政府是否建立实施安全风险评估与论证机制（25%，90分）
		政府是否制定事故隐患分级和排查治理标准（25%，90分）
		政府应急管理行政执法工作状况（25%，100分）
		企业是否定期开展风险评估和危害辨识（25%，91.88分）

续表

一级指标（权重,得分）	二级指标（权重,得分）	三级指标（权重,得分）
应急管理（15%,87.82分）	应急管理事故灾害指标(20%,84.18分)	安全生产事故起数(25%,86.72分)
		安全生产死亡人数(25%,90分)
		火灾损失情况(25%,80分)
		自然灾害受灾情况(25%,80分)
	应急管理保障体系(20%,88.92分)	政府是否建立预警信息发布机制(25%,87.95分)
		政府是否建立应急救援联动机制(25%,100分)
		应急物资保障体系(25%,81.60分)
		应急救援队伍(25%,86.12分)
	应急管理宣传教育(20%,80.44分)	政府开展应急宣传教育情况(25%,77.87分)
		社区开展应急宣传教育情况(25%,80.32分)
		单位开展应急宣传教育情况(25%,83.12分)
		单位开展应急演练情况(25%,80.44分)
矛盾纠纷化解（15%,87.18分）	社会矛盾源头预防和排查化解(40%,80.00分)	是否定期开展矛盾纠纷排查化解(25%,33.25分)
		矛盾纠纷排查分级负责制度建设情况(25%,100分)
		矛盾纠纷排查督办回访制度(25%,100分)
		群众利益表达渠道是否畅通(25%,86.73分)
	矛盾纠纷多元调解(20%,92.05分)	矛盾纠纷多元调解组织建设情况(40%,100分)
		矛盾纠纷多元调解覆盖范围(30%,73.5分)
		矛盾纠纷多元调解创新(30%,100分)
	重大决策社会稳定风险评估(30%,89.24分)	重大决策社会稳定风险评估机制建设情况(25%,100分)
		重大决策社会稳定风险评估的覆盖范围(25%,100分)
		重大决策社会稳定风险评估是否纳入地方立法情况(25%,100分)
		重大决策社会稳定风险评估落实情况(25%,56.97分)
		信访网络综合服务平台建设情况(40%,100分)
	信访法治化建设(10%,100分)	逐级上访制度建设情况(30%,100分)
		信访地方性立法情况(30%,100分)
民生安全（15%,81.70分）	食品安全(25%,83.68分)	食品抽检样品合格率(20%,98.64分)
		食品安全事故(20%,76.70分)
		食品安全意识(20%,96.25分)
		食品安全宣传教育(20%,70.31分)
		食品安全满意度(20%,76.52分)

续表

一级指标（权重，得分）	二级指标（权重，得分）	三级指标（权重，得分）
民生安全（15%，81.70分）	药品安全（25%，82.04分）	药品抽检合格率（25%，99.69分）
		药品案件查处（25%，96.83分）
		药品安全满意度（25%，78.91分）
		疫苗接种安全感知（25%，52.71分）
	生态环境安全（25%，80.74分）	国家地表水考核断面（20%，66.27分）
		空气质量达标天数比例（20%，74.98分）
		生态环境指数（20%，66.13分）
		生活垃圾无害化处理率（20%，100分）
		突发环境事件（20%，96.33分）
	旅游安全（25%，80.34分）	景区安全设施（25%，86.17分）
		旅游服务质量（25%，79.88分）
		旅游安全突发事件（25%，93.33分）
		旅游安全宣传教育（25%，61.97分）
平安建设保障（15%，89.29分）	法治保障（20%，90.98分）	平安建设地方性立法情况（30%，90分）
		平安建设规范性文件情况（30%，95分）
		平安建设政府决策、行政执法等容错纠错保障机制建设情况（30%，90分）
		民众对法治保障的感受（10%，84.76分）
	人员保障（20%，87.80分）	警力配备情况（35%，90分）
		专业队伍建设情况（25%，85分）
		社会力量参与情况（25%，95分）
		民众对人员保障的感受（15%，75.30分）
	财务装备（25%，86.38分）	平安建设经费投入情况（40%，85分）
		平安建设硬件设施建设情况（40%，95分）
		民众对财务装备的感受（20%，71.88分）
	科技支撑（25%，91.59分）	公共安全视频监控系统建设情况（20%，82.95分）
		大数据深度应用（20%，95分）
		信息资源共享融合情况（20%，90分）
		信息化、智能化科技在平安建设中的应用（20%，95分）
		信息安全防护建设（20%，95分）
	宣传教育（10%，90.41分）	是否将平安建设相关内容纳入领导干部培训（30%，90分）
		是否将平安建设相关内容纳入中小学教育（30%，91.37分）
		平安建设应急演练开展情况（40%，90分）

续表

一级指标（权重，得分）	二级指标（权重，得分）	三级指标（权重，得分）
安全感（10%，80.43分）	总体安全感（40%，80.71分）	公众对京津冀安全状况的总体感受（100%，80.71分）
	公共场所安全感（15%，68.94分）	公众对车站、广场、公园、商场等公共场所安全状况的主观感受（100%，68.94分）
	单位安全感（15%，78.90分）	公众对所在工作单位安全状况的主观感受（100%，78.90分）
	社区安全感（15%，80.82分）	公众对所居住社区安全状况的主观感受（100%，80.82分）
	校园安全感（15%，92.34分）	公众对中小学校园安全状况的主观感受（100%，92.34分）

B.10
附录2　平安京津冀建设发展评估问卷调查（2022）

尊敬的先生/女士：

您好！非常感谢您参加我们的调查，本调查旨在了解当前平安京津冀建设的实际情况，进一步加强和完善平安京津冀建设。本次调查是不记名的，回答无所谓对错，也不会影响他人对您的评价，您可以完全根据自己的实际情况作答。如果遇到不好回答或不适用的情况，请以最相近的场景或最接近的情况作答即可。本次调查结果仅供研究，我们将严格遵守《统计法》相关规定，绝不会泄露您的任何个人信息。感谢您的支持与配合！

平安京津冀建设发展报告（2022）课题组

2022 年 6 月

A. 个人基本信息

A1. 您居住在：X 市 X 区（县）X 镇的________。[单选题]

○1. XX 社区（村）

○2. YY 社区（村）

A2. 性别：[单选题]

○1. 男

○2. 女

A3. 您的出生年月是：________年________月。[填空题]

A4. 您的婚姻状况是：[单选题]

○1. 未婚

○2. 已婚

○3. 离婚

○4. 丧偶

A5. 您的受教育程度是：［单选题］

○1. 研究生

○2. 大学本科

○3. 大学专科

○4. 高中（中专）

○5. 初中

○6. 小学及以下

A6. 您觉得您目前的身体状况怎么样？［单选题］

○1. 很健康

○2. 比较健康

○3. 一般

○4. 不太健康

○5. 不健康

A7. 您个人上个月的收入是：________元。［填空题］

A8. 您的户籍所在地是否为北京/天津/石家庄/唐山/保定/廊坊［单选题］

○1. 是（请跳至 A11 题）

○2. 否

A9. 您是否办理了暂住证/居住证？［单选题］

○1. 是

○2. 否

依赖于第 A8 题第 2 个选项

A10. 您来北京/天津/石家庄/唐山/保定/廊坊的时间是________年________月。［填空题］

A11. 您当前所居住的地域类型是？［单选题］

○1. 城区

○2. 郊区或城乡接合部

○3. 远离郊区的乡镇

○4. 农村

A12. 您居住的房屋性质？[单选题]

○1. 自有房屋

○2. 租赁房屋

○3. 单位公房

○4. 其他

A13. 您目前居住在什么样的社区中？[单选题]

○1. 商品房社区

○2. 经济适用房社区

○3. 机关事业单位社区

○4. 工矿企业社区

○5. 未经改造的老城区

○6. 经过改造的老城区

○7. 城中村或棚户区

○8. 城乡接合部

○9. 农村社区

○10. 其他

A14. 您现在的主要职业是什么？[单选题]

○1. 国家机关、党群组织、企业、事业单位负责人

○2. 专业技术人员

○3. 一般公务员、办事人员和有关人员

○4. 商业、服务业人员

○5. 农、林、牧、渔、水利业生产人员

○6. 生产运输设备操作人员及有关人员

○7. 无固定职业人员

○8. 无业人员

B. 社区安全状况

B1. 在您所居住的社区（村），居民出租房屋的比例高不高？［单选题］

○1. 很高

○2. 一般

○3. 很低或者没有

B2. 近5年，您所居住的社区（村）是否发生过以下违法犯罪？［矩阵单选题］

	是	否	不知道
A 杀人	○	○	○
B 性侵、猥亵	○	○	○
C 入室盗窃	○	○	○
D 一般盗窃	○	○	○
E 抢夺或抢劫	○	○	○
F 电信诈骗	○	○	○
G 非法集资	○	○	○
H 邪教活动	○	○	○
I 传销	○	○	○
J 涉黄行为	○	○	○
K 涉毒行为	○	○	○
L 涉赌行为	○	○	○
M 打架斗殴	○	○	○
N 涉黑行为	○	○	○
O 破坏公私财物	○	○	○

B3. 您遇到过的电信诈骗方式是什么？［多选题］

□1. 是，电话

□2. 是，短信

□3. 是，网络

□4. 其他

□5. 未遇到过

B4. 您遇到的电信诈骗类型是什么？［多选题］

□1. 刷单返利

□2. 虚假投资理财

□3. 虚假网络贷款

□4. 冒充客服

□5. 冒充公检法

□6. 虚假购物

□7. 虚假中奖

□8. 虚构险情

□9. 虚假网站

□10. 交友婚介

□11. 其他

依赖于第 B3 题第 1、2、3、4 个选项

B5. 您遇到电信诈骗后，会主动选择举报吗？[多选题]

□1. 会（遭遇实际损失）

□2. 会（未受到实际损失）

□3. 不会（遭遇实际损失）

□4. 不会（未受到实际损失）

依赖于第 B3 题第 1、2、3、4 个选项

B6. 您是否愿意参与到社会治安志愿服务中？[单选题]

○1. 愿意

○2. 不愿意

B7. 您如果参与社会治安志愿服务活动，您愿意得到何种奖励？[多选题]

□1. 物质奖励

□2. 精神奖励

□3. 无偿参与

B8. 在您居住的社区（村），您会经常看到佩戴明显标识的治安志愿者吗？[单选题]

○1. 经常看到

○2. 偶尔看到

○3. 看不到

B9. 您认为上述治安志愿者力量开展下列维护社会治安工作效果如何？［矩阵单选题］

	好	一般	不好	没有
A 巡逻防控	○	○	○	○
B 提供破案线索	○	○	○	○
C 矛盾纠纷化解	○	○	○	○
D 法治宣传	○	○	○	○
E 帮助弱势人群	○	○	○	○

依赖于第 B8 题第 1、2 个选项

B10. 您晚上独自行走在您所居住的社区（村）中会觉得害怕吗？［单选题］

○1. 很害怕

○2. 比较害怕

○3. 一般

○4. 不太害怕

○5. 不害怕

B11. 您是否认可下列治安志愿者组织的工作效果？［矩阵单选题］

北京市治安志愿者组织	很满意	满意	一般	不满意	很不满意
西城大妈	○	○	○	○	○
东城守望者	○	○	○	○	○
丰台劝导队	○	○	○	○	○
海淀网友	○	○	○	○	○
朝阳群众	○	○	○	○	○
石景山老街坊防消队	○	○	○	○	○
其他组织	○	○	○	○	○

其他组织名称（请注明，如无不填写）［填空题］

____

天津市治安志愿者组织	很满意	满意	一般	不满意	很不满意
阳光奶奶	○	○	○	○	○
青年梦想家	○	○	○	○	○
“红烛”禁毒宣传队	○	○	○	○	○
健康城市	○	○	○	○	○
其他组织	○	○	○	○	○

其他组织名称（请注明，如无不填写）［填空题］

____

河北省治安志愿者组织	很满意	满意	一般	不满意	很不满意
橄榄绿青年服务团	○	○	○	○	○
红心志愿服务	○	○	○	○	○
红十字文化服务队	○	○	○	○	○
其他组织	○	○	○	○	○

其他组织名称（请注明，如无不填写）［填空题］

____

B12. 您所居住社区（村）的视频监控系统运行是否有效？［单选题］

○1. 非常有效

○2. 比较有效

○3. 一般

○4. 不太有效

○5. 无效

B13. 您所居住社区（村）的消防设施是否完善？［单选题］

○1. 非常完善

○2. 比较完善

○3. 一般

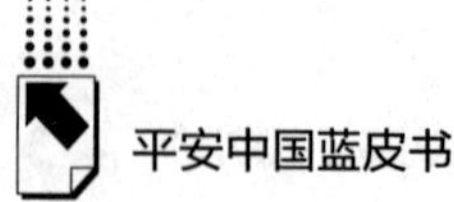

○4. 不完善

○5. 几乎没有

B14. 您所居住社区（村）是否设有以下管理主体？[矩阵单选题]

社区负责主体	有	没有	不清楚
A 物业公司	○	○	○
B 业主委员会	○	○	○
C 网格长/楼长	○	○	○

B15. 您对您所居住社区（村）中居民的认识程度怎么样？[单选题]

○1. 基本都认识

○2. 大部分认识

○3. 大约认识一半

○4. 认识一小部分

○5. 基本不认识

B16. 当您跟社区（村）中的下列人员接触时，您认为他们的礼貌程度如何？[矩阵单选题]

社区相关人员	非常礼貌	比较礼貌	一般	不太礼貌	不礼貌
A 社区民警	○	○	○	○	○
B 居委会主任	○	○	○	○	○
C 邻居	○	○	○	○	○

B17. 在您所居住的社区（村）是否发生过下列类型的矛盾纠纷？[多选题]

□1. 婚姻家庭纠纷

□2. 邻里纠纷

□3. 房屋、宅基地纠纷

□4. 损害赔偿纠纷

□5. 赡养纠纷

□6. 借贷纠纷

□7. 干群纠纷

□8. 环境纠纷

□9. 与保安员、快递人员、外卖人员的纠纷

□10. 其他（请填写）________________

□11. 以上均没有

B18. 如果您遇到矛盾纠纷，您更倾向于选择哪几种方式解决？［多选题］

□A. 与对方协商和解

□B. 找居委会干部调解

□C. 找业委会干部调解

□D. 找物业公司人员调解

□E. 找人民调解员调解

□F. 直接报警

□G. 向人民法院提起诉讼

□H. 通过“12345”热线解决

□I. 找社区志愿者调解

□J. 找社会工作者调解

□K. 其他

B19. 您认为下列主体在矛盾纠纷化解中是否有效发挥作用？［矩阵单选题］

主体	有效	一般	无效	未参与
A 社区(村)民警	○	○	○	○
B 社区居委会(村委会)	○	○	○	○
C 社区业委会	○	○	○	○
D 物业公司	○	○	○	○
E 治安志愿者	○	○	○	○
F 相关社区(村)居民	○	○	○	○

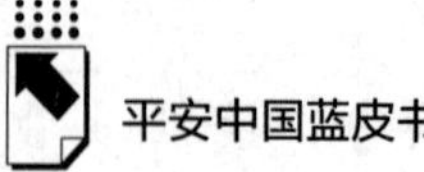

B20. 您向社区居委会（村委会）反映问题的渠道是否畅通？［单选题］

○1. 很畅通

○2. 比较畅通

○3. 一般畅通

○4. 不太畅通

○5. 不畅通

B21. 据您观察，您所居住社区的社区警务室开放的频率如何？［单选题］

○1. 经常开放

○2. 偶尔开放

○3. 不开放

○4. 不清楚

B22. 近一年来，您所居住的社区，社区民警是否去家中调查或走访？［单选题］

○1. 是

○2. 否

（请注明：有________次）［填空题］

依赖于第 B22 题第 1 个选项

B23. 您所在的社区（村）是否组织过防骗防盗治安宣传教育？［单选题］

○1. 是，每年 1 次

○2. 是，每年 2~3 次

○3. 是，每年 4 次以上

○4. 否

B24. 您是否收到过突发事件预警信息？［多选题］

□1. 是，气象预警

□2. 是，空气污染

□3. 是，森林火险

□4. 是，地质灾害

□5. 是，其他

□6. 否

B25. 突发事件的最高预警级别是什么？［单选题］

○1. 红

○2. 橙

○3. 黄

○4. 蓝

○5. 不知道

B26. 您是否会根据不同等级预警信息采取不同的应对措施？［单选题］

○1. 是

○2. 否

B27. 您所在的社区（村）是否组织过应急知识宣传教育？［单选题］

○1. 是，每年 1 次

○2. 是，每年 2~3 次

○3. 是，每年 4 次以上

○4. 否

B28. 您所在的社区（村）是否组织过应急演练活动？［单选题］

○1. 是，每年 1 次

○2. 是，每年 2~3 次

○3. 是，每年 4 次以上

○4. 否

B29. 您在家中是否储备了家庭应急物资？［单选题］

○1. 是

○2. 否

B30. 您是否熟悉所居住建筑的应急疏散路线？［单选题］

○1. 是

○2. 否

B31. 您是否知道社区（村）应急避难场所位置？［单选题］

○1. 是，知道 1 个

○2. 是，知道 2 个

○3. 是，知道 2 个以上

○4. 否

B32. 总体来看，您认为您所居住社区（村）的治安状况怎样？［单选题］

○1. 很好

○2. 比较好

○3. 一般

○4. 比较差

○5. 很差

B33. 总体来看，您对所居住社区（村）的应急管理工作满意吗？［单选题］

○1. 很满意

○2. 比较满意

○3. 一般

○4. 不太满意

○5. 很不满意

C. 社会公共空间安全状况

C1. 您认为北京/天津/石家庄/唐山/保定/廊坊市关于平安建设的立法是否完备？［单选题］

○1. 是

○2. 否

○3. 不清楚

C2. 近 5 年来，您的手机、钱包或其他贵重物品在公共场所被盗过吗？［单选题］

○1. 是

○2. 否

（请注明：被盗过________次）［填空题］

依赖于第 C2 题第 1 个选项

C3. 晚上独自行走在社区（村）外面的街道、广场等地方，您会觉得害怕吗？［单选题］

○1. 非常害怕

○2. 比较害怕

○3. 一般

○4. 不太害怕

○5. 不害怕

C4. 在您所居住社区（村）之外的街道或乡镇，您会经常看到佩戴明显标识的治安志愿者吗？［单选题］

○1. 经常看到

○2. 偶尔看到

○3. 看不到

C5. 在您居住的街道或乡镇，您会经常看到警察或警车吗？［单选题］

○1. 经常看到

○2. 偶尔看到

○3. 看不到

C6. 您能区分警察、辅警与保安吗？［单选题］

○1. 能

○2. 不能

C7. 您认为警察态度和善吗？［单选题］

○1. 非常和善

○2. 比较和善

○3. 一般

○4. 不太和善

○5. 不和善

○6. 未接触

C8. 您拨打110报警后，公安民警能及时赶到现场帮您处理问题吗？[单选题]

○1. 非常及时

○2. 比较及时

○3. 一般

○4. 不太及时

○5. 很不及时

○6. 未报警过

C9. 在您自己或亲友接触的警察执法过程中，您认为受到公正对待了吗？[单选题]

○1. 非常公正

○2. 比较公正

○3. 一般

○4. 不太公正

○5. 不公正

○6. 未接触

C10. 您认为公安机关的执法能力和保障水平对您的安全感影响如何？[单选题]

○1. 影响很大

○2. 有影响

○3. 影响一般

○4. 影响不大

○5. 没影响

C11. 您认为以下维护社会治安秩序的力量是否充足？[矩阵单选题]

人员类别	过剩	充足	不足	不清楚
A 警察	○	○	○	○
B 专业队伍	○	○	○	○
C 社会力量	○	○	○	○

C12. 您或您的亲朋好友有没有见到过有人携带下列危险物品？［矩阵单选题］

危险物品	有	没有
A 枪支	○	○
B 管制刀具	○	○
C 危爆物品	○	○

C13. 近一年内，您邮寄快递时，快递员是否会现场检查邮寄物品？［单选题］

○1. 全都会检查

○2. 大多数会检查

○3. 检查与不检查比例相当

○4. 偶尔检查

○5. 不检查

○6. 未邮寄

C14. 近一年内，您邮寄快递时，快递员是否要求您提供身份证件？［单选题］

○1. 全都会要求

○2. 大多数会要求

○3. 要求与不要求比例相当

○4. 偶尔要求

○5. 不要求

○6. 未邮寄

C15. 您最近一次在当地办理酒店入住手续时，酒店执行登记旅客信息情况如何？［单选题］

○1. 所有入住人员均严格登记

○2. 同行人员一人或少数人登记

○3. 不要求登记

○4. 没住过

C16. 您最近一次刻制印章时，觉得办理手续情况如何？[单选题]

○1. 比较快捷

○2. 一般

○3. 比较烦琐

○4. 没刻制过

C17. 近一年内，您进入 KTV、酒吧等娱乐场所时，有无遇见过纠纷？[单选题]

○1. 遇见过

○2. 没有遇见

○3. 没进过娱乐场所

C18. 您是否在网购时与商家产生矛盾纠纷？[单选题]

○1. 是

○2. 否

○3. 未网购

C19. 当您网购商品与商家产生矛盾纠纷时，是否有畅通渠道解决问题？[单选题]

○1. 是

○2. 否

依赖于第 C18 题第 1 个选项

C20. 当您去银行办理汇款业务时，银行工作人员会跟您确认收款人、为何汇款等信息吗？[单选题]

○1. 都会

○2. 大多数会

○3. 一般

○4. 偶尔会

○5. 不会

○6. 未办理

C21. 最近一年，您觉得您去过的医院的整体安全防范能力如何？［单选题］

○1. 强

○2. 一般

○3. 弱

C22. 您通过政务服务平台办理过就业、劳动、社会保障、治安管理或医疗卫生等相关业务吗？［单选题］

○1. 办过

○2. 没办过

C23. 您认为办理居住证是否方便？［单选题］

○1. 办理过，方便

○2. 办理过，不方便

○3. 未办过（请跳至 C27 题）

C24. 您觉得通过政务服务平台办理业务方便吗？［单选题］

○1. 方便

○2. 一般

○3. 不方便（原因）__________________ *

依赖于第 C23 题第 1、2 个选项

C25. 您在当地面临的主要困难有哪些？［多选题］

□A 没有困难

□B 生意不好做

□C 难以找到稳定的工作

□D 买不起房子

□E 被本地人看不起

□F 子女上学问题

□G 收入太低

□H 看病难

□I 交通拥堵

□J 生活不习惯

□K 其他

C26. 您是否同意以下说法？［矩阵单选题］

说法	1. 完全同意	2. 基本同意	3. 不同意	4. 完全不同意
A 我喜欢我现在居住的城市/地方	○	○	○	○
B 我关注我现在居住城市/地方的变化	○	○	○	○
C 我很愿意融入本地人当中，成为其中一员	○	○	○	○
D 我觉得本地人愿意接受我成为其中一员	○	○	○	○
E 我感觉本地人看不起外地人	○	○	○	○
F 我的生活习惯与本地市民存在较大差别	○	○	○	○
G 我觉得我已经是本地人了	○	○	○	○

依赖于第 A8 题第 2 个选项

C27. 近 5 年，您是否参加过社会稳定风险评估（如涉及居民的环境安全、集体财产安全等）的听证会？［单选题］

○1. 是

○2. 否

C28. 您最近一年在车站、机场等附近见过黑车拉客行为吗？［单选题］

○1. 经常见到

○2. 偶尔见到

○3. 未见到

C29. 您在近两年内是否发生过交通事故？［单选题］

○1. 发生过严重事故

○2. 发生过轻微事故

○3. 未发生任何事故

C30. 您认为下列交通场站的安防力量是否充足？[矩阵单选题]

交通场站类别	是	否	没去过
A 地铁站	○	○	○
B 公交站	○	○	○
C 火车站	○	○	○
D 汽车站	○	○	○
E 机场	○	○	○

C31. 当您自驾或乘坐车辆进出所在城市时，是否接受过交通卡口的治安检查？[单选题]

○1. 全都检查

○2. 大部分检查

○3. 检查、不检查各占一半

○4. 偶尔检查

○5. 不检查

○6. 没到过交通卡口

C32. 最近一年，您的个人信息是否发生过被泄露的情况？[单选题]

○1. 经常被泄露

○2. 偶尔被泄露

○3. 未被泄露

C33. 您认为本地政府对平安建设所投入的经费是否充足？[单选题]

○1. 过剩

○2. 充足

○3. 不足

○4. 不清楚

D. 学校、单位安全状况

D1. 您或您亲戚朋友等熟人是否有孩子在上学？［单选题］

○1. 是

○2. 否

D2. 您或您亲戚朋友等熟人的孩子就读什么类型的学校？［单选题］

○1. 幼儿园

○2. 中小学

○3. 大学

依赖于第 D1 题第 1 个选项

D3. 据您了解，您或您亲戚朋友等熟人的孩子在校园当中是否存在下列安全问题？

依赖于第 D2 题第 1、2、3 个选项

A 幼儿园［矩阵单选题］

	是	否
1 教师等工作人员虐待学生行为	○	○
2 猥亵儿童行为	○	○
3 校园食品安全问题	○	○
4 校园基础设施安全问题	○	○
5 在上学期间走失	○	○
6 其他校园安全问题	○	○

依赖于第 D2 题第 1 个选项

6 其他校园安全问题（请注明，如无不填写）［填空题］

____

依赖于第 D2 题第 1 个选项

B 中小学［矩阵单选题］

	是	否
1 校园斗殴、欺凌行为	○	○
2 教师体罚学生行为	○	○
3 性侵或性骚扰行为	○	○
4 校园周边文化娱乐场所引起的不安全问题	○	○
5 校园盗窃行为	○	○
6 校园欺诈行为	○	○
7 中小学生心理健康危机	○	○
8 校园食品安全问题	○	○
9 校园基础设施安全问题	○	○
10 在上学期间走失	○	○
11 其他校园安全问题	○	○

依赖于第 D2 题第 2 个选项

11 其他校园安全问题（请注明，如无不填写）［填空题］

____

依赖于第 D2 题第 2 个选项

C 大学［矩阵单选题］

	是	否
1 校园斗殴、欺凌行为	○	○
2 性侵或性骚扰问题	○	○
3 校园周边文化娱乐场所引起的不安全问题	○	○
4 校园盗窃行为	○	○
5 校园欺诈行为	○	○
6 人际关系危机	○	○
7 大学生心理健康危机	○	○
8 国外敌对势力渗透	○	○
9 涉及邪教问题	○	○
10 传销	○	○
11 大学生涉黄	○	○
12 大学生涉赌	○	○
13 大学生涉毒	○	○
14 校园食品安全问题	○	○
15 校园基础设施安全问题	○	○
16 其他校园安全问题	○	○

依赖于第 D2 题第 3 个选项

16 其他校园安全问题（请注明，如无不填写）［填空题］

____

依赖于第 D2 题第 3 个选项

D4. 据您了解，您或您亲属的孩子所在学校是否开展过安全教育？［单选题］

○1. 是

○2. 否

依赖于第 D1 题第 1 个选项

D5. 您所在的单位类型是什么？［单选题］

○1. 机关事业单位

○2. 国有及国有控股企业

○3. 集体企业

○4. 个体工商户

○5. 私营企业

○6. 外资企业

○7. 合资企业

○8. 其他

○9. 无单位（请跳至 D17 题）

D6. 您觉得自己所在单位的视频监控系统运行情况如何？［单选题］

○1. 非常有效

○2. 比较有效

○3. 一般

○4. 不太有效

○5. 无效

D7. 您所在单位采用的技防设备及技防措施，是否有相关的国家、行业或者地方标准作为依据？［单选题］

○1. 有

○2. 没有

○3. 不清楚

D8. 您所在单位过去5年是否发生过安全生产事故？[单选题]

○1. 是

○2. 否

○3. 不清楚

D9. 您所在单位发生安全生产事故后，相关责任人是否被追责？[单选题]

○1. 是

○2. 否

○3. 不清楚

依赖于第D8题第1个选项

D10. 您所在单位是否组织过应急演练？[单选题]

○1. 是

○2. 否

○3. 不清楚

D11. 您所在单位是否有应急救援队伍？[单选题]

○1. 是

○2. 否

○3. 不清楚

D12. 您是否知道安全生产举报投诉电话？[单选题]

○1. 12350

○2. 12345

○3. 12350和12345都可以

○4. 不清楚

D13. 您是否了解本单位的应急预案？[单选题]

○1. 是

○2. 否

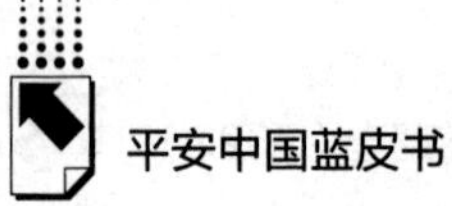

○3. 不清楚

D14. 您所在单位是否有专职安全管理人员？[单选题]

○1. 是

○2. 否

○3. 不清楚

D15. 您所在单位是否定期对各岗位的安全状况进行检查？[单选题]

○1. 是

○2. 否

○3. 不清楚

D16. 您所在单位是否开展过安全警示教育活动？[单选题]

○1. 是

○2. 否

○3. 不清楚

D17. 总的来讲，您觉得您所在城市的安全状况如何？[单选题]

○1. 非常安全

○2. 比较安全

○3. 一般

○4. 不太安全

○5. 不安全

E. 民生安全状况

E1. 您购买包装食品时，是否会关注生产日期、保质期等信息？[单选题]

○1. 每次都会

○2. 经常会

○3. 偶尔会

○4. 完全不会

E2. 您在现居住地遇到过食品安全问题吗？[单选题]

○1. 是

○2. 否

E3. 如果您购买到有问题的食品（“三无”、过期或变质的食品），您的处理方式是［多选题］

□1. 向相关部门投诉

□2. 找商家索赔

□3. 扔掉不吃

□4. 继续食用

□5. 其他处理方式（请注明）________________

E4. 您觉得现居住地的食品安全程度如何？［单选题］

○1. 很安全

○2. 比较安全

○3. 一般

○4. 不太安全

○5. 很不安全

○6. 不好说

E5. 接种疫苗时，您是否担心疫苗有不良反应？［单选题］

○1. 很担心

○2. 担心

○3. 一般

○4. 不太担心

○5. 完全不担心

○6. 不好说

E6. 您觉得现居住地的药品安全程度如何？［单选题］

○1. 很安全

○2. 比较安全

○3. 一般

○4. 不太安全

○5. 很不安全

○6. 不好说

E7. 您是否参加过旅游安全知识宣传的相关活动？[单选题]

○1. 是

○2. 否

E8. 过去 12 个月内，您是否在本地旅游过？[单选题]

○1. 是

○2. 否

E9. 您最近一年在旅游景点附近见到过导游私自拉客行为吗？[单选题]

○1. 经常见到

○2. 偶尔见到

○3. 未见到

依赖于第 E8 题第 1 个选项

E10. 当地景区游览区是否设有明显的安全警示标识？[单选题]

○1. 是

○2. 否

○3. 不知道

依赖于第 E8 题第 1 个选项

E11. 您对当地的旅游服务是否满意？[单选题]

○1. 很满意

○2. 比较满意

○3. 一般

○4. 不太满意

○5. 很不满意

依赖于第 E8 题第 1 个选项

谢谢您参与我们的调查！我们将会严格遵守相关法律规定，为您所提供的信息保密。再次感谢您的理解与配合！

调查结束，祝您平安幸福！

B.11
后　记

《平安京津冀建设发展报告（2022）》是首都社会安全研究基地平安中国建设研究团队编撰的第五部蓝皮书，与前四部聚焦平安北京建设的蓝皮书不同，本部蓝皮书的评估对象调整为平安京津冀建设，调查范围也由首都北京扩展到京津冀地区。评估对象和调查范围的变化给本书的研创带来了不小的挑战。研创团队需要在不到10个月的时间里完成评估指标调整、调查问卷更新、抽样调查、访谈、数据清洗、得分计算以及报告撰写等工作。为了顺利完成既定工作，研创团队补充了新的研究人员，根据前几年积累的平安北京建设评估经验，结合京津冀协同发展对安全保障的需求，重新设计了评估指标体系和调查问卷，同时，出于安全性和便捷性考虑，本年度采用了电子问卷调查方式。为了最大限度地保证调查结果的客观、公正，课题组坚持随机抽样与区域随机发放相结合，尽力克服线上调查的弊端，减少人为因素的干预，耗时2个多月，最终在京津冀地区12个市（区）完成了2400份问卷调查。本次调查的顺利完成，离不开课题组的严谨态度与精细策划，离不开中国人民公安大学研究生调查团队的认真对待和辛苦付出，更离不开抽样调查对象的热情参与和积极配合，在此一并表示敬意和感谢。此外，清华大学应急管理研究基地彭宗超教授及其团队也参与了本次平安京津冀的社会调查。《平安京津冀建设发展报告（2022）》也是国家社会科学基金特别委托项目“京津冀协同发展过程中重大决策社会稳定风险评估的研究”（项目编号：16@ZH003）的研究成果，在此一并表示感谢。

Abstract

The construction of aSafe China is a strategic deployment for maintaining national security and social stability in the new era and an important guarantee for promoting high-quality economic and social development. As an important part of the construction of a Safe China, the construction of the Beijing-Tianjin-Hebei region in 2022 closely revolves around the main line of creating a safe and stable political and social environment for the 20th Communist Party of China (CPC) National Congress, scientific prevention and control, precise policy-making and continuously expand the win-win results of safety construction and epidemic prevention and control. This is an excellent answer for the 20th CPC National Congress. This book, which consists of three parts: the general report, the sub-report and the appendix, is a research report formed after a professional, scientific, and systematic investigation and evaluation of the construction of Safe Beijing-Tianjin-Hebei. The general report conducts an overall evaluation and proposes countermeasures. The sub-report mainly evaluates and analyzes seven aspects of the Beijing-Tianjin-Hebei region's social governance, crime prevention and control, emergency management, resolution of contradictions and disputes, people's livelihood and safety, the guarantee mechanism of Safe Beijing-Tianjin-Hebei and sense of security. The appendix is the index system and questionnaire.

The evaluation results show that the overall score of the construction and development evaluation of SafeBeijing-Tianjin-Hebei (2022) is 85.89 points, which is in the "excellent" level, indicating that the overall performance of the construction of Safe Beijing-Tianjin-Hebei in 2022 is remarkable and the effect is outstanding, which has been recognized by the general public. The four indicators of "social governance", "emergency management" "resolution of contradictions and disputes" and "the guarantee mechanism of Safe Beijing-Tianjin-Hebei" are at the "excellent" level. The three indicators of "crime prevention and control", "people's livelihood and safety" and "sense of security" are at the "good" level. The next step should be to further broaden the participation channels of the main bodies of social governance, improve the ability of grassroots communities and key areas to accurately prevent and control crime, improve and perfect the system and mechanism of coordinated emergency management in the Beijing-Tianjin-Hebei region, improve the conflict and dispute resolution mechanism that integrates handling, assessment and prevention, improve the government's ability to protect people's livelihood, promote the normalization and integration of Beijing-Tianjin-Hebei safety security construction in the new era, and enhance residents' sense of security with advanced governance models.

Keywords: The Construction of a Safe China; Coordinated Development of the Beijing-Tianjin-Hebei Region; Social Governance; Public Order; Security of Society

Contents

I General Report

Abstract: The construction of the Safe Beijing-Tianjin-Hebei region is a systematic project to maintain the safety and stability of the Beijing-Tianjin-Hebei urban agglomeration and promote the integrated development of Beijing-Tianjin-Hebei. The evaluation results show that the overall score of the construction of Safe Beijing-Tianjin-Hebei evaluation (2022) is 85.89, which is at the level of "excellent". It indicates that the construction of Safe Beijing-Tianjin-Hebei in 2022 has achieved remarkable results and outstanding effects, which have been recognized by the general citizens. The four indicators of "social governance", "emergency management" "resolution of contradictions and disputes" and "the guarantee mechanism of Safe Beijing-Tianjin-Hebei" are at the "excellent" level. The three indicators of "crime prevention and control", " people's livelihood and safety" and "sense of security" are at the "good" level. The "social governance" part scored the highest, with 89.56 points, and the "sense of security" scored the lowest. The next step should be to further broaden the participation channels of the main bodies of social governance, improve the ability of grassroots communities and key areas to accurately prevent and control crime, improve and perfect the system and mechanism of coordinated emergency management in the Beijing-Tianjin-Hebei region, improve the conflict and dispute resolution mechanism that integrates handling, assessment and prevention, improve the government's ability to protect people's livelihood, promote the normalization and integration of Beijing-Tianjin-Hebei safety security construction in the new era, and enhance residents' sense of security with advanced governance models.

Keywords: Safe China; Safe Beijing; Coordinated Development of the Beijing-Tianjin-Hebei Region; Social Governance; Security of Society

Ⅱ Topical Reports

Abstract: Safe is of great importance to the people's livelihood, and it is of great significance to build a strong defense line of social governance in the construction of Safe China. The research team used network retrieval, questionnaires and personal interviews, by setting up the party committee and the government leading governance, people's organizations, social organizations, enterprises and institutions involved in social governance and the capital mass prevention and treatment 4 secondary indicators and 12 tertiary indicators to measure the effectiveness of social governance in Beijing-Tianjin-Hebei. The results show four secondary indicators scored 100, 100, 81.50 and 77.52, with an overall score of 89.56, which is at the "excellent level". However, It also can be seen that some problems existed. There are problems in social governance in the Beijing-Tianjin-Hebei region, such as the dilemma of subjects, selective participation and weak synergy, which need to be solved from the following three aspects. First, the government should do a good job in service coordination and further stimulate the vitality of the main body. Second, it is necessary to integrate organizational and spontaneous volunteer service models to further broaden the ways for people to participate in governance. The third is to make efforts to co-construction, co-governance and co-sharing to further enhance the synergy of social governance in the Beijing-Tianjin-Hebei region.

Keywords: Social Governance; The Construction of a Safe China; Coordinated Development of the Beijing-Tianjin-Hebei Region

B.3 Survey Report on the Crime Prevention and Control of Beijing-Tianjin-Hebei (2022) *Dai Rui* / 079

Abstract: There are seven second-level indicators set under the first-level indicator of crime prevention and control, in which 6 second-level indicators i. e. crime prevention and control on the street, crime prevention and control of the business that should be permitted by police organ, crime prevention and control of the community, crime prevention and control inside the enterprise and public institution, crime prevention and control of the internet, crime prevention and control in the periphery of the capital. Reflect the circumstance of the construction of crime prevention and control, which indicate the actual state of crime prevention and control. The indicator of the effect of crime prevention and control indicates the effect of crime prevention and control. Seven second-level indicators are dived into 25 third-level indicators. The data source of evaluation comes from internet survey, statistics and the questionnaires. Affected by COVID-19, the questionnaire survey in 2022 was mainly conducted by telephone consultation, online Q & A and other non-contact methods. The evaluation showed that the score of the first-level indicator of crime prevention and control is 83. 40. The 2 lowest scores of the second-level indicators is crime prevention and control of the community whose sore is 68. 42, and crime prevention and control on the street whose score is 73. 99. These two second-level indicators hinder the total score of the first-level indicator of crime prevention and control.

Keywords: Crime Prevention and Control; Crime Prevention and Control on the Street; Crime Prevention and Control of the Business that Should be Permitted by Police Organ

Abstract: Emergency management is an important part of the construction of safe Beijing-Tianjin-Hebei. In this report, the first-level indicator "emergency management" is decomposed into 5 second-level indicators, including "emergency management responsibility system", "emergency management risk prevention and control mechanism", "emergency management accident and disaster index", "emergency management support system" and "emergency management propaganda and education". They are further refined into 20 third-level indicators. Through the network search, questionnaires and interviews, we analyze the data obtained comprehensively, and the total score of "emergency management" is 87.82 points. The emergency management situation in Beijing-Tianjin-Hebei has improved steadily. However, the situation is still severe in some regions. This report suggests that in the next phase, it is necessary to strengthen the construction of the emergency management mechanism in Beijing, strengthen the Beijing-Tianjin-Hebei emergency coordination mechanism, further promote emergency management propaganda and education, and strive to improve the emergency management capacity at the grass-roots level.

Keywords: Emergency Management; Safe Production; Emergency Coordination

Abstract: Conflict and dispute resolution is an important matter related to the coordinated development of Beijing-Tianjin-Hebei and an important task in the construction of a safe Beijing-Tianjin-Hebei. This report divides the first-level indicators of "conflict and dispute resolution" into four second-level indicators and 14 third-level indicators, and gives different evaluation weights. Through an online search, questionnaire surveys and interviews, we comprehensively analyzed the data obtained, and the 2022 Beijing-Tianjin-Hebei "Conflict Resolution" index score of 87.18 points. In general, "multi-mediation of contradictions and disputes", "risk assessment of social stability in major decision-making" and "construction of the rule of law in letters and visits" scored higher on the three secondary indicators, the score of "prevention and resolution of the source of social contradictions" needs further improvement. In the promotion of the "contradictions and disputes resolution" in the Beijing-Tianjin-Hebei region, it is necessary to fully base ourselves on the new situation, new tasks and new requirements in the process of building a new pattern of development. Under the basic strategy of the comprehensive advancement of law-based governance , with the help of modern new science and technology, we should implement the "One network" policy, extend the antennae of preventing and eliminating the source of social conflicts, and promote the "One network unified management", we will improve the level of intelligence in the multi-disciplinary mechanism for resolving conflicts and disputes, implement "one-network co-governance", continuously improve the social stability risk assessment of major decision-making, and comprehensively promote the construction of the rule of law in letters and petitions through "one-law connection" .

Keywords: Beijing-Tianjin-Hebei; Resolution of Contradictions and Dispute; Intelligentize; New Pattern of Development

Abstract: The safety of people's livelihood concerns the vital interests of the people and is the cornerstone of the construction of Safe China. This report analyzes and evaluates the overall status and internal differences in people's livelihood safety in the Beijing-Tianjin-Hebei region in 2022 by collecting relevant data from 4 secondary indicators and 18 tertiary indicators of food safety, drug safety, ecological environment safety and tourism safety, and collecting relevant data through questionnaire surveys, official statistics, online searches and expert interviews. The total score of "people's livelihood safety" in Beijing-Tianjin-Hebei is 81. 70 points, which is at the "good" level. The scores of "food safety", "drug safety", "ecological environment safety" and "tourism safety" are all above 80 points, and these four secondary indicators are all at the "good" level. From the perspective of regional differences in Beijing-Tianjin-Hebei, Tianjin, Beijing and Hebei scored 82. 40, 82. 52 and 80. 19 , and the areas that caused this gap mainly focused on food safety publicity and education, drug case investigation, ecological environment index, tourism safety emergencies, etc. , and the shortcomings of different fields of people's livelihood safety in Beijing-Tianjin-Hebei were highlighted. It can be seen that in the future while focusing on making up for the shortcomings of people's livelihood security in the Beijing-Tianjin-Hebei region, it is more necessary to strengthen cooperation in the field of people's livelihood, promote joint construction and sharing in the field of public services, and build a new pattern of coordinated development and governance with complementary advantages of people's livelihood security in the Beijing-Tianjin-Hebei region.

Keywords: People's Livelihood and Safety; Food Safety; Drug Safety; Ecological Environment Safety; Tourism Safety

Abstract: The guarantee of safe construction is an important cornerstone to serve the construction of the Beijing-Tianjin-Hebei region. In 2022, Beijing-Tianjin-Hebei has made great achievements in legal guarantees, scientific and technological support and publicity and education, but there is still a certain gap with the needs of the people. In the future, the construction of Beijing-Tianjin-Hebei should focus on publicity and education, Beijing-Tianjin-Hebei integration construction and other fields, solidify the experience and achievements formed into institutional mechanisms in a timely manner and continuously open a new chapter in Safe construction.

Keywords: The Guarantee of Safe Construction ; Social Governance; Legal Guarantee

B.8 Survey Report on the Sense of Security of Beijing-Tianjin-Hebei Residents (2022)

Abstract: In 2022, the Beijing-Tianjin-Hebei residents' sense of security assessment score was 80.43 points, which is generally good. The lowest-scoring secondary indicator is "sense of safety in public places" and the highest-scoring secondary indicator is " sense of safety on campus " . In terms of regional comparison, Tianjin residents have the highest overall sense of security, Beijing residents have the second overall sense of security, and Hebei residents have the lowest overall sense of security. Compared with the same period, the sense of security of Beijing residents decreased slightly, but there were differences in different aspects of the change. In addition, the relationship between different characteristics and a sense of security has changed from the previous year. The report recommends that a sense of security be made an integral part of social governance in the Beijing-Tianjin-Hebei region. Give full play to the advantages of municipal social governance, focus on spatial governance in urban development and respect the need for diversity and security.

Keywords: Beijing-Tianjin-Hebei Region; Sense of Security; Contingency Analysis

Ⅲ Appendices

北京市哲学社会科学研究基地智库报告系列丛书

推动智库成果深度转化

打造首都新型智库拳头产品

为贯彻落实中共中央和北京市委关于繁荣发展哲学社会科学的指示精神，北京市社科规划办和北京市教委自 2004 年以来，依托首都高校、科研机构的优势学科和研究特色，建设了一批北京市哲学社会科学研究基地。研究基地在优化整合社科资源、资政育人、体制创新、服务首都改革发展等方面发挥了重要作用，为首都新型智库建设进行了积极探索，成为首都新型智库的重要力量。

围绕新时期首都改革发展的重点热点难点问题，北京市社科联、北京市社科规划办、北京市教委与社会科学文献出版社联合推出“北京市哲学社会科学研究基地智库报告系列丛书”。

北京市哲学社会科学研究基地智库报告系列丛书

（按照丛书名拼音排列）

· 北京产业蓝皮书：北京产业发展报告

· 北京人口蓝皮书：北京人口发展研究报告

· 城市管理蓝皮书：中国城市管理报告

· 法治政府蓝皮书：中国法治政府发展报告

· 健康城市蓝皮书：北京健康城市建设研究报告

· 京津冀蓝皮书：京津冀发展报告

· 平安中国蓝皮书：平安北京建设发展报告

· 企业海外发展蓝皮书：中国企业海外发展报告

· 首都文化贸易蓝皮书：首都文化贸易发展报告

· 中央商务区蓝皮书：中央商务区产业发展报告

皮 书

智库成果出版与传播平台

✧ 皮书定义 ✧

皮书是对中国与世界发展状况和热点问题进行年度监测，以专业的角度、专家的视野和实证研究方法，针对某一领域或区域现状与发展态势展开分析和预测，具备前沿性、原创性、实证性、连续性、时效性等特点的公开出版物，由一系列权威研究报告组成。

✧ 皮书作者 ✧

皮书系列报告作者以国内外一流研究机构、知名高校等重点智库的研究人员为主，多为相关领域一流专家学者，他们的观点代表了当下学界对中国与世界的现实和未来最高水平的解读与分析。截至 2021 年底，皮书研创机构逾千家，报告作者累计超过 10 万人。

✧ 皮书荣誉 ✧

皮书作为中国社会科学院基础理论研究与应用对策研究融合发展的代表性成果，不仅是哲学社会科学工作者服务中国特色社会主义现代化建设的重要成果，更是助力中国特色新型智库建设、构建中国特色哲学社会科学“三大体系”的重要平台。皮书系列先后被列入“十二五”“十三五”“十四五”时期国家重点出版物出版专项规划项目；2013~2022 年，重点皮书列入中国社会科学院国家哲学社会科学创新工程项目。

S 基本子库
UB DATABASE

中国社会发展数据库（下设 12 个专题子库）

紧扣人口、政治、外交、法律、教育、医疗卫生、资源环境等 12 个社会发展领域的前沿和热点，全面整合专业著作、智库报告、学术资讯、调研数据等类型资源，帮助用户追踪中国社会发展动态、研究社会发展战略与政策、了解社会热点问题、分析社会发展趋势。

中国经济发展数据库（下设 12 专题子库）

内容涵盖宏观经济、产业经济、工业经济、农业经济、财政金融、房地产经济、城市经济、商业贸易等12个重点经济领域，为把握经济运行态势、洞察经济发展规律、研判经济发展趋势、进行经济调控决策提供参考和依据。

中国行业发展数据库（下设 17 个专题子库）

以中国国民经济行业分类为依据，覆盖金融业、旅游业、交通运输业、能源矿产业、制造业等 100 多个行业，跟踪分析国民经济相关行业市场运行状况和政策导向，汇集行业发展前沿资讯，为投资、从业及各种经济决策提供理论支撑和实践指导。

中国区域发展数据库（下设 4 个专题子库）

对中国特定区域内的经济、社会、文化等领域现状与发展情况进行深度分析和预测，涉及省级行政区、城市群、城市、农村等不同维度，研究层级至县及县以下行政区，为学者研究地方经济社会宏观态势、经验模式、发展案例提供支撑，为地方政府决策提供参考。

中国文化传媒数据库（下设 18 个专题子库）

内容覆盖文化产业、新闻传播、电影娱乐、文学艺术、群众文化、图书情报等 18 个重点研究领域，聚焦文化传媒领域发展前沿、热点话题、行业实践，服务用户的教学科研、文化投资、企业规划等需要。

世界经济与国际关系数据库（下设 6 个专题子库）

整合世界经济、国际政治、世界文化与科技、全球性问题、国际组织与国际法、区域研究 6 大领域研究成果，对世界经济形势、国际形势进行连续性深度分析，对年度热点问题进行专题解读，为研判全球发展趋势提供事实和数据支持。

法律声明